8 li 3 189

Paris
1855

Heine, Henri

Lutèce

Lettres sur la vie politique, artistique et sociale de la France

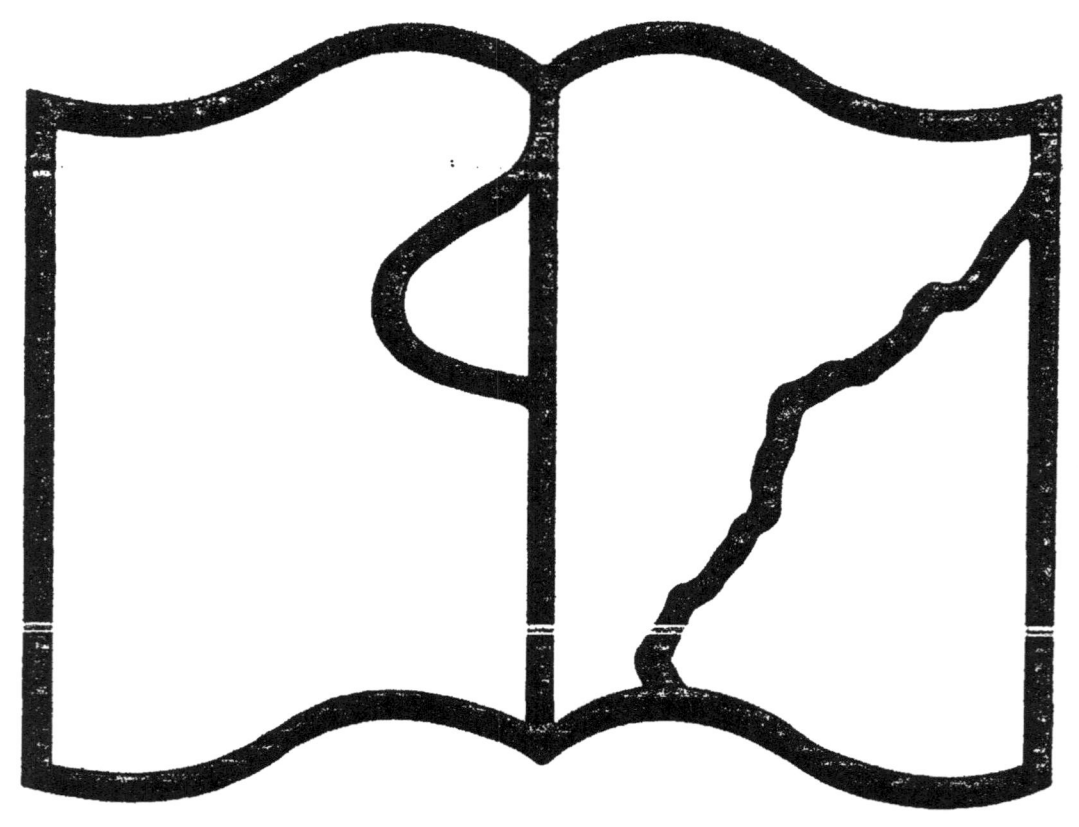

Symbole applicable
pour tout, ou partie
des documents microfilmés

Texte détérioré — reliure défectueuse

NF Z 43-120-11

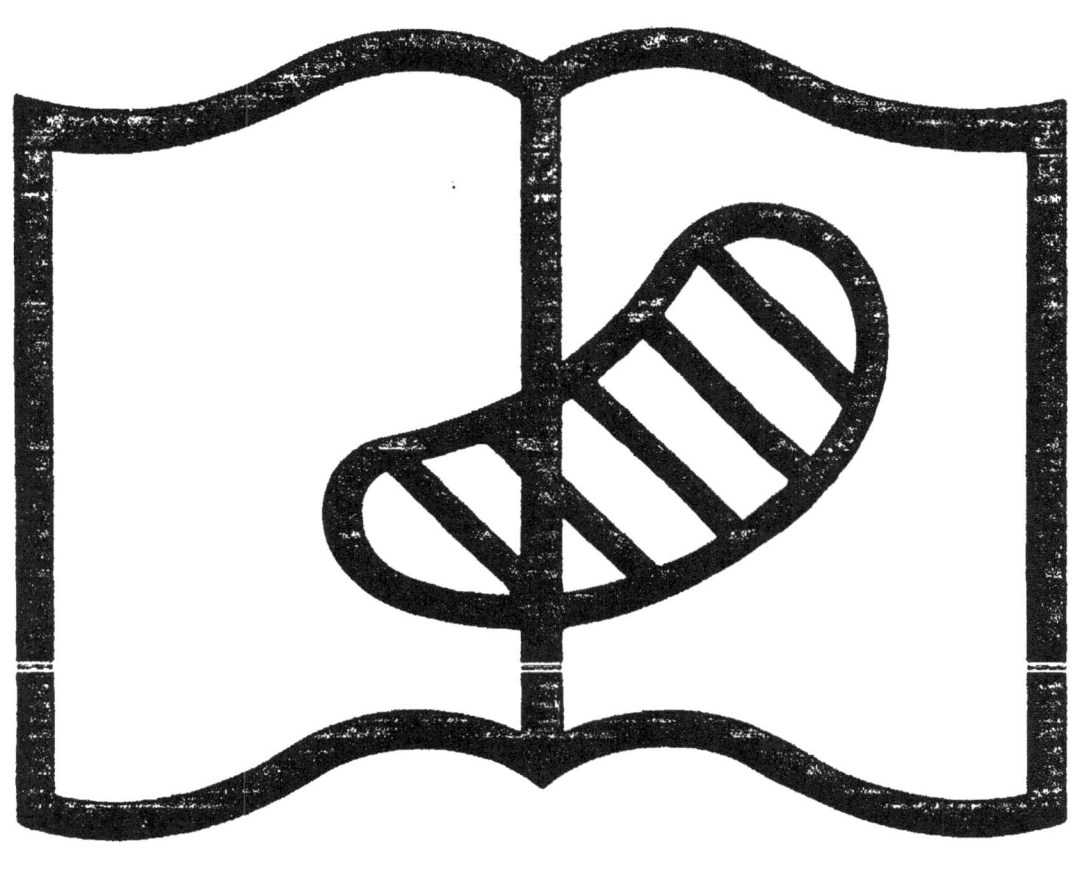

Symbole applicable
pour tout, ou partie
des documents microfilmés

Original illisible
NF Z 43-120-10

ŒUVRES COMPLÈTES

DE

HENRI HEINE

PARIS — IMPRIMERIE J. CLAYE
RUE SAINT-BENOIT, 7

LUTÈCE

LETTRES SUR LA VIE POLITIQUE, ARTISTIQUE ET SOCIALE
DE LA FRANCE

PAR

HENRI HEINE

PARIS
MICHEL LÉVY FRÈRES, ÉDITEURS
RUE VIVIENNE, 2 BIS
—
1855

Les éditeurs, au nom de l'auteur, défendent toute reproduction
de cet ouvrage.

PRÉFACE

Ce livre contient une série de lettres que j'écrivis pour la *Gazette d'Augsbourg* pendant les années de 1840 à 43. Pour des raisons importantes, je les ai fait paraître il y a quelques mois chez MM. *Hoffman et Campe* à Hambourg comme un livre à part sous le titre de *Lutèce*, et des motifs non moins essentiels me déterminent aujourd'hui à publier ce recueil aussi en langue française. Voici quels sont ces raisons et ces motifs. Ces lettres ayant paru anonymes dans la *Gazette d'Augsbourg*, et non sans avoir subi de notables suppressions et changements, j'avais à craindre qu'on ne vînt à les éditer après ma mort sous cette forme défectueuse, ou peut-être même en les amalgamant avec des correspondances tout à fait étrangères à ma plume. Pour éviter une pareille mésaventure posthume, j'ai préféré entreprendre moi-même une édition authentique de ces lettres. Mais en sauvant de la sorte, encore de mon vivant, du moins la bonne réputation de mon style, j'avais malheureusement fourni à la malveillance une arme pour attaquer le bon renom de ma pensée : les lacunes linguistiques dans la connaissance de l'idiome allemand, que l'on rencontre parfois chez les Français même les mieux instruits, ont permis à quelques-uns de mes compatriotes de l'un et de l'autre sexe, de faire croire à beaucoup de personnes que, dans mon livre de *Lutèce*, je diffamais tout Paris, et que je rabaissais, par de méchantes plaisanteries, les hommes et les choses les plus respectés en France. Ce fut donc pour moi un besoin moral de faire paraître au plus tôt une version française de mon ouvrage et de donner ainsi à ma très-belle et très-bonne amie *Lutèce* le moyen de juger par elle-même comment je l'ai traitée dans le livre auquel j'ai donné son nom. Quand même quelque part, à mon insu, j'aurais pu encourir son mécontentement par une locution un peu rude ou par une remarque malencontreuse, elle ne doit pas m'accuser d'un manque de sympathie, mais seulement d'un manque de culture et de tact. Ma belle Lutèce, n'oublie pas ma nationalité : bien que je sois un des mieux léchés d'entre mes compatriotes, je ne saurais pourtant pas tout à fait renier ma nature ; c'est ainsi que les caresses de mes pattes tudesques ont pu te blesser parfois, et je t'ai peut-être lancé plus d'un pavé sur la tête, dans la seule intention de te défendre contre des mouches ! Il y a à considérer en outre qu'en ce moment où je suis extraordinairement malade, je n'ai pu vouer ni de grands soins ni une grande sérénité d'esprit à peigner ma phrase ; pour dire la vérité, la version allemande de mon livre est bien moins ébouriffée et inculte que la version française. Dans celle-là, le style a partout adouci les aspérités du fond. Il est pénible, très-pénible, de se voir forcé d'aller dans une mise si peu convenable présenter ses hommages à une élégante déesse aux bords de la Seine, tandis qu'on a chez soi, dans sa commode allemande, les plus beaux habits et plus d'un gilet magnifiquement brodé.

Non, chère Lutèce, je n'ai jamais voulu te faire injure, et si de méchantes langues s'évertuent à te faire croire le contraire, n'ajoute pas foi à de pareilles calomnies. Ne doute jamais, ô ma toute belle, de la sincérité de ma tendresse, qui est tout à fait désintéressée. Tu es certes encore assez jolie pour n'avoir point à redouter d'être aimée pour d'autres motifs que pour tes beaux yeux.

J'ai mentionné tout à l'heure que les lettres qui composent mon livre de *Lutèce* ont paru anonymes dans la *Gazette d'Augsbourg*. Elles portaient, il est vrai, un chiffre; mais celui-ci n'attestait nullement d'une manière définitive que j'en étais l'auteur. J'ai expliqué cette circonstance en détail dans une note ajoutée à la version allemande de mon livre, et j'en transcris ici le principal passage :

« La rédaction de la *Gazette d'Augsbourg* avait l'habitude de désigner par un chiffre mes articles, aussi bien que ceux des autres collaborateurs anonymes, pour satisfaire à des besoins administratifs, par exemple pour faciliter la comptabilité, mais nullement pour souffler ainsi en demi-confidence, comme le mot d'une charade, le nom de l'auteur à l'oreille de l'honorable public. Or, comme la rédaction seule, et non le véritable auteur, devenait responsable de tout article anonyme, et qu'elle était forcée de représenter le journal non-seulement vis-à-vis du public à mille têtes, mais aussi vis-à-vis de bien des autorités sans tête aucune: cette pauvre rédaction, qui avait à lutter contre d'innombrables obstacles tant matériels que moraux, avait bien le droit d'arranger chaque article selon ses besoins du jour, et d'y faire à son gré des suppressions, des retranchements, bref, des changements de toute espèce; il fallait bien lui accorder ce droit, quand même les opinions personnelles et hélas ! parfois aussi le style de l'auteur subissaient par ce procédé de graves atteintes. Un publiciste bien avisé doit, pour l'amour même de sa cause, faire bien des concessions amères à la brutale nécessité. Il y a assez de petites feuilles obscures où nous pourrions répandre notre cœur entier avec toutes les flammes de son enthousiasme et de sa colère — mais ces feuilles n'ont qu'un public très-restreint et tout à fait impuissant ; et écrire dans de tels journaux, vaudrait autant que d'aller pérorer à l'estaminet, devant les habitués du lieu, à l'instar de la plupart de nos grands politiques et grands patriotes. Il vaut mieux modérer notre ardeur et nous prononcer avec une retenue sensée, sinon même sous un déguisement quelconque, dans un journal appelé à bon droit la *Gazette universelle*, et dont les feuilles répandues dans tous les pays viennent entre les mains de bien des milliers de lecteurs. Même dans sa mutilation la plus désolante, la parole peut ici exercer une influence salutaire; la plus légère indication devient parfois une semence féconde dans un sol inconnu à nous-mêmes. Si je n'avais pas été animé de cette pensée, je ne me serais jamais infligé l'affreuse torture d'écrire pour la *Gazette universelle d'Augsbourg*. Comme je fus de tout temps entièrement convaincu de la fidélité et de la loyauté de ce noble et bien-aimé ami, mon frère d'armes depuis plus de vingt-huit ans, qui dirige la rédaction de la *Gazette universelle*, j'ai bien pu supporter de sa part les tourments de ces retouches et de ces accommodements qu'ont subis mes articles ; — ne voyais-je pas toujours devant moi les yeux honnêtes de mon ami, qui semblait dire à son camarade blessé : « Est-ce que moi, par hasard, je suis couché sur des roses ? »

En publiant aujourd'hui sous mon nom ces correspondances que j'avais fait paraître, il y a déjà si longtemps, sans aucune signature, j'ai bien le droit de réclamer à cette occasion le bénéfice d'inventaire, comme on a l'habitude de le faire pour un héritage sujet à caution. J'attends de l'équité du lecteur qu'il veuille prendre en considération les difficultés autant du lieu que du temps, contre lesquelles l'auteur avait à lutter lorsqu'il fit pour la première fois imprimer ces lettres. J'assume toute responsabilité pour la vérité des choses que je disais, mais nullement pour la manière dont elles ont été dites. Celui qui ne s'attache qu'aux mots, trouvera aisément dans mes correspondances, à force de les éplucher, bon nombre de contradictions, de légèretés, et même un manque apparent de conviction sincère. Mais celui qui saisit l'esprit de mes paroles, y reconnaîtra partout la plus stricte unité de pensée et un attachement invariable pour la cause de l'humanité, pour les idées démocratiques de la révolution. Les difficultés locales dont je viens de parler, reposaient dans la censure, et dans une double censure ; car celle qu'exerçait la rédaction de la *Gazette d'Augsbourg*, était encore plus gênante que la censure officielle des autorités bavaroises. J'étais souvent forcé de pavoiser l'esquif de ma pensée de banderoles dont les emblèmes n'étaient guère la véritable expression de mes opinions politiques ou sociales. Mais le contrebandier journaliste se souciait peu de la couleur du chiffon qui était pendu au mât de son navire, et avec lequel les vents jouaient leurs jeux volages : je ne pensais qu'à la bonne cargaison que j'avais à bord, et que je désirais introduire dans le port de l'opinion publique. Je puis me vanter d'avoir bien souvent réussi dans ces entreprises, et l'on ne doit pas me chicaner sur les moyens que j'employais parfois pour atteindre le but. Comme je connaissais les traditions de la *Gazette d'Augsbourg*, je n'ignorais pas, par exemple, qu'elle s'était toujours imposé la tâche de porter tous les faits de l'époque, non-seulement avec la plus grande promptitude à la connaissance du monde, mais aussi de les enregistrer complétement dans ses feuilles comme dans des archives cosmopolites. Il me fallait donc constamment songer à revêtir de la forme d'un fait tout ce que je voulais insinuer au public, l'événement aussi bien que le jugement que j'en portais, bref, tout ce que je pensais et sentais; et dans ce dessein, je n'hésitais pas à mettre souvent mes propres opinions dans la bouche d'autres personnes, ou même je parabolisais mes idées. Voilà pourquoi mes lettres contiennent beaucoup d'historiettes et d'arabesques, dont le sens symbolique n'est pas intelligible pour tout le monde, et qui ont pu paraître aux yeux du lecteur superficiel comme un ramassis de jaseries mesquines et de notices de gobe-mouches. Dans mes efforts de faire toujours prédominer la forme du fait, il m'importait également de choisir pour mon langage un ton qui me permît de rapporter les choses les plus scabreuses. Le ton le plus avantageux à cet égard était celui de l'indifférence, et je m'en servis sans scrupule. Indirectement il y avait aussi moyen de donner plus d'un avis utile et de faire maint redressement salutaire. Les républicains qui se plaignent d'une absence de bon vouloir de ma part, n'ont pas considéré que pendant vingt ans, dans toutes mes correspondances, je les ai, en cas d'urgence, défendus assez sérieusement, et que, dans mon livre de *Lutèce*, je faisais bien ressortir leur supériorité morale, en mettant continuellement à nu l'outrecuidance ignoble et ridicule et la nullité complète de la bourgeoisie régnante. Ils ont la conception un peu lourde, ces braves républicains, dont j'avais d'ailleurs autrefois une meilleure idée. Sous le rapport de l'intelligence, je croyais que leur étroitesse d'esprit n'était que de la dissimulation, que la république jouait le rôle d'un Junius Brutus, afin de rendre par cette feinte imbécillité la royauté plus insouciante, plus imprévoyante, et de la faire ainsi tomber un jour dans un piége. Mais après la révolution de Février je reconnus mon erreur, je vis que les républicains étaient réellement de très-honnêtes gens qui ne savaient pas dissimuler, et qu'ils étaient en vérité ce dont ils avaient l'air.

Si les républicains offraient déjà au correspondant de la *Gazette d'Augsbourg* un sujet très-épineux, il en était ainsi à un bien plus haut degré pour les socialistes, ou, pour nommer le monstre par son vrai nom, les communistes. Et cependant je réussis à aborder ce thème dans la *Gazette d'Augsbourg*. Bien des lettres furent supprimées par la rédaction de la *Gazette* qui se souvenait du vieux dicton : « Il ne faut pas peindre le diable sur le mur. » Mais elle ne pouvait pas étouffer toutes mes communications, et, comme je l'ai dit, je trouvai moyen de traiter, dans ses prudentes colonnes, un sujet dont l'effroyable importance était tout à fait inconnue à cette époque. Je peignis le diable sur le mur de mon journal, ou bien, comme s'exprimait une personne très-spirituelle, je lui fis une bonne réclame. Les communistes, répandus isolément dans tous les pays et privés d'une conscience précise de leurs communes tendances, apprirent par la *Gazette d'Augsbourg* qu'ils existaient réellement, ils surent aussi à cette occasion leur nom véritable, qui était tout à fait inconnu à plus d'un de ces pauvres enfants-trouvés de la vieille société. Par la *Gazette d'Augsbourg*, les communes dispersées des communistes reçurent des nouvelles authentiques sur les progrès incessants de leur cause ; ils apprirent à leur grand étonnement qu'ils n'étaient pas le moins du monde une faible petite communauté, mais le plus fort de tous les partis ; que leur jour, il est vrai, n'était pas encore arrivé, mais qu'une attente tranquille n'est pas une perte de temps pour des hommes à qui appartient l'avenir. Cet aveu, que l'avenir appartient aux communistes, je le fis d'un ton d'appréhension et d'angoisse extrêmes, et hélas! ce n'était nullement un masque! En effet, ce n'est qu'avec horreur et effroi que je pense à l'époque où ces sombres iconoclastes parviendront à la domination : de leurs mains calleuses ils briseront sans merci toutes les statues de marbre de la beauté, si chères à mon cœur ; ils fracasseront toutes ces babioles et fanfreluches fantastiques de l'art, qu'aimait tant le poëte; ils détruiront mes bois de lauriers et y planteront des pommes de terre ; les lis qui ne filaient ni ne travaillaient, et qui pourtant étaient vêtus aussi magnifiquement que le roi Salomon dans toute sa splendeur, ils seront arrachés alors du sol de la société, à moins qu'ils ne veuillent prendre en main le fuseau ; les roses, ces oisives fiancées des rossignols, auront le même sort ; les rossignols, ces chanteurs inutiles, seront chassés, et hélas! mon *Livre des Chants* servira à l'épicier pour en faire des cornets où il versera du café ou du tabac à priser pour les vieilles femmes de l'avenir. Hélas! je prévois tout cela, et je suis saisi d'une indicible tristesse en pensant à la ruine dont le prolétariat vainqueur menace mes vers, qui périront avec tout l'ancien monde romantique. Et pourtant, je l'avoue avec franchise, ce même communisme, si hostile à tous mes intérêts et mes penchants, exerce sur mon âme un charme dont je ne puis me défendre ; deux voix s'élèvent en sa faveur dans ma poitrine, deux voix qui ne veulent pas se laisser imposer silence, qui ne sont peut-être au fond que des instigations diaboliques— mais quoi qu'il en soit, j'en suis possédé, et aucun pouvoir d'exorcisme ne saurait les dompter.

Car la première de ces voix est celle de la logique. Le diable est un logicien ! dit le Dante. Un terrible syllogisme me tient ensorcelé, et si je ne puis réfuter cette prémisse : « que les hommes ont tous le droit de manger, » je suis forcé de me soumettre aussi à toutes ses conséquences. En y songeant, je cours risque de perdre la raison, je vois tous les démons de la vérité danser en triomphe autour de moi, et à la fin un désespoir généreux s'empare de mon cœur et je m'écrie : Elle est depuis longtemps jugée, condamnée, cette vieille société. Que justice se fasse ! Qu'il soit brisé, ce vieux monde, où l'innocence a péri, où l'égoïsme a prospéré, où l'homme a été exploité par l'homme ! Qu'ils soient détruits de fond en comble, ces sépulcres blanchis, où résidaient le mensonge et l'iniquité ! Et béni soit l'épicier qui un jour confectionnera avec mes poésies des cornets où il versera du café et du tabac pour les pauvres bonnes vieilles qui, dans notre monde actuel de l'injustice, ont peut-être dû se passer d'un pareil agrément — *fiat justitia, pereat mundus!*

La seconde des deux voix impérieuses qui m'ensorcèlent est plus puissante et plus infernale encore que la première, car c'est celle de la haine, de la haine que je voue à un parti dont le communisme est le plus terrible antagoniste, et qui est pour cette raison notre ennemi commun. Je parle du parti des soi-disant représentants de la nationalité en Allemagne, de ces faux patriotes dont l'amour pour la patrie ne consiste qu'en une aversion idiote contre l'étranger et les peuples voisins, et qui déversent chaque jour leur fiel, notamment contre la France. Oui, ces débris ou descendants des teutomanes de 1815, qui ont seulement modernisé leur ancien costume de fous ultra-tudesques, et se sont un peu fait raccourcir les oreilles, — je les ai détestés et combattus pendant toute ma vie, et maintenant que l'épée tombe de la main du moribond, je me sens consolé par la conviction que le communisme, qui les trouvera les premiers sur son chemin, leur donnera le coup de grâce ; et certainement ce ne sera pas par un coup de massue, non, c'est par un simple coup de pied que le géant les écrasera ainsi qu'on écrase un crapaud. Ce sera son début. Par haine contre les partisans du nationalisme, je pourrais presque me prendre d'amour pour les communistes. Au moins, ce ne sont pas des hypocrites ayant toujours sur les lèvres la religion et le christianisme ; les communistes, il est vrai, n'ont pas de religion (aucun homme n'est parfait), les communistes sont même athées (ce qui est assurément un grand péché), mais comme dogme principal ils professent le cosmopolitisme le plus absolu, un amour universel pour tous les peuples, une confraternité égalitaire entre tous les hommes, citoyens libres de ce globe. Ce dogme fondamental est le même qu'a prêché jadis l'Évangile, de sorte qu'en esprit et en vérité les communistes sont bien plus chrétiens que nos soi-disant patriotes germaniques, ces champions bornés d'une nationalité exclusive.

Je parle trop, en tout cas plus que ne me permettent la prudence et le mal de gorge dont je suis affecté dans ce moment. Aussi n'ajouterai-je plus que deux mots pour terminer. Je pense avoir donné des indications suffisantes sur les circonstances défavorables dans lesquelles j'écrivis les lettres de la *Lutèce*. Outre les difficultés locales, j'avais aussi, comme je l'ai dit, à combattre des obstacles temporaires. Quant à ces obstacles que me suscitait le temps où j'écrivis ces lettres, un lecteur intelligent pourra s'en faire facilement une idée ; il n'a qu'à regarder la date de mes correspondances, et à se rappeler qu'à cette époque c'était justement le parti national ou soi-disant patriotique qui prédominait en Allemagne. La révolution de Juillet l'avait poussé un peu vers le fond de la scène politique, mais les fanfares belliqueuses de la presse française de 1840 fournirent à ces gallophobes la meilleure occasion de se mettre de nouveau en avant ; ils chantèrent alors la chanson du *Rhin libre*. A l'époque de la révolution de Février, ces braillements furent étouffés sous des cris plus raisonnables, mais ceux-ci durent bientôt après se taire à leur tour lorsque arriva la grande réaction européenne. Aujourd'hui les nationalistes et toute la mauvaise queue de 1815 prédominent encore une fois en Allemagne, et ils hurlent avec la permission de monsieur le maire et des autres hautes autorités du pays. Hurlez toujours! le jour viendra où le fatal coup de pied vous écrasera. Dans cette conviction, je puis sans inquiétude quitter ce monde.

Et maintenant, cher lecteur, je t'ai autant que possible mis en état de juger l'unité de pensée et le véritable esprit de ce livre, que je présente avec confiance à tous les hommes de bonne foi.

Henri HEINE.

Paris, le 30 mars 1855.

ÉPITRE DÉDICATOIRE

A SA SEIGNEURIE
LE PRINCE PUCKLER-MUSKAU

Les voyageurs qui visitent quelque endroit remarquable par les restes d'un monument d'art ou par des souvenirs historiques, ont l'habitude d'y inscrire sur les murailles leurs noms respectifs, d'une manière plus ou moins lisible, selon les moyens de griffonnage qu'ils ont à leur disposition. Des âmes sensibles y barbouillent de plus quelques lignes pathétiques ou sentimentales, bien rimées ou sans rime ni raison, de la prose enragée. Parfois, dans ce fatras d'inscriptions, notre attention est tout à coup attirée par deux noms gravés à côté l'un de l'autre, avec la date au-dessous, et le tout entouré d'un cercle biscornu, qui voudrait bien passer pour une couronne de laurier ou pour une guirlande de feuilles de chêne. Si les pèlerins curieux qui viennent visiter ce lieu connaissent les personnes auxquelles appartiennent les deux noms encadrés, ils s'écrient gaiement : Tiens, voilà tel et tel ! Et ils font en même temps la remarque profonde que ces deux personnages n'ont donc pas été étrangers l'un à l'autre, qu'ils se sont au moins une fois rapprochés et trouvés réunis à la même place, qu'ils se sont rencontrés dans l'espace et le temps, eux qui se convenaient si bien, et dont l'esprit était de la même trempe. — Et puis on fait sur eux des observations, des jugements, des gloses que nous devinons facilement, mais dont nous ne voulons pas nous rendre un compte exact, et que, dans tous les cas, nous nous garderons bien de rapporter ici.

En vous dédiant ce livre, mon prince et illustre contemporain, et en inscrivant de la sorte pour ainsi dire nos deux noms sur sa façade, je ne fais qu'obéir à un folâtre caprice de mon esprit, et si je suis guidé par quelque motif déterminé, c'est tout au plus que je veux imiter cette coutume des voyageurs dont je viens de parler. — Oui, nous étions tous les deux des voyageurs sur ce globe, c'était là notre spécialité terrestre, et ceux qui viendront après nous et verront dans ce livre la couronne dont j'ai entouré nos deux noms, gagneront du moins par là une date authentique de notre rencontre temporelle. Qu'ils glosent ensuite, autant que cela leur fera plaisir, sur le degré de parenté spirituelle et d'affinité élective qui existait entre l'auteur des « Lettres d'un Trépassé » et celui du livre de « Lutèce. » —

Le maître auquel je dédie ce livre entend le métier, il en connaît toutes les ruses, comme il connaît aussi les circonstances défavorables dans lesquelles j'ai écrit. Il connaît le lit où mes enfants spirituels ont vu le jour, ce lit de Procuste d'Augsbourg où on leur a coupé souvent les jambes trop longues, et parfois même la tête. Pour parler sans métaphore, le présent livre contient, pour une grande partie, des articles écrits au jour le jour, et que j'ai fait insérer il y a assez longtemps dans la *Gazette universelle d'Augsbourg*. De beaucoup de ces articles j'avais gardé les brouillons, d'après lesquels j'ai restauré maintenant, pour la nouvelle impression, les passages supprimés ou altérés par la censure bavaroise. Malheureusement, l'état de mes yeux ne m'a pas permis d'accomplir beaucoup de ces restaurations ; je n'ai pas pu me reconnaître dans cet amas de paperasses jaunies et oblitérées. En pareil cas, comme pour les articles que j'avais envoyés sans ébauche préalable, j'ai suppléé aux lacunes et corrigé les altérations autant que possible d'après ma mémoire, et aux endroits où le style me paraissait étranger et le sens encore plus étrange, j'ai au moins cherché à sauver l'honneur de l'artiste, la belle forme, en anéantissant entièrement ces passages suspects. Mais ces suppressions, aux endroits où le crayon rouge du censeur laissait les plus stupides vestiges de sa rage, n'ont atteint que des objets peu essentiels, et nullement mes jugements sur les hommes et les choses, qui ont pu souvent être erronés, mais que j'ai dû toujours conserver fidèlement, pour que la couleur locale du moment ne soit pas perdue.

En ajoutant sans le moindre changement, aux articles imprimés, bon nombre d'autres qui n'avaient point passé à la censure, j'ai fourni, par un arrangement artistique de toutes ces monographies, un ensemble qui forme le portrait fidèle d'une époque aussi importante que pleine d'intérêt.

Je parle de cette époque qu'on nommait du temps du règne de Louis-Philippe l'époque «parlementaire», nom très-significatif et dont l'importance me frappa dès l'abord. Comme on peut le lire dans une des premières lettres de ce livre, j'écrivis, le 9 avril 1840, les paroles suivantes : «Ce qui me paraît caractéristique, c'est que depuis quelque temps on n'appelle plus le gouvernement de l'État de France un gouvernement constitutionnel, mais un gouvernement parlementaire. Le ministère du premier mars reçut ce nom dès son baptême». — Le parlement, c'est-à-dire la chambre des députés — car celle des pairs ne signifiait pas grand chose — s'était déjà alors emparé des plus importantes prérogatives de la couronne, et tout le pouvoir de l'État tomba peu à peu entre ses mains. De son côté le roi, on ne saurait le nier, était également aiguillonné de désirs d'usurpation, il voulait régner lui-même, indépendamment des caprices de la chambre et des ministres, et tout en faisant les plus grands efforts pour obtenir la souveraineté absolue, il cherchait constamment à rester dans les formes légales. Louis-Philippe peut donc soutenir à bon droit qu'il n'a jamais blessé la légalité, et devant les assises de l'histoire on l'absoudra sans doute complétement de tout reproche d'avoir commis un acte illégal, et l'on ne pourra le déclarer coupable tout au plus que d'une trop grande finesse. La chambre au contraire, qui voilait moins adroitement par la forme légale ses empiétements sur les prérogatives de la royauté, serait certainement frappée d'un verdict plus sévère, si l'on ne pouvait en quelque sorte lui compter comme circonstance atténuante d'avoir été provoquée par les velléités royales qui tendaient sans cesse à usurper le pouvoir absolu; elle peut dire qu'elle combattait le roi pour le désarmer, et pour se saisir elle-même d'une dictature qui, dans les mains de Louis-Philippe, aurait pu devenir dangereuse pour l'État et la liberté. Le duel entre le roi et la chambre, voilà ce qui remplit la période parlementaire, et les deux partis s'étaient à la fin tellement fatigués et affaiblis qu'ils tombèrent impuissants à terre, lorsqu'un nouveau prétendant parut sur le théâtre de la lutte. Le 24 février 1848 ils tombèrent presqu'en même temps, la royauté dans les Tuileries, et quelques heures plus tard le parlement dans l'édifice voisin, appelé Palais-Bourbon. Les vainqueurs, cette glorieuse canaille des journées de février, n'eurent vraiment pas besoin de faire montre d'héroïsme. Ils ne purent exercer leurs prouesses que contre les meubles du château. Ils n'ont pas tué l'ancien régime, ils ont mis fin seulement à sa vie apparente : le roi et la chambre moururent, parce qu'ils étaient morts depuis longtemps. Ces deux champions de l'époque parlementaire me rappellent une image sculptée que je vis un jour à Munster dans la grand'salle de l'hôtel de ville, où fut conclue la paix de Westphalie. Là se trouvent placés le long des murailles, comme des confessionnaux, une rangée de sièges en chêne sculpté, dont les dossiers sont ornés de toute sorte d'arabesques symboliques et bouffonnes. Sur l'un de ces fauteuils de bois on représente deux chevaliers engagés dans un combat singulier; ils sont harnachés de bonnes armures, et ils viennent de lever en l'air leurs glaives immenses, pour se frapper l'un l'autre — mais chose bizarre! à chacun des deux champions manque la chose principale, c'est-à-dire la tête, et il semble que dans la chaleur du combat où ils se sont déjà réciproquement tranché le chef, ils continuent à ferrailler sans se douter de leur perte capitale. —

L'époque la plus florissante de la période parlementaire fut sous le ministère du premier mars 1840, et dans les premières années du ministère du 29 novembre 1840. Le premier de ces ministères peut encore avoir pour les Allemands un intérêt particulier, parce qu'alors le président du conseil, M. Thiers, par son bruyant tambourinage, réveilla de son sommeil léthargique notre bonne Allemagne et la fit entrer dans le grand mouvement de la vie politique de l'Europe; M. Thiers battait si fort la diane que nous ne pouvions plus nous rendormir, et depuis, nous sommes restés sur pied. Si jamais nous devenons un peuple, M. Thiers peut bien dire qu'il n'y a pas nui, et l'histoire allemande lui tiendra compte de ce mérite. La pomme de discorde de la question d'Orient apparaît également au début de son ministère, et nous voyons déjà sous son jour le plus frappant, l'égoïsme de cette oligarchie britannique, qui nous excitait alors contre les Français. Ses agents se faufilaient dans la presse d'outre-Rhin, pour exploiter l'inexpérience politique de mes Allemands, qui s'imaginèrent tout bonnement que les Français n'en voulaient pas seulement aux couronnes des roitelets germaniques, mais bien aussi aux pommes de terre de leurs sujets, et qu'ils désiraient posséder les provinces rhénanes pour boire notre bon vin du Rhin. Mon Dieu non, les Français nous laisseront volontiers nos pommes de terre, eux qui ont les truffes du Périgord, et ils peuvent se passer de notre vin du Rhin, eux qui ont celui de Champagne. La France n'a rien à nous envier, et les velléités soldatesques dont nous nous crûmes menacés, étaient des inventions de fabrique anglaise. Que la France, ce peuple sincère et généreux, généreux jusqu'à la fanfaronnade, soit notre alliée naturelle et véritablement sûre, c'est ce qui fut la conviction de toute ma vie, et il en découla pour moi en tout temps le besoin patriotique d'éclairer mes compatriotes aveuglés sur l'idiotisme perfide de nos gallophages et de nos bardes chantant le soi-disant Rhin libre. Ce besoin patriotique a peut-être donné à mes articles sur le ministère Thiers un coloris parfois trop acariâtre, surtout à l'égard des Anglais; mais l'époque était extrêmement dangereuse, et le silence aurait été une demi-trahison. Mon animosité contre la perfide Albion, comme on disait autrefois, n'existe plus aujourd'hui où tant de choses ont changé. Je ne suis rien moins que l'ennemi de ce grand peuple anglais qui a su gagner depuis mes sympathies les plus bienveillantes, sinon ma confiance. Mais autant les Anglais sont des amis sûrs comme individus, autant il faut se méfier d'eux comme nation ou pour mieux dire comme gouvernement. Je veux bien faire ici une *apologie* dans le sens anglais du mot, et faire pour ainsi dire amende honorable de toutes les diatribes dont j'ai régalé le peuple britannique alors que j'écrivis ce livre; mais je n'ose pas les supprimer aujourd'hui, car les passages passionnés que je réimprime avec leur fougue primitive, servent à évoquer aux yeux du lecteur les passions dont il ne saurait se faire une idée après les grands bouleversements qui ont éteint et englouti jusqu'à nos souvenirs.

Mes lettres de Paris ne vont pas jusqu'à la catastrophe du 24 février, mais on en voit déjà à chaque page poindre la nécessité, et elle est présagée constamment avec cette douleur prophétique que nous trouvons dans l'antique épopée, où la conflagration de Troie ne forme pas la conclusion, mais pétille d'avance mystérieusement dans chaque vers de l'Iliade. Je n'ai pas décrit l'orage, mais les grosses nuées qui le portaient dans leurs flancs, et qui s'avançaient sombres à faire frémir. J'ai fait des rapports fréquents et précis sur les légions sinistres, sur ces titans troglodytes qui étaient aux aguets dans les couches infimes de la société, et j'ai laissé entrevoir qu'ils surgiraient de leur obscurité, quand leur jour serait venu. Ces êtres ténébreux, ces monstres sans nom, auxquels appartient l'avenir, n'étaient alors regardés généralement qu'à travers le gros bout de la lorgnette; et envisagés ainsi, ils avaient réellement l'air de pucerons en démence. Mais je les ai montrés dans leur grandeur naturelle, sous leur vrai jour, et vus de la sorte, ils ressemblaient plutôt aux crocodiles les plus formidables, aux dragons les plus gigantesques qui soient jamais sortis de la fange des abîmes.

Pour égayer la monotonie des correspondances politiques, je les ai entremêlées de descriptions puisées dans le domaine des arts et des sciences, dans les salles de danse de la bonne et de la mauvaise société; et si parmi de telles arabesques j'ai tracé parfois des caricatures de virtuose par trop bouffonnes, je ne l'ai pas fait pour causer un crève-cœur à tel ou tel honnête tapoteur de piano-forté ou râcleur de violoncelle, oublié d'ailleurs depuis assez longtemps, mais seulement pour fournir le tableau de l'époque jusque dans les moindres nuances. Un daguerréotype consciencieux doit reproduire la plus humble mouche, aussi bien que le plus fier coursier. Or, mes lettres lutéciennes sont un livre d'histoire daguerréotypé, dans lequel chaque jour s'est peint lui-même; et par l'arrangement de ces portraits quotidiens, l'esprit ordonnateur de l'artiste a donné au public une œuvre, où les objets représentés constatent authentiquement leur fidélité par eux-mêmes. Mon livre est donc un produit de la nature et de l'art à la fois, et tandis qu'il suffit peut-être pour le moment aux besoins populaires du lecteur contemporain, il pourra en tout cas servir un jour aux historiographes comme une source historique, qui porte en elle-même la garantie de son authenticité. Je réclame pour mon ouvrage ce mérite incontestable, afin que le cher lecteur d'outre-Rhin soit d'autant plus indulgent pour ses défauts, qui sont les mêmes qu'on m'a déjà assez souvent reprochés. Je parle de cet esprit frivole ou esprit français, dont tous mes livres sont entachés, et qu'on trouve également, et à un plus haut degré encore, chez l'auteur des « Lettres d'un Trépassé. »

Mais où est en ce moment le « Trépassé » très-chéri et très-vénéré? Où lui adresserai-je mon livre? Où séjourne-t-il, ou plutôt, où galope-t-il, où trotte-t-il à cette heure, lui, l'Anacharsis romantique, le plus *fashionable* de tous les originaux, un Diogène à cheval, suivi d'un *groom* élégant, qui lui porte la lanterne avec laquelle il cherche un homme. — Le cherche-t-il dans les sables du Sahara ou dans ceux de Brandebourg? Ou bien chevauche-t-il maintenant sur la bosse d'un chameau, à travers le désert de l'Arabie, où il a donné un rendez-vous à la reine de Saba, l'amie du grand Salomon, roi de Judée et d'Israël? Probablement cette vieille et fabuleuse princesse attend le célèbre touriste sur une belle oasis en Éthiopie, où elle veut déjeuner et caqueter avec lui au milieu des palmiers verdoyants et des fontaines jaillissantes, comme le fit un jour aussi la défunte lady Esther Stanhope, la folle sultane du désert. Celle-ci était un personnage de la même espèce, grande devineresse de charades, et même prophétesse. Quant à son don prophétique, je n'en ai pas une grande opinion. Dans les mémoires qu'un Anglais a publiés sur elle après sa mort, je trouve un récit de la visite que votre seigneurie fit à lady Esther, lors de votre séjour au Liban, et, à ma grande surprise, je vois qu'elle vous parla de moi comme d'un personnage exalté qui aurait fondé une nouvelle religion. Juste ciel! moi, le fondateur d'une nouvelle religion! moi à qui les religions existantes ont toujours suffi, plus que suffi! Tout cela me prouve combien on est mal renseigné sur mon compte en Asie.

Mais, en vérité, où est à présent l'infatigable voyageur, ce juif errant de l'Allemagne, ce partout et nulle part, qu'on prendrait presque pour un mythe. Le *Fremdenblatt* de Kasan, journal mongol assez véridique, prétend que le fameux auteur des « Lettres d'un Trépassé » fait dans ce moment un voyage en Chine, pour y voir les Chinois avant qu'il ne soit trop tard, et que ce peuple de porcelaine ne se soit entièrement cassé sous la lourde main des barbares aux cheveux roux. Oui, le Céleste-Empire se brise en morceaux, et ses petites clochettes argentines, qui résonnaient si drôlement, tintent aujourd'hui comme un glas funèbre. Bientôt il n'y aura plus de Chinois et de chinoiseries que sur nos tasses à thé, sur nos paravents, sur nos éventails et sur nos étagères : les mandarins à longue queue, qui ornaient nos cheminées et qui balançaient si joyeusement leur grosse bedaine, en tirant parfois de leur bouche riante une langue rouge et pointue, ces pauvres magots semblent connaître le malheur de leur patrie, ils ont l'air triste, et on dirait que leur cœur se fend de chagrin. Cette agonie de porcelaine est effroyable. Mais ce ne sont pas seulement les magots de Chine qui s'en vont. Tout le vieux monde se meurt, et il a hâte de se faire enterrer. Les rois s'en vont, les dieux s'en vont, et hélas! aussi les magots s'en vont!

En songeant sérieusement, mon prince, aux moyens de vous faire parvenir ce livre, il me vient l'idée de l'adresser poste restante à Tombouctou. On m'a dit que vous vous rendez souvent à cette ville, qui doit être une espèce de Berlin nègre; comme elle n'est pas encore entièrement découverte, je comprends très-bien qu'elle vous procure tous les agréments d'un incognito complet, et que vous pouvez vous y désennuyer à votre aise, quand vous êtes fatigué de ce Tombouctou blanc qui s'appelle Berlin.

Mais, que vous soyez dans l'Orient ou dans l'Occident, aux bords du Sénégal ou de la Sprée, à Pékin ou dans la Lausitz, n'importe! partout où vous trotterez ou galoperez, mes pensées trotteront et galoperont derrière vous et chuchoteront à vos oreilles des choses qui vous font rire. Elles vous diront aussi combien je vous aime et vous admire, combien de bons souhaits je fais pour vous, en quelque endroit que vous soyez! Sur ce, mon prince, je prie Dieu qu'il vous ait en sa sainte et digne garde.

Henri HEINE.

Paris, 23 août 1854.

LUTÈCE

I

Paris, 25 février 1840.

Plus on se trouve placé près de la personne du roi, et que de ses propres yeux on voit ce qu'il fait, plus on est aisément trompé sur les motifs de ses actions, sur ses intentions secrètes, sur ses désirs et sa tendance. A l'école des hommes de la révolution, il a appris cette finesse moderne, ce jésuitisme politique, dans lequel les jacobins ont parfois surpassé les disciples de Loyola. A cet acquis d'un apprentissage révolutionnaire se joint en lui un trésor de dissimulation héréditaire, la tradition de ses ancêtres, les rois français, ces fils aînés de l'église, qui furent toujours, bien plus que d'autres princes, assouplis par le saint chrême de Rheims, qui furent toujours plutôt renards que lions et montrèrent un caractère plus ou moins sacerdotal. A cette *simulatio* et à cette *dissimulatio*, l'une apprise par de fameux maîtres et l'autre transmise comme patrimoine, s'ajoute encore une disposition naturelle en Louis-Philippe, de sorte qu'il est presque impossible de deviner chez lui les secrètes pensées à travers l'épaisse enveloppe, la chair si souriante et si bienveillante en apparence. Mais si nous réussissions même à jeter un regard jusque dans les profondeurs du cœur royal, nous n'en serions guère plus avancés, car au bout du compte ce n'est jamais une antipathie ou une sympathie à l'égard de telles ou telles personnes, qui détermine les actes de Louis-Philippe; il n'obéit qu'à la force des choses, la nécessité. Il repousse presque avec cruauté toute incitation personnelle, il est dur envers lui-même, et s'il n'est point un souverain autocrate pour les autres, il est au moins le maître absolu de ses propres passions. Il y a donc peu d'importance politique dans la question qui des deux il aime le plus, et qui des deux il aime le moins, ou de M. Guizot ou de M. Thiers; il se servira de l'un ou de l'autre, selon qu'il aura besoin de celui-ci ou de celui-là, et il ne le fera qu'alors, ni plus tôt ni plus tard. Je ne puis donc réellement pas affirmer avec certitude lequel de ces deux hommes d'état lui est le plus agréable ou le plus désagréable. Je crois qu'il se sent de l'éloignement pour tous les deux, et cela par envie de métier, parce qu'il est ministre lui-même et qu'après tout il craint la possibilité de leur voir attribuer une capacité politique plus grande que la sienne. On dit que Guizot lui revient plus que Thiers, pour la raison que le premier jouit d'une certaine impopularité qui ne déplaît pas au roi. Mais les allures puritaines de Guizot, son orgueil toujours aux aguets, son ton tranchant de doctrinaire et son extérieur âpre de calviniste ne peuvent pas exercer un effet attrayant sur le roi. Chez Thiers, il rencontre les qualités contraires, une facilité de façons presque légère, une hardiesse d'humeur sans frein et une capricieuse franchise, qui contrastent d'une manière pour ainsi dire offensante avec son propre caractère tortueux et hermétiquement renfermé : de sorte que les qualités de M. Thiers ne peuvent guère non plus être au gré de sa majesté. En outre, le roi aime à parler, il s'abandonne même volontiers à un bavardage intarissable, ce qui doit d'autant plus nous étonner que les natures portées à la dissimulation, sont d'ordinaire avares de leurs paroles. Il faut donc qu'il ait surtout de l'éloignement pour M. Guizot, qui a plutôt l'habitude de disserter que de discourir, et qui, à la fin, quand il a prouvé sa thèse, écoute avec une taciturne sévérité la réponse du roi : il est même capable de faire à son royal interlocuteur un signe d'approbation, comme s'il avait devant lui un écolier qui récite bien sa leçon. Dans sa conversation avec M. Thiers, le roi est encore moins à son aise, car celui-ci ne le laisse pas parler du tout, perdu qu'il est dans le flux de sa propre faconde. Les paroles de M. Thiers coulent sans cesse, comme le vin d'un tonneau dont on aurait laissé ouvert le robinet, mais le vin qu'il donne est toujours exquis. Quand

M. Thiers parle, aucun autre homme ne peut placer un mot, et c'est tout au plus, comme on m'a dit, pendant les moments où il fait sa barbe, qu'on peut espérer de trouver chez lui une oreille attentive. Seulement, dans les moments où il a le couteau sur la gorge, il se tait et écoute les paroles des autres.

Il est hors de doute que le roi, cédant aux demandes de la chambre, chargera M. Thiers de former un nouveau ministère, et qu'il lui confiera, outre la présidence du conseil, le portefeuille des affaires étrangères. Cela n'est pas difficile à prévoir. Mais on pourrait prédire avec assurance que le nouveau ministère ne sera pas de longue durée, et que M. Thiers donnera lui-même un beau matin au roi l'occasion de le remercier, et d'appeler à sa place M. Guizot. M. Thiers, avec son agilité et sa souplesse, montre toujours un grand talent quand il s'agit de grimper au mât de Cocagne du pouvoir; mais il fait preuve d'un talent encore plus grand, quand il s'agit d'en redescendre, et lorsque nous le croyons perché bien sûrement au sommet du grand mât, il se laisse tout à coup glisser en bas d'une manière si habile, si spirituelle, si gracieuse et si souriante, que nous sommes tentés d'applaudir à ce nouveau tour d'adresse. M. Guizot n'est pas aussi adroit à se guinder sur le mât glissant de la puissance. Il y monte si lourdement et avec des efforts si pénibles, qu'on croirait voir un ours cherchant à se jucher sur un arbre à miel; mais quand une fois il est arrivé en haut, il s'y cramponne solidement avec sa patte vigoureuse. Il se maintiendra toujours plus longtemps que son léger rival sur le faîte du pouvoir : nous serions presque tentés de croire que c'est par manque d'habileté qu'il n'en saurait redescendre, et que dans une pareille position une forte secousse sera probablement nécessaire pour lui faciliter la dégringolade. Dans ce moment, on a peut-être déjà expédié les dépêches dans lesquelles Louis-Philippe explique aux cabinets étrangers la nécessité où il se trouve placé par la force des choses de prendre pour ministre ce Thiers qui lui est si désagréable, au lieu de Guizot, qu'il aurait préféré.

Le roi aura maintenant beaucoup de mal à apaiser les antipathies que les puissances étrangères nourrissent contre M. Thiers. La manie de Louis-Philippe de briguer l'approbation de ces puissances, est une folle idiosyncrasie. Il croit que de la paix au dehors dépend aussi la tranquillité intérieure de son pays, et il ne voue à ce dernier qu'une faible attention. Lui qui n'aurait qu'à froncer les sourcils pour faire trembler tous les Trajan, les Titus, les Marc-Aurèle et les Antonin de cette terre, y compris le Grand-Mogol, il s'humilie devant eux comme un écolier, et s'écrie d'un ton suppliant : « Soyez indulgents envers moi ! pardonnez-moi d'être monté pour ainsi dire sur le trône français, et d'avoir été élu roi par le peuple le plus brave et le plus intelligent, je veux dire par 36 millions de révolutionnaires et de mécréants. Pardonnez-moi de m'être laissé séduire au point d'accepter des mains impies des rebelles la couronne avec les joyaux qui y appartiennent. — J'étais une âme candide et inexpérimentée, j'avais reçu une mauvaise éducation dès mon enfance où Mme de Genlis me fit épeler les paroles de la déclaration des droits de l'homme; —chez les jacobins, qui me confièrent le poste d'honneur de portier, je n'ai pu non plus apprendre grand'chose de bon; — je fus séduit par la mauvaise compagnie, surtout par le marquis de Lafayette, qui voulait faire de moi la meilleure des républiques; — mais je me suis amendé depuis, je déplore maintenant les erreurs de ma jeunesse, et je vous prie, pardonnez-moi pour l'amour de Dieu et par charité chrétienne, — et accordez-moi la paix ! » — Non, ce n'est pas ainsi que Louis-Philippe s'est exprimé, car il est fier, noble et prudent; mais ce fut là pourtant, en résumé, le sens de ses longues et verbeuses épîtres.

J'ai vu dernièrement un autographe du roi, et je fus frappé de sa curieuse écriture.

Comme on appelle certains caractères de lettres pattes de mouche, on pourrait nommer ceux de l'écriture de Louis-Philippe jambes d'araignée; car ils ressemblent aux jambes ridiculement minces et longues de certaines araignées tapies dans les crevasses des murs, et qu'on nomme chez nous âmes de tailleurs. Ces lettres hautes, élancées, et en même temps très-maigres, font une impression fantastique et bizarre.

Même dans l'entourage le plus immédiat du roi, on

blâme sa condescendance pour l'étranger; mais personne n'ose s'élever hautement contre cette faiblesse. Louis-Philippe, ce bonhomme et ce bon père de famille, exige dans le cercle des siens une obéissance aveugle, telle que le plus furieux despote ne l'a peut-être jamais obtenue à force de cruautés. Le respect et l'amour enchaînent la langue de sa famille et de ses amis; c'est un malheur, et cependant il pourrait bien se présenter des cas où une opposition respectueuse contre la volonté individuelle du roi, serait la chose la plus salutaire. Même le prince royal, le duc d'Orléans, ce jeune homme si sensé, incline en silence la tête devant son père, quoiqu'il comprenne ses fautes et qu'il semble pressentir de tristes conflits, sinon une horrible catastrophe. D'après ce qu'on rapporte, il a dit un jour à un de ses confidents qu'il souhaitait voir arriver une guerre, parce qu'il aimerait mieux perdre la vie dans les flots du Rhin que dans un sale ruisseau de Paris. Ce jeune homme, magnanime et chevaleresque, a des moments mélancoliques dans lesquels il raconte que sa tante, Madame d'Angoulême, la fille non guillotinée de Louis XVI, lui avait, de sa voix rauque de corbeau, prophétisé une mort malheureuse et prématurée; c'était pendant les journées de juillet, lorsque dans sa fuite, cet oiseau de mauvais augure avait rencontré dans le voisinage de Paris le prince qui retournait tout joyeux à la capitale. Chose singulière! quelques heures après cette rencontre, le prince fut en danger d'être fusillé par les républicains qui le firent prisonnier, et il n'échappa à cet horrible sort pour ainsi dire que par un miracle. Le prince royal est généralement aimé : il a gagné tous les cœurs, et sa perte serait plus que pernicieuse pour la dynastie actuelle. La popularité du prince est peut-être la seule garantie de la durée de cette dernière. Mais ce prince héritier de la couronne est aussi une des plus nobles et des plus magnifiques fleurs humaines qui se soient épanouies sur le sol de ce beau jardin qu'on nomme la France.

II

Paris, le 1er mars 1840.

Thiers est aujourd'hui dans tout l'éclat de son jour; je dis aujourd'hui, je ne garantis rien pour le lendemain. — Que Thiers soit à présent ministre, le seul, le vrai et le tout-puissant ministre, cela est hors de doute, quoique bien des personnes, plutôt par feinte que par conviction, ne veuillent pas y croire avant d'avoir vu les ordonnances imprimées en règle dans le *Moniteur*. Ils disent qu'avec les hésitations ordinaires du *Fabius Cunctator* de la royauté, tout est possible ; qu'au mois de mai dernier, l'affaire a manqué au moment même où Thiers saisissait déjà la plume pour signer son acceptation. Mais cette fois-ci, Thiers est ministre, j'en suis convaincu, — « J'en jurerais bien, mais je ne parierai pas, » dit un jour Fox dans une semblable occasion.

III

Paris, le 9 avril 1840.

Après que les passions se sont un peu attiédies, et que la sage réflexion gagne insensiblement le dessus, chacun avoue que la tranquillité de la France aurait été très-gravement compromise, si les soi-disant conservateurs avaient réussi de renverser le ministère actuel. Les membres de ce ministère sont à coup sûr dans ce moment les hommes les plus propres à guider le véhicule de l'État. Le roi et Thiers, l'un au dedans du carrosse et l'autre sur le siége, doivent rester unis maintenant, car malgré leur position différente ils ont exposés tous les deux aux mêmes dangers de la culbute. Le roi et Thiers ne nourrissent nullement en secret des sentiments de haine l'un pour l'autre, comme on le suppose généralement. Ils s'étaient personnellement réconciliés il y a déjà bien longtemps. La seule différence qui reste, n'est que politique. Cependant, avec toute leur bonne entente actuelle, et malgré la meilleure volonté du roi pour la conservation du ministère, cette différence politique ne pourra jamais entièrement disparaître de son esprit; car le roi est le représentant de la couronne, dont les intérêts et les droits se trouvent dans un conflit continuel avec les désirs d'usurpation de la chambre. En effet, pour rendre hommage à la vérité, nous sommes forcés de désigner tous les efforts de la chambre du nom de désirs usurpateurs; c'est de son côté toujours que vint l'attaque, à chaque occasion elle cherchait à amoindrir les droits de la couronne, à en miner les intérêts, et le roi n'excerçait qu'une légitime défense. Par exemple la charte a revêtu le roi de la prérogative de choisir ses ministres, et maintenant ce droit n'est plus qu'une vaine apparence, une formule ironique et offensante pour la royauté, car en réalité c'est la chambre qui élit et congédie les ministres. Aussi, ce qui est très-caracteristique, c'est que depuis quelque temps le gouvernement de l'État de France n'est plus appelé un gouvernement constitutionnel, mais un gouvernement parlementaire. Le ministère du premier mars reçut ce nom dès son baptême, et le fait autant que la parole proclamèrent et sanctionnèrent publiquement une spoliation des droits de la couronne en faveur de la chambre.

Thiers est le représentant de la chambre, il est le ministre élu par elle, et en cette qualité il ne pourra jamais agréer complétement au roi. La disgrâce royale n'atteint donc pas la personne du ministre, comme je l'ai déjà dit, mais le principe qui s'est fait valoir dans son élection. — Nous croyons que la chambre ne poursuivra pas plus loin la victoire de ce principe; car c'est au fond ce même principe d'élection d'où résulte comme dernière conséquence la république. Où elles mènent, ces batailles parlementaires gagnées, c'est ce dont s'aperçoivent maintenant les héros de l'opposition dynastique aussi bien que ces conservateurs qui, par passion personnelle, à l'occasion de la question de dotation, se rendirent coupables des méprises les plus ridicules.

Le rejet de la dotation, et surtout le silence dédaigneux avec lequel on la rejeta, ne furent pas seulement une offense pour la royauté, mais aussi une injuste folie; — car, en arrachant peu à peu à la couronne toute puissance réelle, il fallait au moins la dédommager par une magnificence extérieure, et rehausser plutôt que rabaisser sa considération morale aux yeux du peuple. Quelle inconséquence ! Vous voulez avoir un monarque, et vous lésinez sur les frais de l'hermine et des joyaux ! Vous reculez d'effroi devant la république, et vous insultez publiquement votre roi, comme vous l'avez fait dans la question de dotation ! Et certes, ils ne veulent pas la république, ces nobles chevaliers de l'argent, ces barons de l'industrie, ces élus de la propriété, ces enthousiastes de la possession paisible, qui forment la majorité du parlement français. Ils ont encore plus horreur de la république que le roi lui-même, ils tremblent devant elle encore plus que Louis-Philippe qui s'y est déjà habitué dans sa jeunesse, lorsqu'il était un petit jacobin.

Le ministère de M. Thiers se maintiendra-t-il longtemps ? Voilà la question. Cet homme joue un rôle dont la seule pensée fait frémir. Il dispose à la fois des forces guerrières du plus puissant royaume et de tout le ban et l'arrière-ban de la révolution, de tout le feu et de toute la démence de notre temps. Ne l'excitez pas à sortir de sa sage jovialité, de son aimable insouciance, pour entrer dans le labyrinthe fatal de la passion, n'encombrez pas son chemin, ni avec des pommes d'or ni avec des bûches grossières !... Tout le parti de la couronne devrait se féliciter de ce que la chambre a justement choisi Thiers, cet homme d'État, qui a révélé dans les derniers débats toute sa grandeur politique. Oui, tandis que les autres ne sont qu'orateurs, ou administrateurs, ou savants, ou diplomates, ou héros de la vertu, Thiers possède au besoin toutes ces qualités ensemble, même la dernière, seulement elles ne se présentent pas en lui comme des spécialités étroites, mais elles sont dominées et absorbées par son génie politique. Thiers est homme d'État, il est un de ces esprits dans lesquels l'art de gouverner est une capacité innée. La nature crée des hommes d'État comme elle crée des poëtes, deux espèces de créatures très-hétérogènes, mais qui sont également indispensables ; car le monde a besoin d'être enthousiasmé et d'être gouverné. Les hommes en qui la poésie ou l'art de gouverner est un don de la nature, sont aussi poussés par cette même nature à faire valoir leur talent, et nous ne devons nullement confondre ce penchant avec la petite vanité qui pousse les mortels moins avantageusement doués à ennuyer le public par leurs rimailleries élégiaques ou par leurs discours politiques et sentimentals, ou bien par tous les deux à la fois.

J'ai mentionné que Thiers avait justement par son dernier discours montré sa puissance comme homme d'État. M. Berryer a peut-être, avec ses phrases sonores, ses fanfares déclamées, produit un effet plus pompeux sur les oreilles de la multitude; mais cet orateur est à M. Thiers, l'homme d'État, ce que Cicéron était à Démosthène. Quand Cicéron plaidait au *forum*, l'auditoire disait que personne ne savait mieux parler que Marcus Tullius; mais quand Démosthène parlait, les Athéniens criaient : Guerre à Philippe ! Pour tout éloge, après que Thiers eut fini son discours, les députés délièrent leur bourse et lui donnèrent l'argent demandé.

Le point culminant dans ce discours de Thiers fut le mot «transaction» — mot que nos politiques du jour comprirent très-peu, mais qui, à mon sens, est de la plus profonde signification. Est-ce que de tout temps la tâche des grands hommes d'État fut autre chose qu'une transaction, un accommodement entre des principes et des partis différents ? Quand on a à gouverner, et qu'on se trouve placé entre deux factions qui se combattent, on doit tâcher d'opérer une transaction. Comment le monde pourrait-il progresser, comment pourrait-il seulement se maintenir tranquille, si après de terribles bouleversements ne venaient pas ces hommes dominateurs, qui rétablissent parmi les combattants fatigués et blessés la paix de Dieu, autant dans le domaine de la pensée que dans celui de la réalité? Oui, aussi dans le domaine de la pensée les transactions sont nécessaires. Qu'est-ce que c'était, sinon une transaction entre la tradition catholico-romaine et la raison divinement humaine, ce qui, il y a trois siècles, lors de la réforme, s'établit en Allemagne sous le nom d'église protestante? Qu'est-ce que c'était, sinon une transaction, ce que Napoléon tenta en France, lorsqu'il chercha à réconcilier les hommes et les intérêts de l'ancien régime avec les hommes nouveaux et les nouveaux intérêts de la révolution? Il donna à cette transaction le nom de «fusion» — mot également très-significatif et qui révèle tout un système. — Deux mille ans avant Napoléon, un autre grand homme d'État, Alexandre de Macédoine, avait inventé un semblable système de fusion, lorsqu'il voulut concilier l'Occident avec l'Orient, par des mariages réciproques entre les vainqueurs et les vaincus, par un échange de mœurs et l'assimilation des pensées. — Non, à une telle hauteur Napoléon n'a pas pu élever son système de fusion, il n'a su rapprocher que les personnes et les intérêts, mais non les idées, et ce fut là sa grande faute, comme la cause de sa chute. M. Thiers commettra-t-il la même méprise? Nous le craignons fort. M. Thiers sait parler infatigablement du matin jusqu'à minuit, faisant jaillir toujours de nouvelles pensées brillantes, de nouveaux éclairs d'esprit, amusant, instruisant, éblouissant son auditoire; on dirait un feu d'artifice en paroles. Et pourtant il comprend mieux les intérêts matériels que les besoins moraux et intellectuels de l'humanité ; il ne connaît pas le dernier anneau par lequel les choses terrestres se rattachent au ciel : il n'a pas le génie des grandes institutions sociales.

IV

Paris, le 30 avril 1840.

« Raconte-moi ce que tu as semé aujourd'hui, et je te prédirai ce que tu récolteras demain! » Je pensais ces jours-ci à ce proverbe du brave Sancho Pança, en visitant quelques ateliers du faubourg Saint-Marceau, et en voyant quels livres on répand parmi les ouvriers, cette partie la plus vigoureuse de la basse classe. J'y trouvai plusieurs nouvelles éditions des discours de Robespierre et des pamphlets de Marat, dans des livraisons à deux sous, l'histoire de la révolution par Cabet, le libelle envenimé de Cormenin, la doctrine et la conjuration de Babœuf par Buonarotti, etc., écrits qui avaient comme une odeur de sang ; — et j'entendis chanter des chansons qui semblaient avoir été composées dans l'enfer, et dont les refrains témoignaient d'une fureur, d'une exaspération qui faisaient frémir. Non, dans notre sphère délicate, on ne peut se faire aucune idée du ton démoniaque qui domine dans ces couplets horribles ; il faut les avoir entendus de ses propres oreilles, surtout dans ces immenses usines où l'on travaille les métaux, et où, pendant leurs chants, ces figures d'hommes demi-nus et sombres battent la mesure avec leurs grands marteaux de fer sur l'enclume cyclopéenne. Un tel accompagnement est du plus grand effet; de même que l'illumination de ces étranges salles de concert, quand les étincelles en furie jaillissent de la fournaise. Rien que passion et flamme, flamme et passion!

Comme un fruit de cette semence, la république menace de sortir tôt ou tard du sol français. Nous devons, en effet, concevoir cette crainte; mais nous sommes en même temps convaincus que le règne républicain ne pourra jamais être de longue durée en France, cette patrie de la coquetterie et de la vanité. Même en supposant que le caractère national des Français soit compatible avec le républicanisme, nous n'en sommes pas moins en droit d'affirmer que la république, telle que nos radicaux la rêvent, ne pourra pas se maintenir longtemps. Dans le principe de vie même d'une telle république se trouve déjà le germe de sa mort prématurée; elle est condamnée à mourir dans sa fleur. Quelle que soit la constitution d'un État, il ne se maintient pas uniquement par l'esprit national et le patriotisme de la masse du peuple, comme on le croit d'ordinaire, mais il se maintient surtout par la puissance intellectuelle des grandes individualités qui le dirigent. Or, nous savons que, dans une république de l'espèce désignée, règne un esprit d'égalité extrêmement jaloux, qui repousse toujours toutes les individualités distinguées et les rend même impossibles; de sorte que dans des temps de calamité et de péril il n'y aura que des épiciers vertueux, d'honnêtes bonnetiers, et autres braves gens de la même farine, pour se mettre à la tête de la chose publique. Par ce vice fondamental de leur nature, ces républiques périront toujours misérablement, aussitôt qu'elles entreront dans un combat décisif avec des oligarchies ou des aristocraties énergiques, représentées par de grandes individualités. Et c'est ce qui aurait lieu inévitablement, du moment que la république serait déclarée en France.

Tandis que le temps de paix dont nous jouissons maintenant est très-favorable à la propagation des doctrines républicaines, il dissout parmi les républicains eux-mêmes tous les liens d'union; l'esprit soupçonneux et mesquinement envieux de ces gens a besoin d'être occupé par l'action, sans cela il se perd dans de subtiles discussions et d'aigres disputes de jalousie, qui dégénèrent en inimitiés mortelles. Ils ont peu d'amour pour leurs amis, et beaucoup de haine pour ceux qui, par la force d'une pensée progressive, penchent vers une conviction opposée à la leur. Ils se montrent alors très-libéraux en accusations d'ambition, et même de corruptibilité. Avec leur esprit borné, ils ne comprennent jamais que leurs anciens alliés sont quelquefois, par divergence d'opinion, forcés à s'éloigner d'eux. Incapables d'entrevoir les motifs rationnels d'un pareil éloignement, ils se récrient tout de suite contre des motifs pécuniaires supposés. Ces cris sont caractéristiques. Les républicains se sont, une fois pour toutes, brouillés complétement avec l'argent, et tout ce qui peut leur arriver de mal est attribué par eux à l'influence de ce métal. En effet, l'argent sert à leurs adversaires de barricade, de bouclier et d'arme contre eux; l'argent est peut-être même leur véritable adversaire, le Pitt et le Cobourg d'aujourd'hui, et ils déblatèrent contre cet ennemi, selon la façon des anciens sans-culottes. Au fond, il faut l'avouer, ils sont guidés par un juste instinct. Quant à la doctrine nouvelle qui envisage toutes les questions sociales d'un point de vue plus élevé, et qui se distingue du républicanisme banal aussi avantageusement qu'un manteau de pourpre impérial se distingue d'une blouse de grisâtre égalité; quant à cette doctrine, les républicains n'ont pas grand'chose à en redouter, car la grande masse du peuple en est encore aussi éloignée qu'eux-mêmes. La grande masse, la haute et la basse plèbe, la noble bourgeoisie et la noblesse bourgeoise, tous les notables de l'honnête médiocrité, qui sont encore si loin des grandes idées sociales et humanitaires, comprennent très-bien le républicanisme, ils comprennent à merveille cette doctrine, qui n'exige pas beaucoup de connaissances préliminaires, qui convient à la fois à tous leurs petits sentiments et à toutes leurs étroites pensées, et qu'ils professeraient même publiquement, s'ils ne risquaient par là d'entrer en conflit avec l'argent. Chaque écu est un valeureux combattant contre le républicanisme, et chaque napoléon est un Achille. Un républicain hait donc l'argent à juste titre, et quand il s'empare de cet ennemi, hélas! alors la victoire est pire que la défaite : le républicain qui s'est emparé de l'argent a cessé d'être républicain! Il ressemble alors à ce soldat autrichien qui criait : « Mon caporal, j'ai fait un prisonnier! » mais qui, lorsque le caporal lui dit d'amener son prisonnier, répondit : « Je ne peux pas, car il me retient. »

De même que les républicains, les légitimistes sont occupés à mettre à profit le temps de paix actuel pour semer, et c'est surtout dans le sol paisible de la province qu'ils répandent la semence dont ils espèrent voir naître et fleurir leur salut. Ils se promettent les plus grands fruits de l'œuvre d'une propagande qui tâche de rétablir l'autorité de l'Église, en fondant des établissements d'instruction et en subjuguant l'esprit de la population campagnarde. Ils se flattent qu'avec la foi du bon vieux temps, leurs priviléges du bon vieux temps reprendront aussi le dessus. C'est pourquoi on voit des femmes de la plus haute naissance devenir, pour ainsi dire, les dames patronesses de la religion; elles font parade de leurs sentiments dévots et cherchent à gagner des âmes pour le ciel, en attirant par leur exemple tout le beau monde dans les églises. Aussi les églises ne furent-elles jamais plus fréquentées et remplies qu'aux Pâques de cette année. Surtout à Saint-Roch et à Notre-Dame-de-Lorrette se pressait en foule la dévotion élégante ; là, brillaient les toilettes les plus saintement magnifiques ; là, le pieux dandy présentait aux belles fidèles l'eau bénite de sa main revêtue de gants blancs glacés ; là, priaient les grâces les mieux huppées. Cela durera-t-il longtemps ? Cette piété gagnant la vogue de la mode, ne sera-t-elle pas aussi soumise au changement rapide de la mode ? Ce rouge sur les joues de la religion, est-ce un signe de santé ou de phthisie ? « Le bon Dieu reçoit aujourd'hui beaucoup de visites », dis-je dimanche dernier à un de mes amis, en voyant le grand concours de monde qui se dirigeait vers les églises. — « Ce sont des visites d'adieu », répondit l'incrédule.

Les dents de dragon que sèment les républicains et les légitimistes nous sont connues maintenant, et nous ne serons pas surpris de les voir un jour éclore et surgir du sol en combattants armés, et s'égorger les uns les autres, ou bien fraterniser ensemble. Oui, cette dernière chose est possible ; n'y a-t-il pas ici un prêtre effroyable qui, par ses sanguinaires paroles de croyant, espère consacrer l'alliance des hommes du bûcher et des hommes de la guillotine ?

Dans l'intervalle, tous les yeux sont dirigés vers le spectacle qui, à la surface de la France, est exécuté par des acteurs plus ou moins superficiels. Je parle de la chambre et du ministère. La tendance de la première, ainsi que la conservation de ce dernier, est certainement de la plus grande importance; car les disputes dans la chambre pourraient hâter une catastrophe qui semble tantôt s'approcher, tantôt s'éloigner, mais qui est inévitable. Retarder son explosion aussi longtemps que possible, voilà la tâche des hommes d'État qui dirigent les affaires dans ce moment. On reconnaît d'ailleurs dans tous leurs actes, dans toutes leurs paroles, qu'ils ne veulent que cela et n'espèrent que cela, convaincus qu'ils sont de voir arriver tôt ou tard l'inévitable conflagration universelle. Avec une sincérité presque naïve, Thiers a avoué dans un de ses derniers discours, combien peu de confiance il avait dans l'avenir le plus prochain, et combien on était forcé de chercher à subsister, à se maintenir d'un jour à l'autre; il a l'oreille fine, et il entend déjà, pour parler le langage de l'Edda scandinave, le hurlement lointain du loup Fenris, qui annonce l'arrivée du règne d'Héla.

V

Paris, le 30 avril 1840.

Hier soir, après une attente infinie, après un retard prolongé de jour en jour depuis presque deux mois, par lequel la curiosité du public, mais aussi sa patience, furent surexcitées, hier soir enfin eut lieu au Théâtre-Français la représentation de *Cosima*, le drame de George Sand. On ne saurait se faire une idée quelles peines, pour pouvoir assister à cette première représentation, s'étaient données depuis des semaines toutes les notabilités de la capitale, tout ce qui se fait remarquer ici par le rang, la naissance, le talent, le vice, la richesse, le ridicule, enfin par une distinction quelconque. La renommée de l'auteur est si grande, que la curiosité était excitée au plus haut degré; mais outre la curiosité, de tout autres intérêts et de tout autres passions étaient encore en jeu. On connaissait d'avance les cabales, les intrigues, les méchancetés, les turpitudes de toute sorte qui s'étaient conjurées contre la pièce, et qui faisaient cause commune avec la plus basse envie de métier. On voulait faire expier à l'auteur hardi, qui par ses romans avait causé un égal déplaisir à l'aristocratie et à la bourgeoisie, on voulait lui faire expier publiquement ses « maximes irréligieuses et immorales », à l'occasion d'un début dramatique; car, comme je vous l'ai écrit ces jours-ci, l'aristocratie nobiliaire, en France, regarde la religion comme un boulevard contre les dangers imminents du républicanisme, et elle daigne lui accorder sa haute protection pour assurer sa propre considération et pour protéger ses nobles têtes, tandis que la bourgeoisie voit ses têtes roturières également menacées par les doctrines antimatrimoniales de George Sand, menacées d'une certaine décoration au front, dont un garde national marié aime autant à se passer qu'il est désireux de voir orner sa poitrine de la croix de la Légion d'honneur.

L'auteur avait très-bien compris sa position difficile,

et il avait évité dans sa pièce tout ce qui aurait pu réveiller la colère des nobles chevaliers de la religion et des écuyers bourgeois de la morale, des légitimistes de la royauté et des légitimistes du mariage quand même. Le champion de la révolution sociale, ce génie ardent qui avait osé dans ses écrits les choses les plus extrêmes, s'était imposé pour la scène les bornes de la plus grande modération, car son but était avant tout, non pas de proclamer ses principes sur la scène, mais de prendre possession des tréteaux du théâtre. La possibilité de sa réussite excita une grande crainte chez certaines petites gens, auxquels les différends religieux, politiques et moraux, dont je viens de parler, sont tout à fait étrangers, et qui ne poursuivent que les plus vulgaires intérêts du métier. Ce sont les soi-disant auteurs dramatiques par excellence, qui, en France aussi bien que chez nous en Allemagne, forment une classe tout à fait à part, et qui n'ont rien de commun ni avec la véritable littérature ni avec les écrivains distingués dont se glorifie la nation. Ces derniers, à peu d'exceptions près, sont complétement étrangers au théâtre, avec cette différence qu'en Allemagne les grands écrivains se détournent volontairement et dédaigneusement du monde des planches, tandis qu'en France ils aimeraient beaucoup à pouvoir s'y produire, mais se voient repoussés de ce terrain par les machinations des prétendus auteurs dramatiques par excellence. Et, dans le fond, on ne peut pas trop en vouloir à ces infiniment petits, s'ils se défendent autant que possible contre l'invasion des grands. « Que voulez-vous faire chez nous? s'écrient-ils; restez dans votre littérature, et ne cherchez pas à vous introduire auprès de nos humbles marmites! Pour vous la gloire, pour nous l'argent! pour vous les longs articles remplis d'admiration et de louanges, pour vous les hommages des esprits supérieurs et la haute critique qui nous ignore entièrement, nous autres pauvres diables! Pour vous les lauriers, pour nous le rôti! Pour vous l'ivresse de la poésie, pour nous la mousse du vin de Champagne que nous humons en bons enfants et en société des chefs de la claque ou des dames les plus honnêtes possible. Nous mangeons, nous buvons, on nous applaudit, nous siffle et nous oublie; tandis que vous, tout en mourant de faim, vous allez à la rencontre de la plus sublime immortalité! »

En effet, le théâtre procure à ses auteurs dramatiques la plus parfaite aisance; la plupart d'entre eux deviennent riches et vivent dans l'abondance, tandis que les plus grands écrivains français, ruinés par la contrefaçon belge et l'état misérable de la librairie, languissent dans une désolante pauvreté. Il est donc bien naturel qu'eux aussi ils soupirent parfois après ces fruits dorés qui mûrissent derrière la rampe scénique, et que, pour les saisir, ils allongent la main, comme le fit dernièrement mon pauvre ami Balzac à qui cette tentative coûta si cher! Comme il existe secrètement en Allemagne une alliance défensive et offensive entre les médiocrités qui exploitent le théâtre, il en est de même à Paris, et le mal y est plus grand que chez nous, parce qu'ici toute cette misère est centralisée. Et avec cela les petites gens sont ici très-actifs, très-habiles, et tout à fait infatigables dans leur combat contre les grands, et tout particulièrement dans leur combat contre le génie qui vit toujours isolé, qui est même quelque peu gauche, et qui de plus, soit dit entre nous, s'abandonne un peu trop à sa rêverie paresseuse.

Eh bien, quel accueil a trouvé le drame de George Sand, le plus grand écrivain que la France ait produit depuis la révolution de Juillet, ce génie audacieux et solitaire qui a été apprécié et célébré aussi chez nous en Allemagne? Fut-ce un accueil définitivement mauvais ou douteusement bon? Pour l'avouer avec sincérité, je ne saurais répondre à cette question. Le respect qu'on porte à ce grand nom a peut-être paralysé plus d'un mauvais dessein. Je m'attendais aux choses les plus fâcheuses. Tous les antagonistes de l'auteur s'étaient donné rendez-vous dans l'immense salle du Théâtre-Français, qui peut contenir plus de deux mille personnes. L'administration avait mis environ cent quarante billets à la disposition de l'auteur pour les distribuer à ses amis; mais je crois que la plupart de ces billets ont été gaspillés par des caprices de femme, et que peu seulement sont tombés dans de bonnes mains, c'est-à-dire dans des mains applaudissantes. Quant à une claque organisée, il n'en a été rien du tout; le chef ordinaire des claqueurs avait offert ses services, mais son assistance fut refusée par l'orgueilleux auteur de *Lélia*. Les nobles chevaliers du lustre, qui applaudissent si vaillamment dans le centre du parterre quand on représente un chef-d'œuvre de Scribe ou d'Ancelot, furent tout à fait invisibles hier au Théâtre-Français.

Quant à la représentation du drame, l'exécution par les soi-disant artistes, je n'en puis dire, à mon regret, que le plus grand mal. Outre la célèbre madame Dorval, qui n'a joué hier ni pis ni mieux qu'à l'ordinaire, tous les acteurs ont fait parade de leur monotone médiocrité. Le principal héros de la pièce, un certain M. Beauvallet, a joué, pour me servir d'une expression biblique, « comme un cochon avec un anneau d'or au museau. » George Sand semble avoir prévu combien peu son drame, malgré toutes ses concessions faites aux caprices des acteurs, serait favorisé par leurs efforts mimiques, et, dans une conversation qu'elle eut avec un de ses amis d'outre-Rhin, elle dit en plaisantant : « Voyez-vous, les Français sont tous comédiens de leur nature, et chacun joue son rôle dans le monde d'une manière plus ou moins brillante ; mais ceux d'entre mes compatriotes qui possèdent le moins de talent pour le noble art dramatique, se vouent au théâtre et deviennent acteurs. »

J'ai dit moi-même à une autre occasion, que la vie politique en France, le système représentatif et parlementaire, absorbe les meilleurs comédiens d'entre les

Français, et qu'en conséquence on ne trouve sur le véritable théâtre que ceux d'un talent médiocre. Mais cette appréciation n'est juste qu'à l'endroit des hommes et n'atteint pas les femmes; les scènes françaises sont riches en actrices du plus grand mérite, et la génération actuelle surpasse peut-être la précédente. Nous admirons parmi ces actrices des talents hors ligne, qui ont pu se développer sur ce terrain en d'autant plus grand nombre, que les femmes, par une législation injuste, par l'usurpation des hommes, sont exclues de toutes les fonctions et dignités politiques, et ne peuvent donc pas faire valoir leurs capacités sur les planches du Palais-Bourbon et du Luxembourg. Il n'y a que les maisons publiques de l'art et de la galanterie où elles puissent donner carrière à l'exubérance de leurs talents mimiques, et elles se font alors ou actrices ou lorettes, ou bien l'un et l'autre à la fois. Car ici en France ces deux industries ne sont pas aussi distinctes l'une de l'autre que chez nous en Allemagne, où les acteurs sont souvent regardés à l'égal des personnes les mieux famées, et se distinguent fréquemment par une très-bonne conduite : aussi ne sont-ils pas chez nous vilipendés par l'opinion publique, et repoussés de la société comme des parias; au contraire, nos acteurs trouvent parfois l'accueil le plus prévenant dans les salons de la noblesse allemande, dans les soirées des banquiers israélites les plus riches et les plus tolérants, et même dans quelques honnêtes maisons bourgeoises. Mais ici en France, où tant de préjugés ont cependant été extirpés, l'anathème de l'Église reste toujours en force à l'égard des acteurs, qu'elle a toujours considérés comme des réprouvés; et puisque les hommes deviennent toujours mauvais quand on les traite mal, les acteurs persévèrent ici, à peu d'exceptions près, dans leur vieille vie de bohémiens, aussi sale que brillante. Thalie et la vertu couchent ici rarement dans le même lit, et même notre plus célèbre Melpomène descend quelquefois de son cothurne pour l'échanger contre les provoquantes mules dont Goëthe chaussait la gentille coquine de Philine dans son roman « Wilhelm Meister. »

Toutes les belles actrices ont ici leur prix fixe, et celles dont le prix n'est pas fixé sont certainement les plus chères. La plupart des jeunes actrices sont entretenues par des dissipateurs ou de riches parvenus. En revanche, les véritables femmes entretenues et celles qu'on nomme Lorettes, ont d'ordinaire la plus grande envie de se montrer sur le théâtre, manie dans laquelle entre autant de calcul que de vanité, parce que sur la scène elles peuvent le mieux mettre en évidence leurs charmes corporels, se faire remarquer par les illustrations de la haute débauche, et en même temps se faire admirer de la masse du public. Ces personnes, qu'on voit surtout jouer sur les petits théâtres, ne touchent généralement pas de gages; au contraire, elles paient encore par mois une certaine somme aux directeurs pour la faveur qu'ils leur accordent en leur permettant de se produire sur la scène. On connaît donc rarement ici le point précis où l'actrice et la courtisane échangent leur rôle, où la comédie cesse pour céder le pas à la nature, et où le pathétique alexandrin de six pieds se perd dans la débauche quadrupède. Les femmes de cette espèce, les amphibies de l'art et du vice, ces Mélusines des bords de la Seine, forment à coup sûr la partie la plus dangereuse de la galante Lutèce, où tant de ravissants monstres exercent leurs séductions irrésistibles.

Malheur à l'adolescent inexpérimenté qui tombe dans leurs filets! Malheur aussi à l'homme expérimenté qui sait très-bien que la jolie sirène se termine par une affreuse queue de poisson, mais qui néanmoins ne peut se défendre de céder à ses enchantements. Peut-être même à cause de la volupté secrète attachée aux frissons de la peur, le malheureux est-il d'autant plus sûrement ensorcelé par le charme fatal, et entraîné dans l'attrayant abîme, dans sa ruine délicieuse.

Les femmes dont je parle ne sont pas méchantes ou fausses, elles ont même ordinairement très-bon cœur, et au lieu d'être aussi trompeuses et avides qu'on les croit, elles sont parfois les créatures les plus dévouées et les plus généreuses; toutes leurs actions impures ne proviennent que du besoin momentané, de la gêne ou de la vanité; elles ne sont après tout pas pires que d'autres filles d'Ève, qui dès leur enfance, par l'aisance et la surveillance de leur famille ou par d'autres faveurs du sort, ont été préservées de la chute et des rechutes morales qui s'ensuivent.

Ce qui est caractéristique en elles, c'est une certaine manie de destruction dont elles sont possédées, non-seulement au préjudice d'un galant, mais aussi au préjudice de l'homme qu'elles aiment réellement, et surtout au détriment de leur propre personne. Cette manie de destruction est intimement liée à un désir effréné ou plutôt une fureur de jouissance, de la jouissance la plus immédiate, qui ne laisse pas un jour de répit, ne songe jamais au lendemain et se moque de toute espèce de réflexions ou de scrupules. Elles arrachent à leur amoureux son dernier sou, elles le poussent à engager aussi son avenir, seulement pour satisfaire à la joie du moment; elles le forcent encore à compromettre et à gaspiller les ressources dont elles pourraient elles-mêmes profiter plus tard, elles sont même cause parfois qu'il escompte son honneur,—bref, elles ruinent leur amoureux à fond et avec une rapidité qui fait frémir. Montesquieu, dans un passage de son «Esprit des Lois», a cherché à nous donner une idée nette du despotisme en comparant les despotes à ces sauvages qui, lorsqu'ils veulent se régaler des fruits d'un arbre, saisissent aussitôt la hache et abattent l'arbre même, puis s'asseyent commodément à côté du tronc et mangent les fruits avec une précipitation gourmande. Je serais tenté d'appliquer cette comparaison aux dames dont je viens de parler. Après Shakspeare qui, dans sa

Cléopâtre que j'ai appelée un jour une « reine entretenue », nous a donné un profond modèle de ces sortes de femmes, après le grand William, c'est certainement notre ami Honoré de Balzac qui les a dépeintes avec la plus effrayante fidélité. Il les décrit comme un naturaliste décrit une espèce d'animaux quelconques, ou comme un pathologiste décrit une maladie, c'est-à-dire sans but de moralisation, sans prédilection ni répugnance. Jamais assurément il ne lui est venu à l'idée de vouloir embellir ou réhabiliter ces phénomènes de la nature, ce qui serait aussi contraire à l'art qu'à la morale...

J'allais dire que le procédé de son collègue George Sand est tout autre, que cet écrivain a un but arrêté qu'il poursuit dans toutes ses œuvres; j'allais même dire que je n'approuve pas ce but — mais je m'aperçois à temps que de pareilles observations seraient très malencontreuses dans ce moment où tous les ennemis de l'auteur de *Lélia* font chorus contre elle au Théâtre-Français. Mais que diable allait-elle faire dans cette galère! Ne sait-elle donc pas qu'on peut acheter un sifflet pour un sou, que le plus pauvre niais est un virtuose sur cet instrument? Nous en avons vu qui sifflaient comme s'ils étaient des Paganini....

NOTICE POSTÉRIEURE

Des articles de journaux sur la première représentation d'une œuvre dramatique, surtout quand la curiosité est excitée par le nom illustre de l'auteur, doivent forcément être écrits et expédiés avec la plus grande hâte, pour ne pas laisser prendre une dangereuse avance à des jugements malveillants et à des cancans calomnieux. Voilà pourquoi, dans les pages qui précèdent, je n'ai point parlé spécialement du poëte qui venait de tenter son premier essai sur la scène. Par malheur, cet essai manqua complétement, de manière que le front de l'auteur habitué aux lauriers, se vit cette fois couronné d'épines, et d'épines très-aiguës. Pour compenser en quelque sorte aujourd'hui la lacune laissée dans ma lettre d'alors, je communiquerai ici quelques remarques sur la personne de George Sand, remarques fugitives et puisées au hasard dans une monographie que j'ai écrite il y a plusieurs années.

Les voici :

« Comme tout le monde sait, George Sand est un pseudonyme, le nom de guerre d'une belle amazone littéraire. Ce qui l'a portée à choisir ce nom, ce ne fut aucunement le souvenir du malheureux Sand, assassin de Kotzebue, du seul auteur dramatique de l'Allemagne qui ait su écrire des comédies. Notre héroïne prit ce nom parce que c'était la première syllabe de Sandeau, son premier *cavaliere servente*. C'est un écrivain très-honorable, mais qui avec son nom entier n'a pu se rendre aussi célèbre que son illustre maîtresse avec la moitié, qu'elle emporta en riant lorsqu'elle se sépara de lui.

Le vrai nom de George Sand est Aurore Dudevant, comme s'appelait son époux légitime, qui n'est pas un mythe, comme on pourrait le croire, mais un gentilhomme en chair et en os de la province du Berry, et que j'ai une fois eu le plaisir de voir de mes propres yeux. C'est même chez son épouse que je le vis, chez sa légitime épouse, qui avait déjà de fait divorcé avec lui à cette époque, et vivait dans un petit logement sur le quai Voltaire. Que j'aie vu M. Dudevant justement en cet endroit, c'est une circonstance curieuse, pour laquelle, comme dirait Chamisso, je pourrais me faire voir moi-même pour de l'argent. Je lui trouvai une figure d'épicier parfaitement insignifiante, et il me sembla n'être ni méchant ni brutal, mais je compris aisément que cette tiède vulgarité, cette nullité banale, ce regard de porcelaine, ces mouvements monotones de pagode chinoise, qui auraient, il est vrai, pu être assez amusants pour une femme ordinaire, devaient nécessairement à la longue devenir insupportables pour un cœur de femme profondément sensible, et ne pouvaient manquer de la remplir à la fin d'horreur et d'épouvante, au point de la faire se sauver à tout prix de cet enfer matrimonial.

Le nom de famille de George Sand est Dupin. Elle est la fille d'un militaire dont la mère était la fille naturelle d'une danseuse, jadis célèbre, mais oubliée aujourd'hui. Le père de cette grand' mère de George Sand était, à ce qu'on dit, le maréchal Maurice de Saxe, fameux par sa bravoure guerrière et sa nombreuse progéniture illégitime ; lui-même fut un des quatre cents bâtards qu'avait laissés le prince électeur Auguste le Fort, roi de Pologne. La mère de Maurice de Saxe fut Aurore de Kœnigsmark ; et Aurore Dudevant, qui avait reçu le nom de son aïeule, donna également à son fils le nom de Maurice. Ce fils et une fille, appelée Solange, et mariée au sculpteur Clésinger, sont les deux seuls enfants de George Sand. Elle fut toujours une excellente mère, et souvent j'ai eu l'honneur d'assister, pendant des heures entières, aux leçons de langue française qu'elle donnait à ses enfants. Ce qui est à regretter, c'est que toute l'Académie française n'ait pas assisté à ces leçons, car elle aurait pu certainement en profiter beaucoup.

George Sand, le plus grand écrivain de France, est en même temps une femme d'une beauté remarquable. Comme le génie qui se montre dans ses œuvres, son visage peut être nommé plutôt beau qu'intéressant ; l'intéressant est toujours une déviation gracieuse ou spirituelle du véritable type du beau, et la figure de George Sand porte justement le caractère d'une régularité grecque. La coupe de ses traits n'est cependant pas tout à fait d'une sévérité antique, mais adoucie par la sentimentalité moderne, qui se répand sur eux comme un voile de tristesse. Son front n'est pas haut, et sa riche chevelure du plus beau châtain tombe des deux côtés de la tête jusque sur ses épaules. Ses yeux sont un peu ternes, du moins ils ne sont pas brillants : leur feu s'est peut-être éteint par des larmes fréquentes, ou peut-être a-t-il passé dans ses ouvrages, qui ont répandu leurs flammes brûlantes par tout l'univers et embrasé tant de têtes de femmes : on les accuse d'avoir causé de terribles incendies. L'auteur de *Lélia* a des yeux doux et tranquilles, qui ne rappellent ni Sodome, ni Gomorrhe. Elle n'a pas un nez aquilin et émancipé, ni un spirituel petit nez camus; son nez est simplement un nez droit et ordinaire. Autour de sa bouche se joue habituellement un sourire plein de bonhomie, mais qui n'est pas très-attrayant; sa lèvre inférieure, quelque peu pendante, semble révéler la fatigue des sens. Son menton est charnu, mais de très-belle forme. Aussi ses épaules sont belles, et même magnifiques; pareillement ses bras et ses mains, qui sont extrêmement petites, ainsi que ses pieds. Quant aux charmes de son sein, je laisse à d'autres contemporains l'outrecuidance de les décrire; j'avoue humblement n'être pas compétent à cet égard. La conformation générale de son corps a d'ailleurs l'air d'être un peu trop grosse, ou du moins trop courte. Seulement la tête porte le cachet de l'idéal, elle rappelle les plus nobles restes de l'art antique, et, sous ce rapport, un de nos amis a eu parfaitement raison de comparer la charmante femme à la statue de marbre de la Vénus de Milo, qui se trouve placée dans une des salles du rez-de-chaussée du Louvre. Oui, George Sand est belle comme la Vénus de

Milo ; elle surpasse même celle-ci par bien des qualités : elle est par exemple beaucoup plus jeune. Les physionomistes qui prétendent que c'est la voix de l'homme qui fait le mieux deviner son caractère, seraient fort embarrassés s'ils devaient reconnaître la profonde sensibilité de George Sand dans le son de sa voix. Sa voix est mate et voilée, sans aucun timbre sonore, mais douce et agréable. Le ton naturel de son langage lui prête un charme particulier. Quant à des dispositions pour le chant, il n'y en a pas du tout chez George Sand ; elle chante tout au plus avec la bravoure d'une belle grisette qui n'a pas encore déjeuné, ou qui, pour toute autre raison, n'est pas en voix pour le moment.

Aussi peu que par son organe, George Sand brille par sa conversation. Elle n'a absolument rien de l'esprit pétillant des Françaises, ses compatriotes, mais rien non plus de leur babil intarissable. Cette sobriété de paroles n'a cependant pas pour cause la modestie, ni un intérêt sympathique et profond pour son interlocuteur. Elle est taciturne plutôt par orgueil, parce qu'elle ne vous croit pas dignes de la faveur de vous prodiguer son esprit ; ou bien même elle l'est par égoïsme, parce qu'elle cherche à absorber en elle-même les meilleures de vos paroles, afin de les laisser fructifier dans son âme et de les employer plus tard dans ses écrits. Cette particularité, chez George Sand, de savoir, par avarice, ne rien donner dans la conversation, et y recueillir toujours quelque chose, est un trait sur lequel M. Alfred de Musset appela un jour mon attention. « Elle a par là un grand avantage sur nous autres, » dit Musset, qui, pendant de longues années d'intimité, a eu les meilleures occasions de connaître à fond le caractère de l'auteur de *Lélia*.

Oui, jamais George Sand ne dit un mot brillant d'esprit, et elle ne ressemble guère à ses compatriotes sous ce rapport. Avec un sourire aimable et parfois singulier, elle écoute quand d'autres parlent, et les pensées étrangères qu'elle a reçues et travaillées en elle, sortent de l'alambic de son intelligence sous une forme bien plus riche et précieuse. Elle a l'oreille extrêmement fine. Elle accepte volontiers aussi les conseils de ses amis.

On comprend qu'à cause de la direction peu canonique de son esprit, elle n'ait pas de confesseur; mais comme les femmes même les plus enthousiastes d'émancipation ont toujours besoin d'un guide masculin, d'une autorité masculine, George Sand a pour ainsi dire un directeur de conscience littéraire, une espèce de capucin philosophe nommé Pierre Leroux. Cet excellent homme exerce malheureusement sur le talent de sa pénitente une influence peu favorable, car il l'entraîne dans d'obscures dissertations sur des idées à moitié écloses; il l'engage à entrer dans des abstractions stériles, au lieu de s'abandonner à la joie sereine de créer des formes vivantes et colorées, et d'exercer l'art pour l'art. George Sand avait investi d'une dignité plus mondaine auprès de sa personne notre bien-aimé ami Frédéric Chopin. Ce grand compositeur et pianiste fut pendant quinze ans son *cavaliere servente* le plus féal et le plus chevaleresque ; quelque temps avant sa mort, il fut remercié pour des raisons qui me sont inconnues.

Je ne sais comment mon ami Henri Laubé a pu un jour, dans la *Gazette d'Augsbourg*, m'attribuer une expression qui semblait dire que, lors de son séjour à Paris, l'incomparable Franz Liszt avait été l'amant de George Sand. L'erreur de Laubé est venue sans doute d'une association d'idées : il aura confondu les noms de deux pianistes également célèbres. En rectifiant cette erreur, je m'empresse de rendre un service plus sérieux à la bonne réputation, ou plutôt à la réputation de bon goût de notre célèbre contemporaine, en donnant à mes compatriotes de Vienne et de Prague l'assurance formelle qu'ils ont été dupes d'une calomnie des plus stupides, en croyant sur parole un des plus misérables compositeurs de romances de là-bas, un certain insecte rampant et sans nom, qui s'est vanté d'avoir entretenu avec George Sand une liaison intime. Les femmes ont à la vérité toutes sortes d'étranges appétits, et il s'en trouve même qui mangent des araignées ; mais je n'ai jamais rencontré une femme qui ait avalé des punaises. Non, Lélia n'a jamais eu de goût pour un pareil insecte, et elle ne l'a toléré quelquefois dans sa maison que parce qu'elle en était trop importunée.

Pendant longtemps, comme je l'ai dit tout à l'heure, Alfred de Musset fut l'adorateur de George Sand. Quel singulier effet du hasard, que justement le plus grand poëte en prose que possèdent les Français, et le plus grand de leurs poëtes en vers qui vivent actuellement (en exceptant l'incomparable et divin Béranger) aient pendant longtemps brûlé l'un pour l'autre d'un amour passionné. Ces deux têtes couronnées de lauriers formaient un bien beau couple.

George Sand pour la prose et Alfred de Musset pour les vers, surpassent en effet leurs contemporains français, et dans tous les cas ils sont supérieurs à M. Victor Hugo, cet auteur si vanté, qui, avec une persévérance opiniâtre et presque insensée, a fait accroire à ses compatriotes, et à la fin à lui-même, qu'il était le plus grand poëte de la France. Est-ce réellement son idée fixe? En tout cas, ce n'est pas la nôtre. Chose bizarre! la qualité qui lui manque surtout, est justement celle que les Français estiment le plus, et dont ils sont particulièrement doués eux-mêmes. Je veux dire le goût. Comme ils avaient rencontré cette qualité chez tous les écrivains de leur pays, l'absence de goût complète chez Victor Hugo leur parut peut-être justement de l'originalité. Ce que nous regrettons surtout de ne pas trouver en lui, c'est ce que nous Allemands appelons le naturel. Victor Hugo est forcé et faux, et souvent dans le même vers l'un des hémistiches est en contradiction avec l'autre; il est essentiellement froid, comme l'est le diable d'après les assertions des sorcières, froid et glacial, même dans ses effusions les plus passionnées; son enthousiasme n'est qu'une fantasmagorie, un calcul sans amour, ou plutôt il n'aime que lui-même; il est égoïste, et pour dire quelque chose de pire, il est Hugoïste. Il y a en lui plus de dureté que de force, et son front est de l'airain le plus effronté. Malgré tous ses moyens d'imagination et d'esprit, nous voyons chez lui la gaucherie d'un parvenu ou d'un sauvage, qui se rend ridicule en s'affublant d'oripeaux bigarrés, en se surchargeant d'or et de pierreries, ou en les employant mal à propos : en un mot, tout chez lui est barbarie baroque, dissonance criante et horrible difformité! Quelqu'un a dit du génie de Victor Hugo : C'est un beau bossu. Ce mot est plus profond que ne le suppose peut-être celui qui l'a inventé.

En répétant ce mot, je n'ai pas seulement en vue la manie de M. Victor Hugo, de charger, dans ses romans et ses drames, le dos de ses héros principaux d'une bosse matérielle, mais je veux surtout insinuer ici qu'il est lui-même affligé d'une bosse morale qu'il porte dans l'esprit. J'irai même plus loin, en disant que d'après la théorie de notre philosophie moderne, nommée la doctrine de l'identité, c'est une loi de la nature que le caractère extérieur et corporel de l'homme répond à son caractère intérieur et intellectuel. — Je ruminais encore cette donnée philosophique dans ma tête, lorsque je vins en France, et j'avouai un jour à mon libraire Eugène Renduel, qui était aussi l'éditeur de Victor Hugo, que d'après l'idée que je m'étais faite de ce dernier, j'avais été fort étonné de ne pas trouver en M. Hugo un homme gratifié d'une bosse. « Oui, on ne lui voit pas sa difformité, » dit M. Renduel par distraction. — Comment, m'écriai-je, il n'en est donc pas tout à fait exempt ? — « Non, pas tout à fait, » répondit Renduel avec embarras, et sur mes vives instances il finit par m'avouer qu'il avait, un beau matin, surpris M. Hugo au moment où il changeait de chemise, et qu'alors il avait remarqué un vice de conformation dans une de ses hanches, la droite, si je ne me trompe, qui avançait un peu trop, comme chez les personnes dont le peuple a l'habitude de dire qu'elles ont une bosse, sans qu'on sache où. Le peuple, dans sa naïveté sagace, nomme ces gens aussi des bossus manqués, de faux bossus, comme il appelle les albinos des nègres blancs. Chose aussi amusante que significative ! ce fut justement à l'éditeur du poëte que cette difformité ne resta pas cachée. Personne n'est un héros aux yeux de son valet de chambre, dit le proverbe, et de même le plus grand écrivain finira par perdre à la longue son prestige héroïque aux yeux de son éditeur, l'attentif valet de chambre de son esprit ; ils nous voient trop souvent dans notre négligé humain. Quoi qu'il en soit, je m'amusai beaucoup de cette découverte de Renduel ; elle sauve la synthèse de ma philosophie allemande, qui affirme que le corps est l'esprit visible, et que nos défauts spirituels se manifestent aussi dans notre conformation corporelle. Mais il faut que je fasse mes réserves expresses contre une conclusion erronée qu'on pourrait tirer de là, en pensant que le contraire doit avoir lieu également, c'est-à-dire que le corps de l'homme doit toujours être en même temps son esprit visible, et que la difformité extérieure donne le droit de supposer aussi une difformité intérieure, une difformité morale. Non, nous avons trouvé bien des fois dans des enveloppes rabougries et laides, les âmes les plus droites et les plus belles, ce qui s'explique facilement par ce que les difformités corporelles sont causées d'ordinaire par quelque accident physique, si elles ne sont pas la suite d'une négligence ou d'une maladie survenue après la naissance. Au contraire, la difformité de l'âme vient au monde avec nous; et c'est ainsi que le poëte français, en qui tout est faux, se trouve être aussi un faux bossu.

Nous nous rendrons le jugement des œuvres de George Sand plus facile en disant qu'elles forment un contraste absolu avec les productions de Victor Hugo. George Sand a tout ce qui manque à ce dernier : elle a du naturel, du goût, la vérité, la beauté, l'enthousiasme, et toutes ces qualités sont reliées entre elles par l'harmonie la plus parfaite et la plus sévère à la fois. Le génie de George Sand a les hanches les mieux arrondies et les plus suavement belles; tout ce qu'elle sent et pense respire la grâce et fait deviner des profondeurs immenses. Son style est une révélation en fait de forme pure et mélodieuse. Mais pour les héros de ses livres, les sujets qu'elle représente, et qu'on pourrait souvent appeler des mauvais sujets, je m'abstiens ici de toute observation à cet égard, et je laisse ce thème à la discussion de ses ennemis vertueux et quelque peu jaloux de ses succès immoraux.

VI

Paris, 7 mai 1840.

Les journaux d'aujourd'hui publient un rapport adressé par le consul autrichien de Damas au consul général d'Autriche à Alexandrie, au sujet des juifs de Damas, dont le martyre rappelle les temps les plus ténébreux du moyen âge. Tandis qu'en Europe les contes du moyen âge nous servent de sujets poétiques, et que nous nous amusons de ces traditions naïvement sinistres, dont s'effrayaient tant nos ancêtres ; tandis que chez nous ce n'est plus que dans les ballades et les romans qu'on parle de ces sorcières, de ces loups-garous et de ces juifs qui, pour leur culte diabolique, ont besoin du sang de pieux enfants chrétiens ; tandis que nous rions et oublions, on commence en Orient à se souvenir d'une manière très-affligeante de la vieille superstition, et à se regarder avec des mines fort sérieuses, des mines de sombre fureur et d'angoisse mortelle ! Pendant ce temps, le bourreau exerce la torture, et, martyrisé sur le chevalet de la question, le juif de Damas avoue qu'à l'approche des fêtes pascales il lui avait fallu un peu de sang chrétien pour tremper son pain sec des azymes, et qu'à cet effet il avait saigné à mort un vieux capucin ! Le Turc de la Syrie est sot et méchant, et il met volontiers ses instruments de bastonnade et de torture à la disposition des chrétiens contre les juifs accusés; car les deux sectes lui sont également odieuses, il regarde les adhérents du Christ et de Moïse comme des chiens, il leur donne aussi ce nom d'honneur, et il se réjouit certainement quand le *giaour* chrétien lui fournit l'occasion de maltraiter avec quelque apparence de justice le *giaour* juif. Attendez seulement ! Lorsque ce sera dans l'intérêt du pacha, et qu'il n'aura plus à craindre l'intervention armée des Européens, il écoutera aussi le chien circoncis, et ce dernier accusera les chiens baptisés, Dieu sait de quel méfait horrible. Aujourd'hui enclume, demain marteau !

Mais pour l'ami de l'humanité, de pareils événements seront toujours un crève-cœur. Les lugubres symptômes de cette espèce sont déjà un malheur dont les conséquences peuvent devenir incalculables. Le fanatisme est un mal contagieux, qui se répand sous les formes les plus différentes, et exerce à la fin ses ravages contre nous tous. Le consul de France à Damas, le comte Ratti-Menton, s'est rendu coupable de choses qui ont soulevé un cri d'horreur général. C'est lui qui a inoculé à l'Orient la superstition occidentale, en distribuant parmi la populace de Damas un écrit dans lequel on impute aux juifs le meurtre des chrétiens. Cet écrit imbu de haine atroce, et que le comte Menton avait reçu mission de propager en Syrie, a été fabriqué par ses amis ultramontains qui l'ont emprunté primitivement à la *Bibliotheca prompta a Lucio Ferrario :* dans ce misérable pamphlet, on affirme positivement que les Juifs ont besoin du sang chrétien pour la célébration de leurs fêtes pascales. Le noble comte s'est bien gardé de répéter la vieille tradition qui s'y rattache, et d'après laquelle les Juifs, dans le même but, volent aussi des hosties consacrées et les piquent avec des épingles jusqu'à ce que le sang en découle, — forfait qui fut mis au jour, dans le moyen âge, non-seulement par des affirmations de témoins assermentés, mais encore par la circonstance révélatrice qu'au-dessus de la maison juive, où une de ces hosties dérobées avait été crucifiée, il se répandit une lueur éclatante et rouge comme du sang. Non, les incrédules, les mahométans, n'auraient jamais cru une chose semblable, et le comte Ratti-Menton, dans l'intérêt de sa mission, se vit forcé d'avoir recours à des histoires moins miraculeuses. Je dis dans l'intérêt de sa mission, et je livre ces mots aux interprétations les plus étendues. Monsieur le comte n'est à Damas que depuis peu de temps; il y a six mois, on le vit ici à Paris, ce centre actif de toutes les associations progressives, mais aussi de toutes les confréries rétrogrades. — Le ministre des affaires étrangères, M. Thiers, qui chercha dernièrement à se poser en fils de la révolution, montre à l'occasion des événements de Damas une tiédeur singulière. D'après le *Moniteur* d'aujourd'hui, un *vice-consul* est déjà parti pour Damas, afin d'examiner la conduite du *consul* français de cette ville. Un vice-consul! Probablement quelque élève d'un consulat, inférieur et voisin, une personne sans nom et n'offrant aucune garantie d'indépendance et d'impartialité.

VII

Paris, 20 mai 1840.

M. Thiers a gagné de nouveaux lauriers par la clarté convaincante avec laquelle il a traité dans la chambre les sujets les plus arides et les plus embrouillés. La situation compliquée de la Banque nous a été exposée dans son discours de la manière la plus nette, de même que les affaires algériennes et la question des sucres. Cet homme connaît tout; nous devons regretter qu'il n'ait pas étudié la philosophie allemande : il saurait l'expliquer également. Mais qui sait! si les événements le poussent, et qu'il soit contraint de s'occuper aussi de l'Allemagne, il parlera sur Hégel et Schelling d'une façon aussi instructive que sur la canne à sucre et la betterave.

Mais ce qui importe bien plus aux intérêts de l'Europe que les questions commerciales, financières et coloniales qu'on a discutées à la chambre, c'est le retour solennel des cendres de Napoléon. Cette affaire occupe ici tous les esprits. Mais tandis qu'en bas, dans le peuple, tout le monde est dans la jubilation, pousse des cris d'allégresse, s'échauffe et brûle, on médite en haut, dans les régions plus froides de la société, sur les dangers qui maintenant, du côté de Sainte-Hélène, approchent de jour en jour davantage et menacent Paris de funérailles très-inquiétantes. Certes, si l'on pouvait déjà demain déposer les restes mortels de l'empereur sous la coupole du palais des Invalides, on pourrait supposer assez de force au ministère actuel pour empêcher pendant cette cérémonie funèbre tout éclat impétueux des passions. Mais aura-t-il encore cette force après six mois, à l'époque où le cercueil triomphant entrera dans la Seine? En France, ce bruyant pays de l'agitation révolutionnaire, les choses les plus imprévues peuvent se passer d'ici à six mois : Thiers sera peut-être, dans l'intervalle, redevenu homme privé (ce que nous désirerions vivement), ou bien il sera fort dépopularisé comme ministre (ce que nous craignons beaucoup), ou bien encore la France sera engagée dans une guerre, — et alors il pourrait arriver que des cendres de Napoléon jaillissent quelques étincelles, tout près de ce siége qui est recouvert d'amadou rouge !

Est-ce que M. Thiers a créé ce danger pour se rendre

indispensable, attendu qu'on le croit en possession de l'art de conjurer aussi tous les dangers qu'il aura lui-même provoqués ? Ou cherche-t-il dans le bonapartisme un refuge brillant pour le cas qu'il soit forcé de rompre un jour complétement avec l'orléanisme ? Je ne crois ni l'un ni l'autre. M. Thiers sait très-bien que, s'il se rejetait dans l'opposition et qu'il aidât à renverser le trône actuel, les républicains s'empareraient du pouvoir et lui sauraient mauvais gré de son bon service ; dans le cas le plus favorable, ils le pousseraient doucement de côté. Trébuchant sur ces grossières bûches de vertu, il pourrait facilement se casser le cou, et être hué par-dessus le marché. Il n'aurait, il est vrai, rien de pareil à redouter du bonapartisme, s'il aidait à le rétablir. Et il serait plus aisé de fonder de nouveau en France un règne de bonapartistes qu'une république.

Les Français, dépourvus de toutes les qualités républicaines, sont bonapartistes par nature. Ils aiment la guerre pour la guerre ; même au milieu de la paix, leur vie n'est que combat et que bruit ; les vieux comme les jeunes aiment à se divertir avec le son du tambour et la fumée de la poudre, avec toute sorte de jouets d'éclat.

C'est en flattant le penchant naturel des Français pour le bonapartisme, que Thiers a gagné parmi eux la popularité la plus extraordinaire. Ou bien est-il devenu populaire parce qu'il est lui-même un petit Napoléon, comme l'a appelé dernièrement le correspondant d'un journal allemand? Un petit Napoléon! Une petite cathédrale gothique! C'est justement parce qu'elle est si colossale, si grande, qu'une cathédrale gothique excite notre étonnement. Réduite à des proportions minimes, elle ne signifierait plus rien. M. Thiers est certainement plus qu'une telle cathédrale gothique en miniature. Son esprit surpasse toutes les intelligences qui l'environnent. Aucun autre ne saurait se mesurer avec lui, et dans une lutte contre lui la finesse même est forcée de s'avouer vaincue. Il est la meilleure tête de France, quoiqu'il le dise lui-même, à ce qu'on prétend. On rapporte en effet qu'avec sa volubilité méridionale il a dit au roi, l'an dernier, pendant la crise ministérielle : «Votre majesté croit être l'homme le plus fin de ce pays, mais je connais ici quelqu'un de bien plus fin, c'est moi!» à quoi le rusé Louis-Philippe aurait répondu : «Vous vous trompez, monsieur Thiers ; si vous l'étiez, vous ne le diriez pas.» Quoi qu'il en soit, M. Thiers se promène à cette heure à travers les appartements des Tuileries avec la conscience de sa grandeur, en maire du palais de la dynastie des Orléans.

Conservera-t-il longtemps cette toute-puissance ? N'est-il pas déjà brisé en secret, par suite d'efforts inouïs ? Sa tête s'est blanchie avant le temps, on n'y trouve certainement plus un seul cheveu noir ; et plus son règne se prolonge, plus la santé audacieuse de son naturel s'affaiblit. La facilité avec laquelle il se meut, a même déjà quelque chose d'effrayant : elle nous inspire des inquiétudes étranges. Mais elle est toujours extraordinaire et admirable, cette facilité, et quelque légers et agiles que soient les autres Français, en les comparant à Thiers, on les prendrait tous pour des lourdauds allemands.

VIII

Paris, 27 mai 1840.

Sur l'affaire sanglante de Damas, plusieurs feuilles du nord de l'Allemagne ont donné des communications datées en partie de Paris et en partie de Leipsick, mais sans doute sorties de la même plume, et dont le but était d'égarer le jugement du public allemand, dans l'intérêt d'une certaine clique. Nous ne voulons pas entrer dans des explications sur la personne et les motifs de ce correspondant, nous nous abstenons également de tout examen des événements de Damas; seulement sur tout ce qui a été dit, à ce propos, des juifs de Paris et de la presse parisienne, nous nous permettrons quelques observations rectificatives. Dans cette tâche, nous sommes surtout guidé par l'intérêt de la vérité, et non par celui des personnes; quant aux juifs de Paris, il est même possible que tout ce que nous dirons d'eux ne ressemble guère à une apologie. — Certes, nous louerions plutôt que nous ne blâmerions les israélites de Paris, si, comme l'affirment les gazettes du nord de l'Allemagne, ils avaient montré un grand zèle pour leurs infortunés coreligionnaires de Damas, et n'avaient craint aucun sacrifice d'argent pour sauver l'honneur de leur religion calomniée. Mais il n'en est pas ainsi. Les juifs en France sont émancipés depuis trop longtemps déjà pour que les liens de race ne se soient pas beaucoup relâchés ; ils se sont presque entièrement perdus ou, pour mieux dire, absorbés dans la nationalité française. Ces juifs sont des Français tout comme les autres, et ils ont donc aussi des mouvements d'enthousiasme, qui durent vingt-quatre heures, et, quand le soleil est bien chaud, même trois jours ! — encore ne peut-on dire cela que des meilleurs. Beaucoup d'entre eux pratiquent encore leur vieux culte cérémonial, le culte extérieur, ils l'exercent tout mécaniquement, par ancienne habitude et sans savoir pourquoi ; quant à une croyance intime, il n'en est resté aucune trace, car dans la synagogue aussi bien que dans l'église chrétienne le spirituel corrosif de la critique voltairienne a exercé son influence dissolvante. Pour les israélites de France, comme pour les autres Français, l'or est le dieu du jour, et l'industrie la religion dominante. Sous ce rapport, on pourrait diviser les juifs de Paris en deux sectes : la secte de la rive droite et celle de la rive gauche ; ces noms, comme on sait, désignent les deux chemins de fer qui, l'un en longeant la rive droite de la Seine et l'autre la gauche, conduisent à Versailles, et qui sont dirigés par deux grands rabbins de la haute banque, rabbins rivaux qui se jalousent avec autant d'animosité que jadis les célèbres talmudistes Samaï et Hillel dans l'ancienne Babylone.

Nous devons rendre au grand rabbin de la rive droite cette justice qu'il a montré pour la maison d'Israël une sympathie plus empressée que son docte antagoniste, le grand rabbin de la rive gauche, qui, avec l'inébranlable tranquillité d'âme d'un Hillel, tandis qu'on torturait et égorgeait ses coreligionnaires en Syrie sur l'instigation d'un consul de France, tint au Palais-Bourbon, dans la chambre des députés, plusieurs beaux et remarquables discours sur la conversion des rentes et l'escompte de la Banque.

L'intérêt que les juifs de Paris prirent à la tragédie de Damas se réduit à quelques manifestations bien insignifiantes. Le consistoire israélite, avec la tiédeur habituelle des corporations établies, se rassembla et délibéra ; toute la délibération n'eut d'autre résultat que la résolution unanime de porter les pièces du procès à la connaissance du public. Cette publication fut faite par M. Crémieux, le célèbre avocat qui a voué de tout temps son éloquence généreuse non-seulement aux sectateurs du mosaïsme, mais aux opprimés de toutes les confessions et de toutes les doctrines. A l'exception d'une jeune femme aussi jolie que charitable et de quelques érudits orientalistes, M. Crémieux est peut-être la seule personne de Paris qui se soit occupée activement de la cause d'Israël. Sacrifiant ses intérêts personnels, et mé-

prisant les embûches de la méchanceté, il a tenu front
aux insinuations les plus odieuses, et il s'est même
offert à faire le voyage d'Égypte, en cas que le procès
des juifs de Damas fût appelé au tribunal du pacha
Méhémet-Ali. Le correspondant mensonger des feuilles
du nord de l'Allemagne fait dans la *Gazette universelle
de Leipsick* une insinuation perfide au sujet de la réfutation par laquelle M. Crémieux a su paralyser dans les
journaux de Paris les faux rapports émanés de la pieuse
source que vous savez. Il dit que cette réfutation n'avait
été insérée qu'aux conditions établies pour les annonces,
et que M. Crémieux en avait payé le prix. Nous savons
de source authentique que les directeurs des journaux
français s'étaient offerts à insérer cette réfutation sans
aucune rétribution, si l'on voulait seulement attendre
quelques jours; ce ne fut que sur la demande d'une
publication immédiate, que quelques rédacteurs comptèrent les frais d'impression et de timbre d'une feuille de
supplément, frais qui n'étaient certainement pas très-
onéreux, si l'on considère les forces pécuniaires du consistoire israélite. Les forces pécuniaires des juifs sont
grandes en effet, mais l'expérience nous apprend que
leur avarice l'est encore bien davantage. Un des membres
les plus estimés de la communauté israélite à Paris
(on l'estime à quelque trente millions de francs),
M. Worms de Romilly, hésiterait peut-être à donner
cent francs, si l'on venait lui demander cette somme,
pour sauver toute la race de David menacée de la bas-

tonnade! C'est une vieille et pitoyable invention, qui n'est cependant pas encore usée, d'attribuer les motifs pécuniaires les plus impurs à celui qui élève sa voix pour la défense des juifs ; je suis convaincu qu'Israël n'a jamais donné de l'argent, excepté quand on lui arrachait violemment les dents, comme au temps des Valois. En feuilletant dernièrement l'*Histoire des Juifs* par Basnage, je ne pus m'empêcher de rire en voyant la naïveté avec laquelle l'auteur se défend contre ses détracteurs, qui l'accusent d'avoir reçu de l'argent de la main des juifs. Je l'en crois sur parole, quand il ajoute avec amertume : « Le peuple juif est le peuple le plus ingrat qu'il y ait au monde! »

Quelquefois, à la vérité, on rencontre encore des exemples où la vanité est parvenue à délier la bourse des richards juifs, mais alors leur libéralité était encore plus répugnante que leur lésinerie. Un israélite prussien, ancien fournisseur d'armées, qui, par allusion à son nom hébraïque de Moïse (car Moïse veut dire en français « retiré de l'eau, » en italien *« del mare »*) a pris le nom plus sonore de baron Delmar, fonda il y a quelque temps à Paris une maison d'éducation pour des jeunes personnes nobles tombées dans l'indigence, et il dota cet établissement de la somme d'un million et demi. Cette action, dont il faut convenir qu'elle est pleine d'amour pour tout ce qui est noble, lui valut tant de considération dans le faubourg Saint-Germain, que même les plus rechignées douairières et les jeunes demoiselles les plus dédaigneuses n'osent plus se moquer de lui tout haut. Ce grand seigneur de la tribu de Jacob a-t-il seulement donné un liard pour la quête en faveur des juifs de Syrie, martyrs de la superstition? Je serais tenté de garantir qu'un autre baron retiré de l'eau, qui joue dans le noble faubourg le rôle de gentilhomme catholique et de grand écrivain, n'a secondé ni de son argent ni de sa plume les intérêts de ses coreligionnaires en détresse. Il faut que je fasse ici une remarque qui est peut-être la plus amère de toutes. Parmi les juifs baptisés, il y en a beaucoup qui, par une lâche hypocrisie, disent encore plus de mal d'Israël que ses ennemis par droit de naissance. De la même manière, certains écrivains ont soin, pour ne pas rappeler leur origine, de parler des juifs très-défavorablement, ou de n'en pas parler du tout. C'est une chose connue et tristement ridicule. Mais il peut être utile d'y appeler surtout en ce moment l'attention du public, parce que non-seulement dans les feuilles du nord de l'Allemagne, mais aussi dans un autre journal bien plus important, on a cherché à insinuer que tout ce qui a été écrit en faveur des juifs de Damas provenait de sources juives, que le consul d'Autriche à Damas était juif, que les autres consuls de cette ville, à l'exception du consul de France, étaient tous des juifs. Nous connaissons cette tactique, nous en avons déjà eu l'expérience à l'occasion de la jeune Allemagne. Non, tous les consuls de Damas sont chrétiens, et ce qui prouve que le consul autrichien de cette ville n'est pas même d'origine israélite, c'est justement la manière franche et courageuse dont il a défendu les juifs contre le consul français; — ce que c'est que ce dernier, le temps le révélera.

IX

Paris, 30 mai 1840.

Toujours lui ! Napoléon et encore Napoléon ! Il est le sujet incessant des conversations de chaque jour depuis qu'on a annoncé son retour posthume, et surtout depuis que la chambre, au sujet des dépenses qui s'y rattachent, a émis un vote si pitoyable. Ce fut de sa part une nouvelle imprudence, qui forme le pendant du rejet de la dotation nemourienne. La chambre est entrée, par ce vote, en opposition grave avec les sympathies du peuple français; Dieu sait qu'elle l'a fait plutôt par pusillanimité que par malice. La majorité de la chambre était au commencement aussi enthousiasmée que la grande masse de la nation pour la translation des cendres de Napoléon; mais peu à peu elle en vint, par la réflexion, à un sentiment contraire, en calculant les dangers que cette solennité pourrait faire naître, et en entendant les cris de joie des bonapartistes, qui n'avaient en effet rien de rassurant. A partir de ce moment, elle prêta une oreille plus attentive aux ennemis de l'empereur, et les légitimistes par excellence, aussi bien que les royalistes à convictions moins exclusives, profitèrent de cette disposition pour mettre en avant, d'une façon plus ou moins adroite, leur haine invétérée contre Napoléon. C'est ainsi que notamment la *Gazette de France* nous donna une flore d'ignobles invectives dans une série d'extraits des ouvrages de Chateaubriand, de madame de Staël, de Benjamin Constant, et d'autres détracteurs enragés de la mémoire impériale. Pour moi, qui en Allemagne m'étais habitué sous ce rapport à des plats d'injures plus savoureux, je n'en pus que sourire. Ce serait une chose amusante que de mettre en parallèle, avec ces passages tirés d'auteurs français, autant de passages analogues d'auteurs allemands de l'époque, où le « père John » agitait sa fourche à fumier contre le Corse. C'étaient des coups d'estoc et de taille bien plus ignobles, bien plus puants que les élégantes passes d'armes d'un Chateaubriand, avec son épée de parade brillante et légère. Chateaubriand et le père John! quel contraste, et pourtant quelle ressemblance entre ces deux fous!

Mais si Chateaubriand a été très-furieux dans ses jugements sur l'empereur, Napoléon l'avait fortement provoqué par le ton méprisant dont il dit à Sainte-Hélène, au sujet du pèlerin de Jérusalem : « C'est une âme rampante qui a la manie d'écrire des livres. » Non, Chateaubriand n'est pas une âme rampante, il est seulement fou, et c'est un fou triste, tandis que les fous français sont généralement gais et divertissants. Il me rappelle toujours le bouffon mélancolique du roi Louis XIII. Son nom était Angéli, je crois ; il portait un pourpoint de couleur noire, ainsi qu'un bonnet noir avec de noirs grelots, et il faisait des plaisanteries larmoyantes. Le pathos de Chateaubriand a toujours pour moi quelque chose de comique ; à travers le glas lugubre de ces accents qu'on prend pour sublimes, j'entends toujours le tintement des noires clochettes de son bonnet de fou. Seulement, à la longue, la mélancolie artificielle, les sottises d'outre-tombe, les pensées de mort affectées, deviennent aussi déplaisantes que monotones. On dit que Chateaubriand est dans ce moment occupé d'une brochure sur les obsèques de Napoléon. Ce serait en effet pour lui une excellente occasion d'étaler tous ses crêpes et toutes ses couronnes d'immortelles oratoires, toutes les pompes funèbres de sa fantaisie de croque-mort ; son pamphlet sera un catafalque écrit, et l'auteur ne manquera pas d'y prodiguer les larmes d'argent et les cierges de deuil, car il vénère l'empereur depuis qu'il est mort.

Madame de Staël également exalterait aujourd'hui Napoléon, si elle se promenait encore dans les salons des vivants. Déjà au retour de l'empereur de l'île d'Elbe, pendant les Cent-Jours, elle était assez disposée à chanter les louanges du tyran, et elle y mit seulement la condition qu'on lui paierait auparavant deux millions qu'elle prétendait être dus à feu monsieur son père. Mais comme l'empereur ne lui donna pas cet argent, l'inspiration nécessaire lui manqua pour les dithyrambes offerts, et Corinne se mit à improviser ces tirades que la *Gazette de France* a répétées ces jours-ci avec tant de satisfaction. Nous n'avons pas le cœur de parler de ce pauvre Benjamin Constant, dont la *Gazette* a réimprimé également les blasphèmes qu'il avait vomis contre l'empereur. Ces personnages ne sont plus, c'est assez. Madame de Staël est morte, Benjamin Constant est mort, et Chateaubriand est pour ainsi dire mort aussi ; du moins, comme il nous l'assure depuis des années, il s'occupe exclusivement de son enterrement. Ses « Mémoires d'Outre-Tombe, » qu'il publie par morceaux, ne sont pas autre chose que des funérailles qu'il se fait à lui-même avant son trépas définitif, comme fit jadis l'empereur Charles-Quint.

Mais ce ne sont pas seulement les extraits d'anciens auteurs qui ont provoqué la mauvaise humeur d'un bonapartiste incurable comme moi, je fus impressionné tout aussi désagréablement par le discours que M. de Lamartine prononça, dans la chambre des députés, sur, ou plutôt contre Napoléon, quoique ce discours ne contienne que des choses vraies ; mais les arrière-pensées de l'orateur sont déloyales, et il a dit la vérité dans l'intérêt du mensonge. Il est vrai, il est mille fois vrai, que Napoléon a été un ennemi de la liberté, un despote, l'égoïsme couronné, et que sa glorification offre un mauvais et dangereux exemple ; il est vrai qu'il a manqué des vertus civiques d'un Bailly, d'un Lafayette, et qu'il a foulé aux pieds les lois et même les législateurs, dont nous voyons encore aujourd'hui quelques témoignages vivants à l'hospice politique appelé le palais du Luxembourg; mais ce n'est point pour ce Napoléon liberticide, le héros mitrailleur de vendémiaire, le Jupiter Tonnant de l'ambition, qu'on vous demande de décréter les obsèques et les arcs de triomphe les plus magnifiques ! non, c'est l'homme qui représenta la jeune France vis-à-vis de la vieille Europe qu'il s'agit de glorifier : car c'est le peuple français qui vainquit et qui fut humilié et outragé en sa personne, et qui en sa personne s'honore, se célèbre et se réhabilite lui-même. — Voilà ce que sent tout cœur vraiment français, et c'est pourquoi on oublie tous les défauts du trépassé pour lui rendre hommage quand même; et la chambre a commis une grande faute par sa mesquinerie intempestive. — Le discours de M. de Lamartine fut un chef-d'œuvre rempli de fleurs perfides, dont le subtil venin a étourdi plus d'une tête débile; mais le manque de droiture n'y est que faiblement couvert par les belles paroles. Le ministère a plutôt lieu de s'applaudir que de s'attrister de ce que ses ennemis ont si maladroitement laissé entrevoir leurs sentiments anti-nationaux.

X

Paris, 3 juin 1840.

Le correspondant de la *Gazette de Leipsick* et des petites feuilles du nord de l'Allemagne, n'a pas dérogé directement à la vérité en rapportant, avec sa jubilation servile, que la presse française n'avait pas montré à l'occasion des Juifs de Damas une sympathie particulière pour Israël. Mais cette âme véridique s'est bien gardée de découvrir la cause de cette circonstance, qui consiste tout simplement en ce que le président du conseil des ministres, M. Thiers, avait pris parti dès le commencement pour le comte Ratti-Menton, consul de France à Damas, et qu'il avait manifesté ses intentions à ce sujet aux rédacteurs de toutes les feuilles qui se trouvent maintenant sous sa dépendance. Il y a certainement beaucoup d'honnêtes gens, et de très-honnêtes gens, parmi ces journalistes, mais ils obéissent maintenant, avec une discipline toute militaire, au commandement de ce généralissime de l'opinion publique, dans l'antichambre duquel ils se réunissent chaque matin pour recevoir l'ordre du jour. Ils ne peuvent sans doute pas alors se regarder les uns les autres sans rire ; car les aruspices français ne savent pas aussi bien garder leur sérieux que ces aruspices romains dont parle Cicéron. Comme on dit, dans ces audiences du matin où M. Thiers reçoit son état-major de la presse quotidienne, il prend une mine de profonde conviction quand il parle de ces Juifs syriens qui boivent du sang chrétien à leurs fêtes de Pâques. « C'est une chose avérée, dit-il ; les dépositions de tous les témoins dans l'affaire de Damas ont établi que le rabbin de cette ville a tué le père Thomas et bu son sang ; — la chair a probablement servi de régal aux employés subalternes de la synagogue. Que voulez-vous ! continue-t-il ; — et peu à peu son front se déride et perd son sérieux d'emprunt, — que voulez-vous ! chacun a son goût. C'est une triste superstition, un fanatisme religieux qui règne encore en Orient, tandis que les Juifs de l'Occident sont devenus beaucoup plus humains et plus civilisés ; plus d'un parmi eux est exempt de tout préjugé, et se distingue par son goût parfait, comme par exemple M. de Rothschild qui, il est vrai, ne s'est pas converti à l'église, mais bien à la cuisine chrétienne, et qui a pris à son service le plus grand cuisinier de la chrétienté, le favori de Talleyrand, ancien évêque d'Autun. » C'est à peu près ainsi que s'exprime, dans ses audiences du matin, le fils de la Révolution, au grand mécontentement de madame sa mère, qui parfois devient toute rouge de colère en entendant dire de pareilles choses à son fils dénaturé, ou en le voyant même fraterniser avec ses ennemis les plus acharnés. On le voit notamment en bonne entente avec le comte de Montalembert, le chef ou plutôt le porte-drapeau d'une cohorte militante de néo-jésuites, dont il dirige le journal nommé *l'Univers.* C'est l'organe du parti le plus avancé du cagotisme le plus arriéré, et ses rédacteurs, qui se distinguent autant par leur intelligence et leur érudition que par leur perfidie, sont parfois, il faut l'avouer, supérieurs à la grande masse de leurs adversaires libéraux, ces honnêtes gens bien pensant et écrivant mal, qui forment pour ainsi dire la petite bourgeoisie de la pensée. M. le comte lui-même possède beaucoup d'esprit et de talent, mais il est un étrange composé de morgue nobiliaire et de romantique bigotterie, et ce mélange se révèle le plus naïvement dans sa légende de sainte Élisabeth, princesse hongroise, qu'en parenthèse M. le comte déclare être sa cousine, et qui, d'après lui, aurait été d'une humilité chrétienne si édifiante, qu'avec sa langue pieuse elle léchait les ulcères et la teigne des mendiants les plus galeux, et que, par excès de piété, elle buvait même sa propre urine.

Par les indications que je viens de donner, on comprendra aisément le langage peu libéral des journaux d'opposition de Paris, à propos de la récente affaire de Damas. A toute autre époque ils auraient jeté les hauts cris sur le fanatisme rallumé en Orient, et sur ce misérable qui, en sa qualité de consul français dans cette contrée, couvre d'ignominie le nom de la France.

Il y a quelques jours, M. Benoît Fould a provoqué dans la chambre des députés une discussion sur la conduite du consul français à Damas. Il est donc avant tout de mon devoir de rétracter le blâme qui m'était échappé dans une de mes dernières lettres sur le compte de ce député. Je n'ai jamais douté de l'esprit distingué, de la haute intelligence de M. Fould ; je le regarde, moi aussi, comme une des plus grandes capacités de la chambre des députés, mais j'avais douté de son cœur. Avec quel plaisir j'avoue mon erreur quand j'ai fait injure aux gens de bien, et qu'ils réfutent mes accusations par les faits ! L'interpellation de M. Fould témoigne d'autant de prudente réserve que de franche dignité. Très-peu de journaux seulement ont donné des extraits de son discours ; les feuilles ministérielles l'ont même supprimé tout à fait, et ont au contraire donné tout entière la réponse de M. Thiers. Cette réponse fut un chef-d'œuvre de perfidie : en éludant la question, en prétendant qu'il taisait des choses qu'il savait, et en se donnant l'apparence d'une retenue scrupuleuse, il a su rendre suspectes les assertions les plus avérées de ses adversaires. A l'entendre parler, on aurait pu croire à la fin effectivement que le mets favori des Juifs est la chair des capucins.— Mais non, ô grand historiographe et petit théologien ! en Orient non plus qu'en Occident, le vieux Testament ne permet à ses adhérents une nourriture aussi sale, l'aversion des Juifs pour toute alimentation sanglante leur est tout à fait particulière, elle se prononce dans les premiers dogmes de leur religion, dans toutes leurs lois de salubrité, dans leur cérémonial de purification, dans leurs idées fondamentales sur ce qui est pur et impur, dans cette profonde révélation cosmogonique sur la pureté et l'impureté matérielles dans le monde animal, révélation constituant pour ainsi dire une morale physique, et que saint Paul, en la rejetant comme une fable, n'avait nullement comprise. — Non, les descendants d'Israël, de ce peuple de prêtres pur et élu, ne mangent pas de viande de porc, ni de vieux franciscains non plus, et ils ne boivent pas de sang, pas plus qu'ils ne boivent leur propre urine, comme faisait sainte Élisabeth, la cousine de M. le comte de Montalembert.

Ce que la sanglante question de Damas a mis au jour de plus affligeant, c'est cette ignorance des affaires orientales que nous remarquons chez le président actuel du conseil des ministres, ignorance brillante qui pourrait un jour lui faire commettre les méprises les plus graves, lorsque ce ne sera plus cette petite question sanglante de Syrie, mais bien la grande question sanglante du monde, cette question fatale et inévitable que nous appelons la question d'Orient, qu'il s'agira de résoudre ou d'en préparer la solution. Le raisonnement de M. Thiers est ordinairement juste, mais ses prémisses sont souvent fausses, tout à fait erronées, tout à fait prises au hasard. Quant aux affaires d'Orient, ses idées sont de vraies chimères écloses sous le soleil brûlant des couvents fanatiques du Liban, ou dans d'autres bouges de la superstition. C'est le parti ultramontain qui lui fournit ses émissaires, et ceux-ci lui rapportent des choses merveilleuses sur la grande puissance des catholiques romains dans l'Orient, tandis qu'en réalité une levée de boucliers de la part de ces misérables chrétiens latins ne troublerait pas le sommeil d'un chien sur un cimetière musulman. Ils sont aussi faibles que méprisés. Peut-être M. Thiers s'imagine-t-il que la France, la patronne de ces Latins depuis le temps des croisades, pourra un jour par eux gagner la suprématie en Orient. Quant au véritable état des choses, il faut convenir que les Anglais en sont bien mieux informés; ils savent que cette pitoyable arrière-garde du moyen âge est de plusieurs siècles en retard sous le rapport de la civilisation, ils savent que ces Latins sont encore beaucoup plus déchus que leurs maîtres, les Turcs, et que ce seront plutôt les adhérents du symbole grec qui, à la chute de l'empire ottoman, et même plus tôt, pourront faire valoir leur importance. Le chef de ces chrétiens grecs n'est pas ce pauvre sire qui porte le titre de patriarche de Constantinople, et dont naguère un prédécesseur dans cette ville a été pendu ignominieusement entre deux chiens. — Non, leur chef est le tout-puissant czar de Russie, autocrate sacré, empereur et pape de tous les croyants de l'église grecque, orthodoxe et archi-sainte; — il est leur Messie armé qui doit les délivrer du joug des infidèles, et qui un jour, ils l'espèrent, arborera leur drapeau victorieux sur les tours de la grande mosquée de Byzance. — Oui, c'est là leur foi politique et religieuse, ils rêvent le règne universel de l'orthodoxie gréco-russe, règne qui du Bosphore doit s'étendre sur l'Europe, l'Asie et l'Afrique.—Et ce qu'il y a de plus terrible, c'est que ce rêve n'est pas une bulle de savon qu'un coup d'air fait évanouir ; non, il contient une possibilité dont l'idée nous pétrifie comme le regard de la Méduse !

La boutade de Napoléon dans l'île de Sainte-Hélène, affirmant que le monde appartiendra, dans un avenir très-prochain, ou aux républicains, ou aux Cosaques, est une prophétie bien décourageante. Quelle perspective ! Dans le cas le plus favorable devenir des Cincinnatus, et mourir d'un ennui américain ! Pauvres petits-neveux !

J'ai mentionné tout à l'heure que les Anglais sont bien mieux que les Français au courant de toutes les affaires orientales. Plus que jamais le Levant fourmille d'agents britanniques qui prennent des renseignements sur chaque Bédouin, et même sur chaque chameau qui traverse le désert. Combien de sequins Méhémet-Ali porte dans sa poche, combien d'intestins ce vice-roi d'Égypte possède dans son ventre, on le sait exactement dans les bureaux de *Downing-Street*. Là on n'ajoute pas foi aux légendes miraculeuses de quelque pieux visionnaire ; là on ne croit qu'aux faits et aux chiffres. Mais non-seulement dans l'Orient, aussi dans l'Occident, l'Angleterre entretient les agents les plus sûrs, et au nombre de ces personnes il s'en trouve qui, outre leur mission secrète, remplissent les fonctions de correspondant pour des feuilles aristocratiques ou ministérielles de Londres ; ces journaux n'en sont pas plus mal renseignés. Les habitudes taciturnes des Anglais, peu communicatifs par nature, sont la cause principale qui fait que le public apprend rarement le métier de ces correspondants occultes qui restent même inconnus aux plus hauts fonctionnaires du gouvernement en Angleterre ; il n'y a que le ministre des affaires étrangères qui les connaisse, et il transmet cette connaissance à son successeur. Le banquier à l'étranger, qui a à faire un paiement quelconque à un agent britannique, n'apprend jamais son nom ; il reçoit simplement l'ordre de payer telle somme déterminée à telle personne qui se légitimera par la présentation d'une carte, sur laquelle se trouve un simple numéro.

XI

Paris, 12 juin 1840.

Le chevalier de Spontini bombarde dans ce moment les pauvres Parisiens avec ses lettres lithographiées, pour rappeler à tout prix au public sa personne oubliée. J'ai sous les yeux une circulaire adressée par lui à tous les rédacteurs de journaux, et que personne ne veut imprimer par respect pour le bon sens, et par égard pour l'ancien renom de Spontini. L'impuissance, qui dans ces missives s'exprime ou plutôt évacue sa bile dans le style le plus baroque, est une chose aussi curieuse pour le médecin que pour le philologue. Le premier y remarque le triste phénomène d'une vanité qui s'enflamme toujours plus furieusement dans le cœur, à mesure que les forces généreuses de l'esprit s'y éteignent; mais le second, le philologue, voit quel plaisant jargon se forme quand un Italien pur sang qui avait appris à grand'peine un peu de français en France, s'est appliqué à perfectionner son soi-disant français pendant un séjour de vingt-cinq ans à Berlin, où l'ancien baragouin franco-italien du pauvre maëstro s'est émaillé des plus bouffons barbarismes sarmatiques. La circulaire est datée du mois de février, mais elle a été encore une fois envoyée ici dernièrement, parce que le *signor* Spontini venait d'apprendre qu'on voulait de nouveau représenter à Paris son célèbre ouvrage. Il ne voit qu'un piége dans cette intention — piége dont il veut profiter pour être appelé ici. Car après avoir déclamé pathétiquement contre ses ennemis, il ajoute : « Et voilà justement le nouveau piége que je crois avoir deviné, et ce qui me fait un impérieux devoir de m'opposer, me trouvant absent, à la remise en scène de mes opéras sur le théâtre de l'Académie royale de Musique, à moins que je ne sois officiellement engagé moi-même par l'administration, *sous la garantie du Ministère de l'Intérieur*, à me rendre à Paris, pour aider de mes conseils créateurs les artistes (la tradition de mes opéras étant perdue), pour assister aux répétitions et contribuer au succès de la *Vestale*, puisque c'est d'elle qu'il s'agit ». C'est encore le seul endroit dans ces marais spontiniens, où le sol soit ferme ; la ruse montre ici le bout de ses longues oreilles qui ne sont pas précisément celles du renard. Cet homme veut absolument quitter Berlin, où il ne peut plus tenir depuis qu'on y donne les opéras de Meyerbeer. Déjà il y a un an, il vint pour quelques semaines à Paris, et courut du matin au soir chez toutes les personnes influentes, pour briguer l'honneur d'être appelé en cette ville. Comme la plupart des Parisiens le croyaient mort depuis longtemps, ils ne s'effrayèrent pas peu de sa soudaine apparition. L'agilité astucieuse de ce fantôme, de ce méchant spectre, avait en effet quelque chose d'effrayant et de fantastique. M. Duponchel, le directeur du grand Opéra, ne le reçut pas du tout, et s'écria avec terreur : «Dieu me préserve de cette momie intrigante ; j'ai déjà assez à souffrir des intrigues des vivants !» Et cependant M. Maurice Schlesinger, l'éditeur des opéras de Meyerbeer — car c'est par cette âme honnête et sincère que le chevalier Spontini fit annoncer d'avance sa visite à M. Duponchel — avait mis en œuvre toute son éloquence cicéronienne pour procurer un bon accueil à son client. Dans le choix de cet intermédiaire, M. Spontini fit preuve de toute sa sagacité. Il la fit voir aussi dans d'autres occasions ; par exemple, quand il parlait mal, de quelqu'un, il le faisait ordinairement chez les amis les plus intimes de la personne vilipendée. Il racontait aux écrivains français qu'à Berlin il avait fait emprisonner pour six mois un écrivain allemand qui avait écrit contre lui. Auprès des cantatrices françaises, il se plaignait des cantatrices allemandes qui n'avaient pas voulu s'engager à l'Opéra de Berlin, à moins qu'on ne leur donnât par contrat la garantie qu'elles n'auraient à chanter dans aucun opéra de Spontini !

Mais il veut absolument venir à Paris; il ne peut plus tenir à Berlin, où, à ce qu'il prétend, il a vécu en exilé, victime de la haine de ses ennemis, et où on ne le laisse pas encore en repos. Un de ces derniers jours il écrivit au rédacteur de la *France musicale*, que ses ennemis ne se contentaient pas de l'avoir repoussé au delà du Rhin, du Weser, de l'Elbe; qu'ils voulaient le chasser encore plus loin, au delà de la Vistule, du Niémen ! Il trouve une grande ressemblance entre son sort et celui de Napoléon. Il se croit un génie contre lequel se seraient conjurées toutes les puissances musicales. Berlin est sa Sainte-Hélène, et le critique Rellstab son Hudson Lowe. Mais à présent, pense-t-il, on devrait faire revenir ses restes mortels à Paris et les inhumer solennellement dans le palais des Invalides de l'art musical, dans l'Académie royale de Musique. —

L'alpha et l'oméga de toutes les complaintes de Spontini, c'est Meyerbeer. Quand il me fit ici à Paris l'honneur de sa visite, il fut inépuisable en histoires gonflées de venin et de fiel. Il ne peut nier le fait que le roi de Prusse comble d'honneurs notre grand Giacomo, et se propose de lui confier de hautes places et dignités, mais il sait attribuer cette grâce royale aux plus vilains motifs. Il me semble qu'il a fini par ajouter lui-même foi à ses inventions; et avec une mine de profonde conviction il m'assura, qu'un jour où il dînait à la table du roi, celui-ci, un peu en goguettes après le dîner, lui avait franchement avoué qu'il voulait attacher à tout prix Meyerbeer à Berlin, pour l'empêcher de manger les revenus de son énorme fortune en pays étranger. « Voyez-vous, mon cher Spontini, lui aurait dit sa majesté, puisque la musique, le désir de briller comme compositeur d'opéras, est le faible de ce millionnaire mélomane et ambitieux, j'en profiterai pour l'enjôler par des distinctions et des dignités. Il est triste, aurait ajouté le roi, qu'un talent prussien, doué d'une fortune si colossale, un si riche génie, ait dû gaspiller en Italie et à Paris ses écus sonnants de Prusse, pour être célébré comme compositeur — ce qu'on peut avoir pour de l'argent, on le trouve aussi à Berlin; aussi dans nos serres-chaudes du Brandebourg poussent des lauriers pour le fou qui veut les payer; aussi nos journalistes sont spirituels, et aiment un bon déjeuner et surtout un bon dîner; aussi nos maroufles des carrefours et nos marchands de concombres ont des mains rudes pour applaudir non moins bruyamment que les chevaliers du lustre de Paris; — et même, si nos fainéants, au lieu de croupir dans les tabagies, passaient leurs soirées à l'Opéra pour applaudir les *Huguenots*, leur éducation y gagnerait — les basses classes ont besoin d'être relevées moralement et *esthétiquement*, et la chose principale c'est que l'argent roule parmi le peuple, surtout dans la capitale. » C'est ainsi qu'au dire de Spontini, sa majesté le roi de Prusse s'était exprimée pour s'excuser en quelque sorte de sacrifier à Meyerbeer, lui, l'auteur de la *Vestale*. Lorsque je lui fis observer que c'était au fond très louable dans un roi, de faire un tel sacrifice pour le bien-être de sa capitale — Spontini m'interrompit en s'écriant : « Oh, vous vous trompez ! le roi de Prusse ne protége pas la mauvaise musique pour des raisons d'économie politique, mais bien plutôt parce qu'il hait l'art musical, et qu'il est sûr de le ruiner par l'exemple et la direction d'un homme qui, dénué de tout sentiment pour le vrai et le sublime, ne veut que flatter la grossière multitude. »

Je ne pus m'empêcher d'avouer franchement à mon interlocuteur, que ce n'était pas prudent de sa part, de refuser toute espèce de mérite à son rival. — « Rival ! » s'écria tout courroucé le furieux Italien, et il changea dix fois de couleur, jusqu'à ce que la jaune eût enfin repris le dessus ; — puis se modérant, il me demanda d'un ton moqueur et en grinçant des dents : « Êtes-vous bien certain que Meyerbeer soit en effet le compositeur de la musique qu'on joue sous son nom ? » — Je ne fus pas peu surpris de cette question extravagante, et à mon grand étonnement j'appris que Meyerbeer avait acheté en Italie les compositions de quelques musiciens nécessiteux, et qu'il en avait fabriqué des opéras qui étaient tombés, parce que le fatras qu'on lui avait vendu s'était trouvé trop misérable. Plus tard, à ce que m'assura mon interlocuteur, Meyerbeer a acquis d'un *abbate* de talent à Venise quelque chose de meilleur qu'il a incorporé à son *Crociato*; depuis il a encore su se procurer les manuscrits inédits de Weber, que la veuve du défunt lui céda à vil prix, et dans lesquels il puisera prochainement de bonnes inspirations. Quant à *Robert le Diable* et les *Huguenots*, continua le furieux Italien, ces deux ouvrages sont pour la plus grande partie la production d'un Français nommé Gouin, qui fait très-volontiers exécuter ses opéras sous le nom de Meyerbeer, afin de ne pas perdre son emploi de chef de bureau à la grande poste aux lettres, où ses supérieurs se méfieraient sans doute de son zèle administratif, s'ils connaissaient son penchant rêveur pour la composition musicale. Vous savez que les gens d'affaires regardent les fonctions pratiques comme incompatibles avec le talent d'un artiste, et l'employé de la poste, M. Gouin, est assez prudent pour taire sa capacité de compositeur, et pour abandonner toute gloire mondaine à son ambitieux ami Meyerbeer. — Et voilà la cause de la liaison intime de ces deux hommes, dont les intérêts s'accordent non moins intimement. Mais un père reste toujours père, et l'ami Gouin a toujours à cœur le sort de ses enfants spirituels; les détails de l'exécution et du succès de *Robert le Diable* et des *Huguenots* absorbent toute son activité, il assiste à chaque répétition, nous le voyons en continuelles conférences avec le directeur de l'Opéra, avec les chanteurs, les danseurs, le chef de la claque, les journalistes : il court du matin au soir avec ses grosses bottes graissées d'huile de baleine sans sous-pieds chez tous les rédacteurs de journaux, pour leur faire agréer quelque réclame en faveur des prétendus opéras du grand maëstro, et son zèle infatigable fait l'étonnement de tout le monde. —

Quand *signor* Spontini me communiqua cette hypothèse, je fus forcé de convenir qu'elle était bien ingénieuse, et ne manquait pas complétement de probabilité. En effet, bien que l'extérieur rustique de ce brave et honnête M. Gouin, sa figure hébétée et rusée à la fois, surtout son front déprimé, garni de cheveux noirs et crasseux, rappelle un éleveur de bestiaux ou un négociant en cochons plutôt qu'un artiste inspiré, il y a cependant dans sa conduite plus d'une particularité de nature à faire réfléchir, et je comprends qu'on pourrait bien le soupçonner d'être l'auteur des opéras de Meyerbeer. Il lui arrive parfois de nommer *Robert le Diable* ou les *Huguenots* « notre opéra. » Quelquefois il lui échappe des locutions comme celles-ci : « nous avons aujourd'hui une répétition » — « nous avons à abréger un air. » Il est singulier aussi que M. Gouin ne manque aucune représentation de ces opéras ; et lorsqu'on applaudit un air de bravoure, il s'oublie tout à fait, jusqu'à s'incliner de tous côtés comme s'il voulait remercier le public. J'avouai tout cela au furieux Italien, mais j'ajoutai : « Quoique j'aie remarqué ces choses de mes propres yeux, je ne regarde pourtant pas M. Gouin comme l'auteur des opéras de Meyerbeer ; je ne puis croire que M. Gouin ait écrit les *Huguenots* et *Robert le Diable* ; mais s'il en est ainsi réellement, la vanité d'artiste finira par gagner le dessus, et M. Gouin revendiquera publiquement tôt ou tard son titre d'auteur de ces opéras. »

— Non ! répondit à voix basse l'Italien, en lançant de côté un regard sinistre, aussi perçant que la pointe d'un stylet, » non ! ce Gouin connaît trop bien son Meyerbeer pour ne pas savoir les moyens que son terrible ami a à sa disposition, quand il s'agit d'écarter quelqu'un qui lui serait dangereux. Sous le prétexte que son pauvre ami Gouin a perdu la raison, il serait capable de le faire enfermer pour toujours à Charenton. Il paierait pour lui la pension de la première classe des aliénés, et il irait au moins deux fois par semaine à Charenton, pour voir si son pauvre ami est bien gardé à vue ; il donnera un bon pour-boire aux gardiens de l'endroit, afin qu'ils aient bien soin de son ami, de son Oreste insensé, dont il se posera comme un autre Pylade, à la grande édification de tous les badauds qui vanteront sa générosité. Pauvre Gouin ! quand il parlera de ses beaux chœurs dans *Robert le Diable* on lui mettra la camisole de force, et quand il parlera de son magnifique duo des *Huguenots*, on lui donnera la douche. Et il pourra encore se féliciter d'avoir conservé la vie et de n'être pas disparu de ce monde, comme tous ceux qui embarrassaient dans son chemin le fameux jettatore Meyerbeer ! Où est Weber? où est Bellini? Hum ! hum ! »

Ce hum ! hum ! fut si comique, malgré toute l'insolente méchanceté et l'infâme calomnie qu'il renfermait, que je ne pus m'empêcher de rire, en faisant observer à Spontini : « Mais vous, *maëstro*, vous n'êtes pas encore écarté de son chemin, ni Donizetti non plus, ni Mendelsohn, ni Rossini, ni Halévy. » — « Hum! hum! reprit-il, hum! hum! Halévy ne gêne pas son confrère, et ce dernier le paierait même pour qu'il existât seulement, comme rival apparent et peu dangereux; quant à Rossini, Meyerbeer sait par ses espions qu'il ne compose plus une seule note ; aussi l'estomac de Rossini a-t-il assez souffert déjà, et il ne touche plus à aucun piano, pour ne point exciter les soupçons de Meyerbeer. Hum ! hum ! Mais, Dieu merci ! nos corps seuls peuvent être tués, et non pas les œuvres de notre esprit ; celles-ci fleuriront éternellement belles et fraîches, tandis qu'avec la mort de ce Cartouche de la musique son immortalité prendra fin également, et ses opéras le suivront dans le muet empire de l'oubli ! »

J'eus peine à contenir mon indignation, en entendant le dédain impertinent avec lequel l'envieux Italien parlait de notre grand et célèbre *maëstro*, l'orgueil de l'Occident et de l'Orient, et qui est certainement à considérer et à admirer comme le vrai créateur de *Robert le Diable* et des *Huguenots !* Non, des opéras aussi magni-

fiques n'ont pas été composés par M. Gouin, quelque
brave homme qu'il soit! De temps à autre, il est vrai,
malgré toute ma vénération pour le génie élevé de leur
auteur, je sens naître en moi des doutes inquiétants sur
l'immortalité de ces chefs-d'œuvre après le décès de
l'auteur; mais dans mon entretien avec Spontini, je ne
m'en donnai pas moins l'air d'être convaincu de leur
existence après la mort du maître, et pour vexer le
malicieux Italien, je lui fis une confidence par laquelle
il put voir avec quelle prévoyance Meyerbeer avait pris
ses mesures pour assurer la prospérité de ses enfants
spirituels jusqu'au delà de la tombe. « Cette précaution,
dis-je à Spontini, est une preuve psychologique, que la
paternité réelle des opéras en question appartient au
grand Giacomo Meyerbeer, et non à M. Gouin. Voici ce
que c'est : le tendre père a fondé par testament une
sorte de fidéi-commis en faveur de ses enfants musicaux, en léguant à chacun d'eux un capital dont la rente
est destinée à assurer l'avenir des pauvres orphelins, de
manière que, même après le trépas de monsieur leur
père, on puisse faire face aux indispensables dépenses
de popularité, aux frais éventuels de beaux décors,
d'éclairage extraordinaire, de claque, de louanges de
journaux, d'ovations de chanteuses, etc., etc. Même pour
le petit *Prophète* qui n'a pas encore vu le jour, l'excellent père a déjà, dit-on, stipulé une somme de 150,000
thalers de Prusse. Jamais prophète n'est venu au monde
avec une pareille fortune; le fils du charpentier de

Bethléem et le conducteur de chameaux à la Mecque ne furent pas aussi riches. *Robert le Diable* et les *Huguenots* semblent être moins abondamment dotés; ils peuvent peut-être aussi, pendant quelque temps, vivre de leur propre graisse, tant que dureront les provisions de garde-robes magnifiques et de superbes jambes de ballet; plus tard ils auront besoin d'une allocation extraordinaire. Pour le *Crociato*, la dotation sera probablement moins brillante; le père se montre à juste titre un peu chiche envers lui, se plaignant que ce freluquet lui a jadis mangé trop d'argent en Italie, et que si ce n'est un prodige, c'est du moins un prodigue. En revanche, Meyerbeer dote d'autant plus généreusement sa malheureuse fille tombée *Emma de Rosburgo*; elle sera chaque année proclamée de nouveau dans la *Presse*, elle sera équipée tout à neuf, et elle paraîtra dans une édition de luxe sur satin-vélin; c'est pour des marmots malingres et rachitiques que bat toujours le plus tendrement le cœur des parents. De la sorte, tous les enfants spirituels de Meyerbeer sont bien établis, leur sort est garanti à tout jamais. »

La haine aveugle même les plus sages, et il n'est point étonnant qu'un fou aigri comme Spontini, n'ait pas entièrement douté de mes paroles. « Oh! s'écria-t-il, cet homme est capable de tout! Malheureux temps! malheureux monde! »

Je termine ici ma lettre; je me trouve aujourd'hui dans une disposition fort sombre, et de tristes pensées de mort jettent leurs ombres sur mon esprit. L'on a enterré aujourd'hui mon pauvre Sakoski, le célèbre artiste en cuir, — car le nom de cordonnier est trop peu distingué pour un Sakoski. Tous les marchands bottiers et fabricants de chaussures de Paris suivirent son convoi. Sakoski atteignit l'âge de quatre-vingt-huit ans, et mourut d'une indigestion. Il vécut sage et heureux. Il s'occupa très-peu des têtes de ses contemporains, mais d'autant plus de leurs pieds. Que la terre te soit légère, autant que tes souliers l'étaient pour tes pratiques!

XII

Paris, 3 juillet 1840.

Pour quelque temps, nous aurons du repos, du moins de la part des députés et des pianistes, ces deux terribles fléaux dont nous avons été affligés pendant tout l'hiver, et jusque bien avant dans le printemps. Le palais Bourbon et les salles de messieurs Erard et Herz sont fermés à triples verrous. Les virtuoses de la politique et ceux de la musique se taisent, Dieu merci! Les quelques vieillards qui siégent au Luxembourg, murmurent de plus en plus bas, ou inclinent leurs têtes assoupies en signe d'acquiescement aux lois votées dans la chambre cadette. Une fois ou l'autre, dans les dernières semaines, les vieux sires firent un mouvement de tête négatif, qu'on interpréta presque comme une menace pour le ministère; mais leur intention n'était pas aussi méchante. M. Thiers n'a rien moins à craindre qu'une sérieuse contradiction du côté de la chambre des pairs. Il peut compter sur elle encore plus sûrement que sur ses champions dans la chambre des députés, bien qu'il se soit attaché aussi cette dernière avec des liens assez solides, avec de séduisants petits rubans rouges et des guirlandes de fleurs de rhétorique.

Il se pourrait cependant que le grand combat vînt à éclater l'hiver prochain, lorsque M. Guizot, qui quitte son poste d'ambassadeur, reviendra de Londres à Paris, et recommencera son opposition contre M. Thiers. Ces deux rivaux ont compris dès le commencement qu'ils peuvent à la vérité s'accorder une courte trêve, mais n'abandonner jamais entièrement leur combat singulier. Quelle sera la fin de ce duel oratoire? Il me paraît très-probable qu'avec la lutte entre les deux fameux maîtres d'armes de la tribune et leurs jeux d'escrime, finira en même temps tout le régime parlementaire de France, et qu'il sera remplacé par les vulgaires assauts d'un sans-culottisme qui ne connaît que la savate, ou par ceux d'une soldatesque traînant le sabre et battant le tambour.

M. Guizot a commis une grande faute lorsqu'il prit part à la coalition. Il a avoué plus tard lui-même que c'était une faute, et c'est en quelque sorte pour se réhabiliter qu'il alla à Londres : il voulait regagner dans sa carrière diplomatique la confiance des puissances étrangères, qu'il avait perdue dans sa position comme homme de l'opposition. Il compte peut-être aussi sur quelques sympathies françaises que M. Thiers pourrait perdre peu à peu, et qui reviendraient sans doute à lui, le cher homme Guizot. De méchantes langues m'assurent que les doctrinaires s'imaginent être aimés déjà à présent. Tel est l'aveuglement des hommes même les plus clairvoyants! Non! monsieur Guizot, nous n'en sommes pas encore venus à vous aimer; mais nous n'avons pas non plus cessé de vous vénérer! Malgré tout notre penchant pour l'agile et brillant rival, nous avons toujours su apprécier le lourd et morne Guizot; il y a en cet homme quelque chose de sûr, de solide, de profond, et je crois que les intérêts de l'humanité lui tiennent au cœur.

Pour Napoléon, il n'en est plus question dans ce moment; personne ici ne pense plus à ses cendres, et voilà justement ce qui est très-grave; car l'enthousiasme qui, par le verbiage continuel, avait fini par passer à l'état de tiédeur très-modeste, s'enflammera de nouveau violemment dans cinq mois, quand arrivera le convoi impérial. Il est à craindre que les étincelles qui jailliront de ce cercueil fatal ne causent alors de dangereux embrasements. Tout dépend de l'état de l'atmosphère. Peut-être, si le temps d'hiver nous vient de bonne heure et qu'il tombe beaucoup de neige, le grand mort sera assez froidement enterré.

XIII

Paris, 25 juillet 1840.

Sur les théâtres du boulevard, on représente maintenant l'histoire de Burger, le poëte allemand; là, nous le voyons assis au clair de lune, composant sa *Lénore* et chantant : « Hurrah! les morts vont vite — mon amour, crains-tu les morts? » C'est, ma foi, un bon refrain, et nous sommes tenté de le placer en tête de notre correspondance d'aujourd'hui. Pauvre ministère du 1er mars! De loin s'avance vers nous, à pas mesurés et de plus en plus menaçants, le corps du géant de Sainte-Hélène, et dans quelques jours, ici, à Paris même, les tombeaux s'ouvriront aussi, et les squelettes mécontents des héros de Juillet en sortiront pour marcher vers la place de la Bastille, qui est toujours hantée par les spectres de l'an 89... « Les morts vont vite — mon amour, crains-tu les morts? »

Vraiment, nous sommes très-inquiétés par l'approche des journées de Juillet, qui seront célébrées cette année avec une pompe toute particulière, mais, comme on pense, pour la dernière fois; le gouvernement ne peut pas, chaque année, se charger d'un pareil fardeau de terreurs. L'agitation sera ces jours-ci d'autant plus grande, que les nouvelles qui nous arrivent d'Espagne font résonner à nos oreilles des accents impétueusement sympathiques, surtout les saisissants détails du soulèvement de Barcelone, où de prétendus misérables se sont oubliés au point d'outrager grièvement la majesté royale.

Tandis que dans la péninsule de l'Occident la guerre de succession finit, et que la véritable guerre révolutionnaire commence, les affaires de l'Orient s'embrouillent de plus en plus, et vont former bientôt un nœud inextricable. La révolte en Syrie met le ministère français dans le plus grand embarras. D'un côté, il voudrait soutenir de toute son influence la puissance du pacha d'Égypte, l'allié naturel des Français, mais, de l'autre, il ne peut désavouer complétement les maronites ou chrétiens du Liban, qui ont arboré le drapeau de l'insurrection; — car ce drapeau n'est aucun autre que le drapeau tricolore de la France; les rebelles veulent montrer par ces couleurs qu'ils appartiennent à ce pays, et ils croient que les Français soutiennent Méhémet-Ali seulement en apparence, et qu'en secret ils excitent les chrétiens de Syrie contre la domination égyptienne. Jusqu'à quel point cette supposition est-elle fondée? Est-ce que réellement, comme on l'affirme, quelques chefs du parti catholique ont suscité, à l'insu du gouvernement français, une levée de boucliers de la part des maronites contre le pacha, dans l'espérance qu'on pourrait à présent, à cause de la faiblesse des Turcs, établir un empire chrétien en Syrie, après avoir chassé les Égyptiens? Cette tentative, aussi intempestive que pieuse, causera bien des malheurs à ce pauvre pays. Méhémet-Ali fut tellement irrité par l'explosion de la révolte en Syrie, qu'il se démena comme un animal féroce, et ne se proposa rien autre que d'exterminer tous les chrétiens sur la montagne du Liban. Il n'y eut que les observations instantes du consul général d'Autriche qui purent l'amener à renoncer à cette razzia inhumaine, et c'est à cet homme généreux que bien des milliers de chrétiens doivent le salut de leur vie, tandis que le pacha lui doit encore davantage : il lui doit d'avoir sauvé son nom d'un opprobre éternel. Méhémet-Ali n'est pas insensible à la considération dont il jouit auprès du monde civilisé, et M. de Laurin désarma sa colère, surtout par la peinture des antipathies qu'il s'attirerait dans toute l'Europe par le meurtre des maronites, au plus grand dommage de sa puissance et de sa gloire.

XIV

Paris, 27 juillet 1840.

Les malheurs voyagent en troupes, dit le proverbe ; ici les mauvaises nouvelles arrivent coup sur coup. Mais la dernière et la pire de toutes, la coalition entre l'Angleterre, la Russie, l'Autriche et la Prusse contre le pacha d'Égypte, a plutôt produit ici un joyeux enthousiasme guerrier que de la consternation, aussi bien dans le gouvernement que dans le peuple. Le *Constitutionnel* d'hier avoua ouvertement que la France a été indignement trompée et offensée, offensée au point de la croire capable d'une lâche soumission. Cette réclame ministérielle de la trahison ourdie à Londres a ici fait l'effet d'un coup de trompette, on croyait entendre le grand cri de colère d'Achille, et les sentiments et intérêts nationaux blessés opèrent maintenant une suspension d'armes entre les partis belligérants. A l'exception des légitimistes, qui n'attendent leur salut que de l'étranger, tous les Français se rassemblent autour du drapeau tricolore, et leur mot d'ordre commun est : « guerre à la perfide Albion ! »

Si j'ai dit tout à l'heure que l'enthousiasme guerrier s'est allumé aussi dans le gouvernement, je veux désigner par là le ministère actuel, et surtout notre héroïque président du conseil, qui a décrit la vie de Napoléon déjà jusqu'à la fin du Consulat, et qui, avec une ardente imagination toute méridionale, a accompagné son héros à travers tant d'expéditions victorieuses et de champs de bataille. C'est peut-être un malheur qu'il n'ait pas pris part aussi en esprit à la campagne de Russie et à la grande retraite. Si M. Thiers était arrivé, dans son livre, jusqu'à Waterloo, son courage martial se serait peut-être un peu attiédi. Mais ce qui est bien plus important et bien plus digne de remarque que les désirs belliqueux du premier ministre, c'est la confiance illimitée qu'il met dans ses propres talents militaires. Oui, c'est là un fait que je tiens de personnes très-bien informées : M. Thiers croit fermement que sa vocation naturelle ce ne sont pas les escarmouches parlementaires.

mais la guerre véritable, le sanglant jeu des armes. Nous n'avons pas à examiner ici si cette voix intérieure dit la vérité, ou si elle flatte seulement une vaine illusion de l'amour-propre, nous nous bornerons à faire remarquer que cette croyance à ses capacités de grand capitaine aura tout au moins la conséquence que le général Thiers ne s'effraiera pas beaucoup des canons de la nouvelle coalition des princes de la quadruple sainte-alliance; au contraire, il se réjouira en secret d'être contraint, par une extrême nécessité, à déployer devant le monde surpris ses talents militaires; et déjà, dans ce moment, les amiraux français ont sans doute reçu l'ordre formel de protéger contre toute attaque la flotte égyptienne.

Je ne doute pas du résultat de cette protection, quelque formidable que soit la puissance maritime des Anglais. J'ai vu dernièrement Toulon, et je porte un grand respect à la marine française. Cette dernière est plus considérable qu'on ne le croit généralement en Europe; car, outre les vaisseaux de guerre qui se trouvent marqués sur l'état public du département de la marine, et que la France possède pour ainsi dire officiellement, un nombre double de vaisseaux a été construit peu à peu, depuis 1814, dans l'arsenal de Toulon, et ces vaisseaux peuvent être, en cas de besoin, équipés complétement dans l'espace de six semaines. — Mais une rencontre et un bombardement réciproque des flottes anglaise et française dans la Méditerrannée troubleront-ils la paix de l'Europe et feront-ils éclater la guerre universelle ? Nullement ; je ne le crois pas. Les puissances du continent y réfléchiront longtemps avant de recommencer avec la France une lutte à mort. Et quant à John Bull, ce gros homme sait très-bien ce qu'une guerre contre la France, même si celle-ci se trouvait tout à fait isolée, coûterait à sa bourse ; en un mot, la chambre basse, en Angleterre, n'accordera en aucun cas les frais de la guerre, et c'est l'affaire principale. Mais si néanmoins une guerre entre ces deux peuples venait à éclater, ce serait, pour parler mythologie, une malice des dieux qui, pour venger leur collègue actuel, le divin Napoléon, ont peut-être l'intention d'envoyer de nouveau Wellington en campagne pour le faire vaincre par le général Thiers !

XV

Paris, 29 juillet 1840.

M. Guizot a prouvé qu'il est un honnête homme ; il n'a su ni pénétrer la secrète trahison des Anglais, ni la déjouer par des ruses contraires. Il revient à Paris en honnête homme, et personne ne lui disputera le prix Monthyon de cette année. Tranquillise-toi, « tête ronde » de puritain ! les perfides « cavaliers » t'ont abusé et se sont joués de toi, — mais tu conserves intacts les plus fiers sentiments de ta dignité d'homme, la conscience parfaite d'être toujours toi-même. Comme chrétien et comme doctrinaire, tu sauras patiemment supporter ton infortune et ton humiliation diplomatique, et depuis que nous pouvons de bon cœur rire sur ton compte, nous sentons aussi notre cœur s'ouvrir pour toi. Tu es de nouveau notre bon vieux maître d'école, et nous nous réjouissons de voir que l'éclat mondain ne t'a pas ravi ta naïveté pieuse et magistrale, que tu as été nargué, berné et turlupiné, mais que tu es resté honnête homme! Nous nous prenons à t'aimer; seulement nous ne voudrions plus te confier le poste d'ambassadeur à Londres; il faut pour ces fonctions un matois à regard d'aigle, qui sache percer à temps les artifices de la traîtresse Albion, ou bien quelque gars rude et tout à fait illettré, qui ne nourrisse aucune savante sympathie pour la forme du gouvernement britannique, qui ne sache point faire de *speeches* en langue anglaise, mais qui réponde rondement en français, quand on veut le mener par le nez avec des propos équivoques. Je conseille aux Français d'envoyer comme ambassadeur à Londres le premier grenadier venu de la vieille garde, et de lui adjoindre au besoin M. Vidocq, comme véritable et intime secrétaire de légation.

Mais les Anglais sont-ils réellement de si fines têtes en politique? En quoi consiste leur supériorité sur ce terrain? Je crois qu'elle consiste en ce qu'ils sont des créatures archi-prosaïques, qu'aucune illusion poétique ne peut les induire en erreur, qu'aveugles pour tout mirage idéal, ils fixent toujours leurs yeux à nu sur le véritable état des choses, qu'ils calculent avec exactitude les conditions du temps et du lieu, et qu'en ce calcul ils ne sont troublés ni par les battements de leur cœur, ni par l'élan de pensées généreuses. Oui, leur supériorité consiste en ce qu'ils manquent d'imagination, ce défaut fait toute la force des Anglais, et il est la principale raison de leur réussite dans la politique, comme dans toutes les entreprises matérielles, dans l'industrie, la construction des machines, etc. Ils sont dépourvus de tout ce qui est fantaisie, voilà tout le secret. Leurs poëtes ne sont que de brillantes exceptions; c'est pourquoi ces derniers entrent ordinairement en conflit avec leurs compatriotes, avec ce peuple au nez camus, au front bas et au crâne raccourci, le peuple élu de la prose, qui, en Italie et dans les Indes, reste aussi prosaïque, aussi froid et aussi calculateur qu'au centre de sa cité, dans *Threadneedle-Street*. Le parfum du lotus ne les enivre pas plus que la flamme du Vésuve ne les échauffe. Jusqu'au bord de ce volcan ils traînent avec eux leurs théières et y boivent du thé assaisonné de *cant!*

A ce qu'on me dit, Taglioni n'a point trouvé d'admirateurs à Londres l'année dernière; c'est vraiment sa plus grande gloire. Si elle avait plu aux Anglais, je commencerais à douter de la poésie de ses jambes. Eux-mêmes, les fils d'Albion, sont les danseurs les plus effroyables, et le Viennois Strauss assure qu'il n'y en a pas un parmi eux qui sache garder la mesure. Aussi est-il tombé mortellement malade, le pauvre Strauss, dans le comté de Middlesex, en voyant danser la Vieille-Angleterre. Ces hommes n'ont d'oreille ni pour la mesure ni pour la musique en général, et leur engoûment contre nature pour le piano et le chant, n'en est que doublement insupportable. Il n'y a véritablement rien d'aussi horrible sur terre que la musique anglaise, si ce n'est la peinture anglaise. Ce peuple qui a l'ouïe si dure, manque aussi du sentiment de la couleur, et parfois un soupçon s'empare de moi, qu'il pourrait être en même temps dépourvu du sens de l'odorat. C'est aux Anglais que s'adressent les paroles de la Bible : « Ils ont des yeux et ne voient pas, ils ont des oreilles et n'entendent guère, ils ont des nez camus et ils ne sentent rien. »

Mais sont-ils forts? Voilà à présent la question importante. Non, leur force est très-équivoque. Quelque banale que soit la comparaison de l'Angleterre avec Carthage, il n'en est pas moins vrai que c'est toujours la vieille Carthage, mais sans un Annibal. Ses troupes sont des mercenaires. Il est vrai que le soldat anglais est brave, il est d'une bravoure à toute épreuve, et il méprise le feu de l'ennemi autant qu'il doit se mépriser lui-même, ce pauvre instrument qui s'est vendu pour un morceau de *beef*, et qu'on fustige publiquement ; le point d'honneur est incompatible avec le fouet. Les officiers sont courageux, mais peu militaires; ils ont acheté leur grade, et la guerre est pour eux une affaire dans laquelle ils ont mis de l'argent, et qu'ils poursuivent avec cet imperturbable sang-froid qu'on trouve chez tous les négociants anglais. La noblesse d'Angleterre est vaillante; et celle qui sert dans la marine a même hérité de l'héroïsme de leurs ancêtres, les Normands de France. Mais que dirai-je de la masse du peuple et de cette bourgeoisie qui forme pour ainsi dire la nation officielle? Nous sommes saisis d'un singulier doute quand nous voyons qu'une poignée de hussards est suffisante pour disperser un bruyant *meeting* de cent mille Anglais. Et quand même les Anglais auraient beaucoup de courage comme individus, les masses de la population britannique sont en tout cas amollies par les habitudes de *comfort* contractées dans une paix de plus de cent ans; oui, durant une aussi longue époque ils sont restés préservés de toute guerre intestine, et quant à la guerre extérieure qu'ils eurent à soutenir, ils ne l'ont pas faite en personne, mais par des mercenaires embauchés et des peuples soudoyés. S'exposer à des coups de feu pour défendre des intérêts nationaux, ne viendra jamais à l'idée d'un bourgeois de la Cité de Londres, pas même du lord-maire; n'a-t-on pas pour cela des gens stipendiés? Par cet état de paix trop prolongé, par le fléau d'une trop grande richesse et d'une trop grande misère, par la corruption politique qui est une conséquence de la constitution représentative, par le régime énervant des manufactures, par l'esprit mercantile trop développé, par l'hypocrisie religieuse, par le piétisme, ce narcotique plus pernicieux que l'opium, par toutes ces causes réunies, les Anglais sont devenus, comme nation aussi peu belliqueux, que les Chinois, et les Français seront peut-être en état, s'ils réussissent à opérer une descente chez leurs voisins, de conquérir toute l'Angleterre avec moins de cent mille hommes. Du temps de Napoléon, un pareil danger était continuellement suspendu sur les Anglais, et le pays ne fut pas protégé par ses habitants, mais par la mer. Si la France avait alors possédé une marine telle qu'elle la possède maintenant, ou si l'on avait déjà su exploiter l'invention des bateaux à vapeur aussi terriblement qu'aujourd'hui, Napoléon aurait certainement débarqué sur les côtes britanniques, comme autrefois Guillaume le Conquérant, — et il n'aurait pas trouvé une grande résistance; car il aurait justement annihilé les droits de conquête de la noblesse normande, il aurait protégé la propriété bourgeoise et marié la liberté britannique avec l'égalité française!

Ces pensées surgirent en moi hier d'une manière bien plus frappante que je ne les ai énoncées, lorsque je regardais le cortége qui suivait le corbillard des héros de Juillet. C'était une immense masse de peuple qui assistait, grave et fière, à cette solennité mortuaire. Spectacle imposant, et dans ce moment on ne peut plus significatif! Les Français ont-ils peur des nouveaux alliés? Au moins dans les trois journées de juillet, ils ne sentent jamais le moindre mouvement de crainte, et je puis même affirmer que peut-être cent cinquante députés qui se trouvent encore à Paris, se sont prononcés pour la guerre de la façon la plus déterminée, en cas que l'honneur national offensé exigeât ce sacrifice. Mais ce qui est surtout important, c'est que Louis-Philippe semble s'être dépouillé de cette vilaine patience qui endure chaque affront, et qu'il a même pris éventuellement la résolution la plus décisive. — Du moins il le dit, et M. Thiers assure qu'il a parfois de la peine à apaiser la bouillante indignation du roi ; ou bien cette ardeur guerrière n'est-ce qu'une ruse de guerre de l'Ulysse moderne?

XVI

Paris, 30 juillet 1840.

Hier, la Bourse était fermée, aussi bien qu'avant-hier, et les cours des valeurs publiques ont eu le loisir de reprendre un peu haleine après la grande agitation. Paris, comme Sparte, a son temple de la Peur, et c'est la Bourse ; sous ses voûtes on tremble toujours plus anxieusement, plus le courage qui se démène au dehors devient impétueux.

Je me suis prononcé hier avec amertume, avec courroux, sur le compte des Anglais : peut-être je suis allé trop loin. Des renseignements plus détaillés semblent établir que leur fausseté n'est pas aussi punique que je l'ai cru d'abord. Du moins le peuple anglais désavoue ses mandataires. Un gros fils d'Albion, qui vient chaque année à Paris le 29 juillet pour montrer à ses filles le feu d'artifice sur le pont de la Concorde, m'assure qu'en Angleterre il règne le plus vif mécontentement contre le *coxcomb* Palmerston, qui aurait pu prévoir à quel point la coalition contre l'Égypte devait offenser la France. Les Anglais avouent que c'était en effet une offense de la part de l'Angleterre, mais non une trahison, attendu que la France avait su depuis longtemps qu'on se proposait de chasser par la force Méhémet-Ali hors de Syrie. Ils soutiennent même que le ministère français avait donné son assentiment à ce projet; qu'il a lui-même joué un rôle équivoque à l'endroit de cette province; que les chefs secrets de la révolte syrienne sont des Français dont le fanatisme catholique trouve, non pas dans *Downings-street*, mais au boulevard des Capucines, toute sorte de sympathies encourageantes; que déjà dans l'histoire des Juifs torturés à Damas, le ministère français s'était fortement compromis en faveur du parti catholique; qu'à cette occasion lord Palmerston avait déjà suffisamment manifesté sa faible estime pour le premier ministre de France, en contredisant publiquement les affirmations de ce dernier, etc., etc.—Quoi qu'il en soit, disent encore les Anglais, lord Palmerston aurait pu prévoir que la coalition n'était pas exécutable, et que les Français seraient donc inutilement provoqués, ce qui pourrait toujours avoir des suites dangereuses. —Plus nous y réfléchissons, plus nous restons étonnés de tous ces événements. Il y a là-dessous des motifs qui nous sont encore cachés jusqu'à ce jour, peut-être des motifs très-ténébreux, très-subtils, très-politiques, — peut-être aussi très-bêtes.

Je viens de mentionner l'histoire des juifs de Damas. *L'Univers* consacre à cette affaire un article quotidien. Pendant longtemps ce journal a publié chaque jour une lettre d'Orient. Comme le vapeur-poste n'arrive du Levant que tous les huit jours, nous sommes d'autant plus tentés de croire à un miracle en cette circonstance, que nous nous voyons du reste, par les événements de Damas, reportés dans les temps miraculeux du moyen âge. N'est-ce pas déjà un miracle que les nouvelles controuvées de *l'Univers* rencontrent quelque croyance près du public français? Est-ce là la France, la patrie des lumières, le pays où Voltaire a ri et où Rousseau a pleuré? Sont-ce là les Français qui élevèrent jadis un autel dans l'église de Notre-Dame à la déesse de la Raison? Le culte de cette divinité a passé bien vite.

A quel singulier degré la crédulité est mêlée au plus grand scepticisme chez le vulgaire en France, c'est ce que je remarquai il y a quelques jours sur la place de la Bourse, où un homme s'était posté le soir avec un grand téléscope, pour montrer la lune à qui voulait la voir pour deux sous. Il racontait en même temps aux badauds qui l'entouraient, combien la lune était grande, combien elle comptait de milliers de lieues carrées, qu'il y avait des montagnes et des rivières, qu'elle était à tant de milliers de lieues éloignée de la terre, et bien d'autres choses aussi remarquables qui donnèrent à un passant, quelque vieux portier avec son épouse au bras, une envie irrésistible de dépenser deux sous pour contempler la lune. Mais sa chère moitié s'y opposa avec un zèle tout rationaliste, et lui conseilla de dépenser plutôt ses deux sous pour du tabac, vu que c'étaient des billevesées tout ce qu'on racontait de la lune, de ses montagnes, de ses rivières et de sa grandeur surhumaine, qu'on avait imaginé cela pour tirer l'argent de la poche des gens.

XVII

Granville (département de la Manche),
25 août 1840.

Depuis trois semaines je parcours la Normandie dans tous les sens, et je puis vous relater d'après mes observations oculaires quelle disposition des esprits s'est manifestée dans cette contrée à l'occasion des derniers événements. Les cœurs étaient déjà passablement agités par les sons de la trompette guerrière qu'avait fait retentir la presse française, lorsque le débarquement du prince Louis donna carrière à toutes les appréhensions possibles. On se tourmentait par les hypothèses les plus désespérées. Jusqu'à cette heure les gens les mieux instruits de ce pays soutiennent que le prince Louis avait compté sur une conjuration étendue, et que sa longue station auprès de la colonne de Boulogne prouvait assez l'existence d'un rendez-vous que la trahison ou le hasard avait fait manquer. Deux tiers des nombreuses familles anglaises qui résident à Boulogne prirent la fuite, saisies d'une terreur panique, lorsqu'elles entendirent résonner dans la petite ville quelques dangereux coups de fusil, et qu'elles virent la guerre devant leur propre porte. Ces fuyards, pour justifier leurs angoisses, apportèrent les bruits les plus épouvantables sur la côte anglaise, et les rochers de craie de l'Angleterre devinrent encore plus blêmes d'effroi. Par suite de ces rumeurs, les Anglais qui habitent la Normandie sont rappelés maintenant par leurs familles dans cette île fortunée qui sera encore longtemps à l'abri des dévastations de la guerre — du moins aussi longtemps que les Français n'auront pas équipé un nombre suffisant de bateaux à vapeur pour pouvoir opérer une descente en Angleterre.

A Boulogne, une telle flotte de bateaux à vapeur serait défendue jusqu'au jour du départ par d'innombrables petits forts. Ces forts qui garnissent tout le rivage des départements du Nord et de la Manche, sont construits sur des falaises qui, s'élevant au-dessus de la mer, ont l'air de vaisseaux de guerre reposant à l'ancre. Durant la longue époque de paix, cette flottille en pierre est devenue un peu délabrée, mais on répare et arme maintenant ces forts avec un grand zèle. De tous côtés je vis à cet effet amener une quantité de canons remis à neuf et bien luisants, qui me souriaient d'un air très-amical; car ces intelligentes créatures partagent mon antipathie contre les Anglais, et elles l'énonceront sans doute d'une façon bien plus tonnante et plus frappante. Je ferai remarquer en passant que les canons des forts sur la côte française portent à une distance plus grande d'un bon tiers que les canons des vaisseaux anglais, qui peuvent être d'un aussi fort calibre, mais non de la même longueur.

Ici, dans la Normandie, les bruits de guerre ont ranimé les sentiments et souvenirs nationaux, et en entendant hier, à l'hôtel de Saint-Valery, discuter à table le plan d'un débarquement en Angleterre, je ne trouvai la chose nullement risible : car à la même place Guillaume le Conquérant s'était embarqué jadis, et ses camarades d'alors étaient des Normands tout comme les braves gens que j'entendais maintenant débattre une entreprise semblable. Puisse la hautaine noblesse anglaise n'oublier jamais qu'il y a en Normandie des bourgeois et des paysans qui pourraient prouver par des documents irrécusables leur proche parenté, leur consanguinité, avec les plus grandes maisons d'Angleterre, et qui n'auraient pas mal envie d'aller rendre visite à leurs cousins et cousines.

La noblesse anglaise est au fond la plus jeune de toutes en Europe, malgré certains noms sonores, qui sont rarement un signe de haute extraction, mais la plupart du temps un titre conféré. La morgue outrée de ces *lordships* et *ladyships* est peut-être une ruse de la part de ces parvenus de récente date, puisque toujours, plus l'arbre généalogique est jeune et verdoyant, plus ses fruits sont âpres et indigestes. Cette morgue poussa jadis la chevalerie anglaise à entreprendre son ruineux combat contre les tendances et les prétentions démocratiques de la France, et il est bien possible qu'aujourd'hui ses velléités présomptueuses soient encore émanées d'une pareille source : car à notre très-grand étonnement nous vîmes que les *tories* et les *whigs* étaient d'accord en cette occasion.

Mais d'où vient que ces émeutes de toutes sortes d'intérêts aristocratiques ligués trouvèrent toujours tant d'écho sympathique dans le peuple anglais? Les raisons en sont, premièrement, que tout le peuple anglais, la *gentry* aussi bien que la *nobility*, et le bas *mob* aussi bien que le *high mob*, sont d'une disposition aristocratique invétérée; et secondement, que dans le cœur des Anglais couve et suppure toujours, comme un mauvais ulcère, une secrète envie, aussitôt qu'en France il s'épanouit un certain bien-être confortable, aussitôt que l'industrie française prospère par la paix, et que la marine française se développe considérablement.

Surtout au sujet de la marine, on attribue aux Anglais la jalousie la plus haineuse, et dans les ports français se manifeste en effet dans ce moment un développement de forces qui pourrait faire croire aisément que la puissance maritime de l'Angleterre se verra dans quelque temps surpassée par celle de la France. La première est restée stationnaire depuis vingt ans, tandis que l'autre progresse de la manière la plus active. J'ai déjà fait observer dans une de mes dernières lettres, qu'à l'arsenal de Toulon la construction des vaisseaux de ligne est poussée avec tant de zèle, qu'en cas de guerre la France pourrait mettre en mer, dans le plus bref délai, à peu près deux fois le nombre des bâtiments qu'elle possédait en 1814. Une feuille de Leipsick a contredit mon assertion d'un ton assez aigre; je ne puis que hausser les épaules à ce propos, car je n'ai pas puisé de pareilles indications dans les ouï-dire des gobe-mouches, mais dans des conversations avec des personnes compétentes. A Cherbourg, où je me trouvai il y a huit jours, et où une formidable partie de la marine française se balance dans le port, on m'assura qu'il se trouvait également à Brest le nombre double des anciens bâtiments de guerre, à savoir quinze vaisseaux de ligne, des frégates et des corvettes, en partie construits et équipés complétement, en partie sur le point de l'être, et tous convenablement armés de canons. Dans quatre semaines j'aurai l'occasion de faire personnellement leur connaissance. Jusque-là, je me contente de rapporter que, de même qu'ici, dans la basse Normandie, il règne aussi sur les côtes de la Bretagne l'agitation la plus belliqueuse, et qu'on fait les plus sérieux préparatifs pour la guerre. — —

Ah, mon Dieu! préserve-nous de la guerre! Je crains

que tout le peuple français, si on le presse un peu trop fort, ne reprenne ce bonnet phrygien qui pourrait encore bien plus que le petit chapeau à trois cornes du bonapartisme lui échauffer la tête! Je serais tenté de soulever ici la question, à quel point les forces destructives qui obéissent à ce vieux talisman rouge en France, seraient en état d'ensorceler aussi les esprits à l'étranger? Il serait très-important d'examiner de quelle portée active sont les puissances occultes de ce sortilége dont la presse française chuchotait d'une façon si mystérieuse et si inquiétante, et qu'elle nommait « propagande »? Pour des raisons faciles à deviner, il faut que je m'abstienne de tout examen semblable, et je ne me permettrai qu'une indication parabolique au sujet de cette propagande dont on a tant parlé. Il vous est connu qu'en Laponie il règne encore beaucoup de paganisme, et que les Lapons qui veulent se mettre en mer, se rendent auparavant chez un sorcier, à l'effet d'acheter le vent nécessaire pour leur navigation. Le sorcier leur délivre un mouchoir dans lequel il y a trois nœuds. Aussitôt qu'on est en mer et qu'on ouvre le premier nœud, l'air s'agite et il souffle un vent favorable. Si l'on défait le second nœud, il se produit déjà un bien plus fort ébranlement de l'air, et un vent fougueux commence à rugir et à hurler. Mais si l'on dénoue le troisième nœud, la tempête la plus furieuse s'élève et fouette la mer bouillonnante, et le navire craque et s'abime avec tout ce qu'il contient. Quand le pauvre Lapon vient chez son sorcier, il a beau lui affirmer qu'il a assez d'un seul nœud, d'un vent favorable, qu'il ne lui faut pas un vent plus fort et surtout point un ouragan dangereux; toutes ses protestations n'y font rien, on ne veut absolument lui vendre le vent qu'en gros, il est forcé de payer pour les trois sortes, et malheur à lui si plus tard, en pleine mer, il boit par hasard un peu trop d'eau-de-vie, et que dans l'ivresse il défasse les nœuds périlleux! — Les Français ne sont pas aussi insensés que les Lapons, quoiqu'ils puissent être assez légers pour déchaîner les tempêtes qui les entraîneraient immanquablement eux-mêmes dans l'abîme. Mais jusqu'à présent ils en sont encore assez éloignés. Comme on me l'a assuré avec une mine assez piteuse, le ministère français ne s'est pas montré bien désireux de faire des emplettes de vent, lorsque plusieurs marchands de cette drogue, prussiens et polonais (mais qui ne sont pas grands sorciers!) lui offrirent dernièrement leurs services magiques.

XVIII

Paris, 21 septembre 1840.

Je suis revenu ces jours-ci d'une excursion à travers la Bretagne. C'est un pays pauvre et désert, et les hommes y sont imbéciles et malpropres. Pour les beaux chants populaires que je comptais y recueillir, je n'en entendis pas une note. Il n'en existe plus que dans de vieux chansonniers dont j'ai trouvé à acheter quelques-uns ; mais comme ils sont écrits dans des dialectes bretons, il faut que je me les fasse traduire en français, avant de pouvoir en communiquer quelque chose. La seule romance que j'aie entendu chanter dans mon voyage, était un air de mon pays ; pendant que je me faisais faire la barbe à Rennes, quelqu'un chevrotait dans la rue la couronne virginale du *Freischutz*, en langue allemande. Je n'ai pas vu le chanteur lui-même, mais ses paroles me résonnèrent pendant plusieurs jours dans la mémoire. La France fourmille maintenant de mendiants allemands qui gagnent leur pain en chantant, et qui n'avancent pas beaucoup la gloire de la musique allemande.

Je ne puis pas dire grand'chose des dispositions politiques des habitants de la Bretagne, car les gens de cette contrée ne se prononcent pas aussi facilement que les Normands ; les passions sont là aussi silencieuses que profondes, et l'ami comme l'ennemi du gouvernement du jour couve ses projets avec une fureur taciturne. Comme au commencement de la Révolution, il y a encore aujourd'hui en Bretagne les enthousiastes les plus ardents du grand mouvement national, et leur zèle est excité par les terreurs dont les menace le parti opposé, au point de tourner en furie sanguinaire. C'est une erreur de croire que les paysans en Bretagne, par amour pour l'ancienne domination de la noblesse, aient pris les armes à chaque appel des légitimistes. Au contraire, les horreurs de l'ancien régime sont encore vivement empreintes dans le souvenir de ces pauvres gens, et les nobles seigneurs ont pesé assez terriblement sur la Bretagne. Vous vous rappelez peut-être le passage des lettres de madame de Sévigné, où elle raconte que les vilains et roturiers mécontents avaient jeté des pierres dans les fenêtres du gouverneur général, et que les coupables avaient été exécutés de la manière la plus cruelle. Le nombre de ceux qui moururent sur la roue doit avoir été très-grand, car lorsque ensuite on procéda par la corde, madame de Sévigné fit observer tout naïvement : qu'après tant d'exécutions par la roue, celles par la corde, les pendaisons, lui semblaient un vrai rafraîchissement! Le manque d'amour pour les nobles est compensé chez le peuple breton par des promesses, et un pauvre Breton qui s'était montré actif dans chaque levée de boucliers légitimistes, et qui n'y avait gagné que des blessures et de la misère, m'avoua que cette fois il était sûr de sa récompense, parce que Henri V, à son retour, paierait à chacun qui aurait combattu pour sa cause, une pension viagère de cinq cents francs.

Mais si le peuple en Bretagne n'a que des sympathies très-tièdes et très-désintéressées pour l'ancienne aristocratie, il suit d'autant plus aveuglément toutes les inspirations du clergé, sous la dépendance morale et physique duquel il naît, vit et meurt. De même que le Breton du temps antique des Celtes obéissait au druide, de même le Breton de nos jours obéit à son curé, et c'est seulement par son entremise qu'il sert le gentilhomme. George Cadoudal ne fut certes pas un laquais servile de la noblesse, non plus que Charette, qui se prononça sur cette noble engeance avec le dédain le plus amer, en écrivant rondement à Louis XVIII : « la lâcheté de vos gentilshommes a perdu votre cause ; » mais devant leurs chefs tonsurés, ces pauvres paysans pliaient humblement le genou. Même les jacobins bretons ne purent jamais se débarrasser entièrement de leurs velléités dévotes, et il resta toujours une scission dans leur cœur chaque fois que la liberté entrait en conflit avec leur foi. — —

Mais aurons-nous la guerre? Pas à présent : mais le mauvais démon est de nouveau déchaîné, et il possède les âmes. Le ministère français a agi très-légèrement et très-imprudemment, en soufflant de suite, de toute la force de ses poumons, dans la trompette guerrière, et en mettant l'Europe entière sur pied par ses roulements de tambour. Comme le pêcheur dans le conte arabe, M. Thiers a ouvert la bouteille d'où sortit le terrible démon... il ne s'effraya pas peu de sa forme colossale, et il voudrait maintenant le faire rentrer dans sa prison par des paroles de ruse. « Es-tu réellement sorti d'une si petite fiole? » dit le pêcheur au géant, lui demandant pour preuve de son affirmation de rentrer dans la bouteille ; et quand le grand nigaud eut exécuté cet étonnant tour d'adresse, le pêcheur referma vite la bouteille avec un bon bouchon... La poste part, et comme la sultane Schéhérézade nous interrompons notre récit, promettant la fin pour demain, où nous ne donnerons cependant pas non plus la conclusion.

XIX

Paris, 1er octobre 1840.

« Avez-vous lu le livre de Baruch ? » Avec cette question, La Fontaine courut un jour par toutes les rues de Paris, arrêtant chacune de ses connaissances, pour lui communiquer la grande nouvelle que le livre de Baruch du Vieux Testament était admirablement beau, une des meilleures choses qu'on ait jamais écrites. Tout le monde le regardait d'un air étonné et en souriant peut-être d'aussi bon cœur que je vous vois sourire en recevant, par le courrier d'aujourd'hui, cette lettre où je vous communique l'importante nouvelle que « Mille et Une Nuits » est un des meilleurs livres, et surtout utile et instructif à l'époque actuelle... Car dans ce livre on apprend mieux à connaître l'Orient que par les relations des Lamartine, Poujoulat et consorts; et bien que cette connaissance ne suffise pas pour résoudre la question orientale, elle nous égaiera du moins un peu dans notre misère occidentale! On se sent si heureux pendant qu'on lit ce livre! Son seul cadre est plus précieux que les meilleurs de nos tableaux. Quel superbe personnage est ce sultan Schariar, qui fait tuer immédiatement ses épouses le lendemain matin après la nuit de noces! Quelle profondeur de sensibilité, quelle inappréciable chasteté de l'âme, quelle délicatesse à l'égard des mystères de la vie nuptiale se révèle dans ce naïf acte d'amour, qu'on a jusqu'à présent représenté calomnieusement comme cruel, barbare et despotique! Cet homme avait horreur de toute profanation de ses sentiments, et il les croyait déjà pollués par la seule pensée que l'épouse qui avait reposé aujourd'hui sur son cœur royal, tomberait peut-être demain dans les bras d'un autre, de quelque manant malpropre — et il aimait mieux la tuer tout de suite après la nuit des noces! Puisqu'on lave à présent l'honneur de tant de nobles cœurs méconnus que le public stupide diffamait et injuriait depuis longtemps, on devrait aussi chercher à réhabiliter dans l'opinion publique le brave sultan Schariar. Je ne puis moi-même, dans ce moment, me charger de cette œuvre méritoire, parce que je suis déjà occupé de la réhabilitation du feu roi Procuste; je me propose de prouver que ce pauvre Procuste a été jusqu'ici jugé d'une manière aussi fausse qu'injuste, et que c'était un roi incompris qui avait devancé son époque, en tâchant de réaliser dans une période d'héroïsme aristocratique les idées démocratiques les plus modernes. Aucun ne le comprit, lorsqu'il rapetissait les grands et qu'il étendait et allongeait les petits, jusqu'à ce qu'ils fussent adaptés à son lit de fer égalitaire.

Le républicanisme fait en France des progrès de jour en jour plus considérables, et Robespierre et Marat sont complétement réhabilités. O! noble Schariar, âme aimante, et toi, grand républicain Procuste! vous aussi ne resterez plus longtemps méconnus. A présent seulement on commence à apprécier vos mérites. La vérité triomphe à la fin.

L'affaire de madame Lafarge se discute encore plus passionnément qu'auparavant depuis sa condamnation. L'opinion publique est toute en sa faveur, depuis que M. Raspail a jeté son avis dans la balance. Si l'on considère d'un côté qu'en cette occasion un républicain rigide s'élève contre ses propres intérêts de parti, et compromet directement, par ses assertions, une des institutions les plus populaires de la France nouvelle, le jury; et que de l'autre côté on réfléchit que l'homme sur le jugement duquel le jury a basé sa sentence est un fameux charlatan, un grateron qui s'attache à l'habit brodé des grands, adulateur des puissants et détracteur des opprimés, aussi faux dans son parler que dans son chant, ô ciel! alors on ne doute plus un moment que Marie Capelle ne soit innocente. Des personnes qui connaissent à fond le caractère de ce vaniteux individu, sont convaincues qu'il saisit avidement toute occasion de faire valoir sa spécialité scientifique, et de rehausser l'éclat de sa célébrité! En vérité, ce mauvais chanteur, qui ne ménage aucune oreille humaine quand il chevrote dans les soirées parisiennes ses méchantes romances, et qui voudrait faire guillotiner quiconque ne peut s'empêcher de rire en l'entendant; ne se montrerait pas, je crois, non plus trop débonnaire dans les débats judiciaires où il veut faire parade de son importance médicale et faire croire au monde que personne n'est aussi habile que lui à mettre au jour le moindre atome de poison caché dans un cadavre. Le public pense qu'il n'y avait pas de venin du tout dans le corps de M. Lafarge, mais qu'il y en avait d'autant plus dans le cœur de M. Orfila. Ceux qui donnent leur approbation au jugement du jury de Tulle, sont en très-petite minorité, et ne se prononcent plus avec la même assurance qu'auparavant. Parmi eux se trouvent des personnes qui pensent qu'il y a eu en effet empoisonnement, mais qui regardent ce crime comme une espèce de défense légitime, et le justifient en quelque sorte. Ils disent qu'on peut imputer à feu Lafarge un plus grand méfait : que dans le but de se sauver de la banqueroute par une dot, il avait, avec des promesses et des démonstrations fallacieuses, pour ainsi dire volé la noble femme, et l'avait traînée dans sa caverne de brigand, où, entourée de la bande grossière et accablée de tourmens moraux et de mortelles privations, la pauvre Parisienne gâtée et habituée à mille besoins intellectuels, semblable à un poisson retiré de l'eau, ou à un oiseau égaré parmi des chauves-souris, ou bien encore comme une fleur parmi des brutes limousines, devait nécessairement se flétrir et dépérir misérablement ! N'est-ce pas là un assassinat, et la défense légitime n'était-elle pas en pareil cas excusable? — ainsi parlent les défenseurs les plus audacieux de Marie Capelle, et ils ajoutent : Quand la malheureuse femme vit qu'elle était prisonnière, incarcérée dans cette chartreuse déserte qui s'appelle le Glandier, gardée à vue par la vieille mégère, la mère du ravisseur, et sans secours du côté de la justice, mais plutôt enchaînée par les lois elles-mêmes, — alors elle perdit la tête, et un des moyens insensés de délivrance, qu'elle tenta d'abord, fut la fameuse lettre dans laquelle elle chercha à faire accroire à son mari qu'elle en aimait un autre, et ne pouvait donc pas l'aimer, lui, que par conséquent il devait la lâcher, qu'elle voulait fuir en Asie, et qu'il pouvait garder sa dot. La pauvre folle! Dans sa démence, elle se figurait qu'un homme ne pouvait vivre avec une femme qui ne l'aimait pas, qu'il en mourrait, qu'une telle vie était la mort!... Mais lorsqu'elle reconnut que le mari pouvait vivre sans être aimé, que le manque d'amour ne le tuait point, alors elle eut recours à de l'arsenic pur... La mort-aux-rats pour un rat!

Les jurés de Tulle paraissent avoir senti la même chose, car sans cela il serait inexplicable pourquoi ils auraient parlé dans leur verdict de circonstances atténuantes. Mais en tout cas il est certain que le procès de la dame du Glandier est une des plus importantes pièces de procédure pour les amis de l'humanité qui s'occupent de la grande question de la femme, question si difficile à résoudre, et dont dépend toute la vie sociale de la France. L'intérêt extraordinaire que ce procès excite dans le public, émane du sentiment de sa propre souffrance. Pauvres femmes, vous êtes vraiment à plaindre ! Les juifs dans leurs prières remercient journellement le bon Dieu de ne les avoir pas fait naître femmes. Cette naïve prière date du moyen âge, où les juifs avaient tant à souffrir et où ils n'étaient nullement heureux ; et cependant alors comme aujourd'hui ils regardaient comme le plus affreux malheur d'appartenir au sexe féminin ! Ils ont raison, même en France, où la misère de la femme est couverte de tant de roses.

XX

Paris, 3 octobre 1840.

Depuis hier soir, il règne ici une agitation qui surpasse toute idée. Le tonnerre du canon de Beyrout trouve son écho dans tous les cœurs français. Moi-même je suis comme étourdi : des appréhensions terribles pénètrent dans mon âme. La guerre est encore le moindre des maux que je redoute. A Paris il peut se passer des scènes près desquelles tous les actes de l'ancienne révolution ne pourraient ressembler qu'à des rêves sereins d'une nuit d'été ! L'ANCIENNE révolution ! Non, il n'y a pas d'ancienne révolution, la révolution est toujours la même, nous n'en avons vu que le commencement, et beaucoup d'entre nous n'en verront pas le milieu ! Les Français seront dans une mauvaise position si la majorité des baïonnettes l'emporte ici. Mais ce n'est pas le fer qui tue, c'est la main, et celle-ci obéit au cœur. Il s'agit seulement de savoir combien de cœurs il y aura de chaque côté. Devant les bureaux de recrutement on fait queue aujourd'hui comme devant les théâtres quand on y donne une pièce marquante : une foule innombrable de jeunes gens se font enrôler comme volontaires. Le jardin et les arcades du Palais-Royal fourmillent d'ouvriers qui se lisent les journaux d'une mine très-grave. Le sérieux qui dans ce moment se prononce presque avec une parcimonie de paroles, est infiniment plus inquiétant que la colère bavarde d'il y a deux mois. On dit que les chambres vont être convoquées, ce qui serait peut-être un nouveau malheur. Les corps délibérants paralysent toute force d'action dans le gouvernement, à moins qu'elles n'exercent elles-mêmes toute la puissance gouvernementale, comme par exemple la Convention de 92. A cette époque les Français étaient dans une situation pire qu'aujourd'hui, et cependant ils en sont sortis victorieux. Il ne faut pas l'oublier.

XXI

Paris, 7 octobre 1840.

L'agitation des cœurs s'accroît de moment en moment. Avec l'ardente impatience des Français, il est difficile de comprendre comment ils peuvent tenir dans cet état d'incertitude. Une décision, une décision à tout prix! Tel est le cri du peuple entier, qui croit son honneur offensé. Si cette offense est réelle ou imaginaire, je ne saurais en juger; la déclaration des Anglais et des Russes, qu'ils n'ont pour dessein que d'assurer la paix, ressemble à de l'ironie, au moment qu'à Beyrout le tonnerre du canon soutient le contraire. Ce qui provoque le plus d'exaspération, c'est qu'on a tiré à Beyrout, avec une prédilection particulière, sur le pavillon tricolore du consul français. Avant-hier soir, le parterre, au grand Opéra, demanda que l'orchestre entonnât la *Marseillaise*; comme un commissaire de police s'opposa à cette demande, on se mit à chanter sans accompagnement, mais avec une colère si haletante, que les paroles restèrent à demi accrochées dans le gosier; c'étaient des accents inintelligibles. Ou bien les Français ont-ils oublié le texte de ce chant effroyable, et ne se rappellent-ils plus que le vieil air ? Le commissaire de police, qui monta sur la scène pour faire ses observations au public, bégaya avec force révérences ces mots : « Messieurs, l'orchestre ne peut jouer la *Marseillaise*, parce que ce morceau de musique n'est pas marqué sur l'affiche. » Une voix dans le parterre répondit : « Monsieur, ce n'est pas une raison, car vous n'êtes pas non plus marqué sur l'affiche. » Pour aujourd'hui, le préfet de police a donné à tous les théâtres la permission de jouer l'hymne de Marseille, et je ne regarde pas cette concession comme chose insignifiante. J'y vois un symptôme auquel j'ajoute plus foi qu'à toutes les déclamations guerrières des journaux ministériels. Ces derniers soufflent en effet depuis quelques jours si fortement dans la trompette de Bellone, qu'on semblait regarder la guerre comme quelque chose d'inévitable. Les plus pacifiques étaient le ministre de la guerre et le ministre de la marine; le plus belliqueux était le ministre de l'instruction publique,—brave homme qui depuis son administration s'est concilié l'estime même de ses ennemis, et qui déploie maintenant autant d'activité que d'enthousiasme, mais qui ne sait assurément pas aussi bien juger les forces militaires de la France que ses collègues de la marine et de la guerre. Thiers les contrebalance tous, et il est réellement l'homme de la nationalité. Celle-ci est un grand levier entre ses mains, et il a appris de Napoléon qu'avec ce moyen on peut agiter les Français encore bien plus puissamment qu'avec des idées. Malgré son nationalisme, la France reste cependant le représentant de la révolution, et les Français ne combattent que pour cette dernière, pour cette cause commune de tous les peuples, lors même qu'ils se battent par vanité, ou par égoïsme, ou par folie. Thiers a des propensions impérialistes, et comme je vous l'écrivis déjà à la fin de juillet, la guerre fait la joie de son cœur. Dans ce moment le parquet de son cabinet d'étude est tout couvert de cartes géographiques, et là il est étendu sur le ventre, occupé à ficher des épingles noires et vertes dans le papier, tout comme fit Napoléon. Qu'il ait spéculé à la Bourse, c'est une calomnie aussi infâme que ridicule ; un homme ne peut obéir qu'à une seule passion, et un ambitieux songe rarement à l'argent. Par sa familiarité avec des chevaliers d'industrie sans convictions, Thiers s'est lui-même attiré tous les bruits malicieux qui rongent sa bonne réputation. Ces gens, quand il leur tourne maintenant le dos, le dénigrent encore plus que ses ennemis politiques. Mais pourquoi entretenait-il un commerce avec une semblable canaille? Qui se couche avec des chiens, se lève avec des puces.

J'admire le courage du roi ; avec chaque heure qu'il tarde de donner satisfaction au sentiment national froissé, s'accroît le danger qui menace le trône bien plus terriblement que tous les canons des alliés. Demain, dit-on, seront publiées les ordonnances qui convoquent les chambres et déclarent la France en état de guerre. Hier soir, à la Bourse de nuit chez Tortoni, on prétendait que l'amiral Lalande avait reçu l'ordre de se diriger en hâte vers le détroit de Gibraltar, afin de défendre l'entrée de la Méditerranée à la flotte russe, en cas qu'elle voulût se réunir à la flotte anglaise. Les rentes, qui étaient déjà tombées de deux pour cent à la bourse du jour, dégringolèrent de nouveau de deux pour cent. M. de Rothschild, à ce qu'on rapporte, avait hier mal aux dents; d'autres disent que c'était la colique. Je viens de parler à un agent de change dont l'odorat est très-fin, et qui a eu l'honneur de pouvoir s'approcher un moment de M. de Rothschild ; il m'assure que le baron est atteint d'une colique très-prononcée, et que les rentes fléchiront davantage aussitôt que cette nouvelle sera connue à la Bourse. Mais qu'adviendra-t-il de toutes ces craintes et de ces espérances flottantes, de cette tourmente sans relâche ? L'orage approche de plus en plus. Dans les airs on entend déjà retentir les coups d'ailes et les boucliers d'airain des Walkyres, les déesses sorcières qui décident du sort des batailles.

XXII

Paris, 29 octobre 1840.

Thiers s'en va, et Guizot rentre en scène. Mais c'est encore la même pièce, il n'y a que les acteurs qui changent. Cette substitution de rôles eut lieu à la demande de bien des hauts et très-hauts personnages, non à celle du public ordinaire qui était très-content du jeu de son premier héros. Celui-ci briguait peut-être un peu trop les applaudissements du parterre; son successeur recherche plutôt les suffrages des régions plus élevées, des loges d'ambassadeurs.

Dans ce moment, nous ne refusons point notre compassion à l'homme qui, dans les circonstances actuelles, fait son entrée à l'hôtel des Capucines; il est bien plus à plaindre que celui qui quitte cette cage de torture. Il est presque autant à plaindre que Louis-Philippe lui-même; on tire sur le roi, on détracte le ministre. Combien de boue n'a-t-on pas jetée à Thiers pendant son ministère ! Aujourd'hui il s'établit de nouveau dans sa petite maison de la place Saint-George, et je lui conseille de prendre aussitôt un bain. Là, il se montrera encore à ses amis dans sa grandeur sans tache, et comme il y a quatre ans, lorsqu'il abandonna le ministère de la même manière soudaine, chacun reconnaîtra que ses mains sont restées pures, et que son cœur ne s'est pas taré non plus. Il est seulement devenu un peu plus grave, quoique le véritable sérieux ne lui ait jamais fait défaut, et se soit seulement caché sous des allures légères, comme chez Jules César et le cardinal de Retz. Quant à l'accusation de forfanterie qu'on mit le plus souvent en avant contre lui dans les derniers temps, il la réfute justement par sa sortie du ministère : justement parce qu'il n'était pas un fanfaron, mais qu'il fit en réalité les plus grands armements pour la guerre, il fut forcé de se retirer. Chacun comprend aujourd'hui que son appel aux armes ne fut pas une jonglerie de rodomont. La somme employée pour l'armée, la marine et les fortifications, se monte déjà à plus de quatre cents millions, et dans quelques mois six cent mille soldats se trouveront sur pied. De plus formidables préparatifs de guerre étaient encore projetés, et voilà la raison pour laquelle le roi, avant la réunion des chambres, devait à tout prix se débarrasser de son ministre trop belliqueux, de cet armateur malencontreux, de ce chef de tous les tambours (je m'abstiens du mot tambour-major pour des raisons que vous devinez), il devait se défaire, dis-je, de ce chef de tous les tambours qui battait le réveil de la guerre d'une façon aussi étourdie qu'étourdissante. Quelques têtes bornées de la chambre des députés crieront maintenant, il est vrai, sur des dépenses inutiles, ne réfléchissant pas que ce sont justement ces préparatifs de guerre qui nous ont peut-être conservé la paix. Une épée tient l'autre dans le fourreau. La grande question : si la France a été offensée ou non par les procédés qui accompagnèrent le traité de Londres, sera maintenant débattue dans la chambre. Mais pour l'instant nous avons la paix, et au roi Louis-Philippe revient le mérite d'avoir fait preuve d'autant de courage pour la conservation de la paix que Napoléon en déploya dans la guerre. Oui, ne riez pas, il est le Napoléon de la paix !

XXIII

Paris, 4 novembre 1840.

Le maréchal Soult, l'homme de l'épée, prend soin de la tranquillité intérieure de la France, et c'est sa tâche exclusive. Pendant ce temps, la tranquillité extérieure est l'affaire de Louis-Philippe, de ce roi de la prudence, qui, avec des mains patientes et non avec l'épée, cherche à délier le nœud gordien des embrouillements de la diplomatie. Y réussira-t-il? Nous le souhaitons, dans l'intérêt des princes et des peuples de l'Europe. Ces derniers ne peuvent gagner à une guerre que la mort et la misère. Les premiers, les princes, dans le cas le plus favorable, c'est-à-dire par une victoire sur la France, rendraient véritables les dangers qui n'existent peut-être à présent qu'à l'état d'appréhensions dans l'imagination de quelques hommes d'État. Le grand bouleversement qui s'est opéré en France depuis cinquante ans est sinon terminé, du moins enrayé, pour aussi longtemps que la terrible roue ne sera pas remise en mouvement par quelque moteur du dehors. Les craintes d'une guerre avec la nouvelle coalition mettent en péril non-seulement le trône du roi, mais le règne de la bourgeoisie que Louis-Philippe représente de droit, en tout cas de fait. C'est la bourgeoisie, non pas le peuple, qui a commencé la révolution de 1789 et a achevé celle-ci en 1830, c'est elle qui règne à présent, bien que beaucoup de ses mandataires soient d'un sang nobiliaire, et c'est elle qui a contenu jusqu'aujourd'hui le peuple mécontent qui réclame non-seulement l'égalité des lois, mais aussi l'égalité des jouissances. La bourgeoisie qui a à défendre son pénible ouvrage, la nouvelle constitution de l'État, contre l'assaut du peuple qui exige une transformation radicale de la société, serait certainement trop faible pour résister au choc, si l'étranger l'attaquait avec des forces quatre fois supérieures; et avant que l'invasion n'eût lieu, la bourgeoisie abdiquerait, les classes inférieures prendraient de nouveau sa place, comme dans les années effroyables de 90, mais mieux organisées, avec une conscience plus claire de leur but, avec de nouvelles doctrines, de nouveaux dieux, de nouvelles forces terrestres et célestes; au lieu d'une révolution politique, l'étranger aurait à combattre une révolution sociale. La prudence conseillera donc aux puissances alliées d'appuyer plutôt le régime actuel en France que de le terrasser, afin que d'autres éléments bien plus formidables et plus contagieux ne soient pas déchaînés et portés à se faire valoir. Le ciel lui-même donne à ses représentants terrestres un exemple très-instructif : la dernière tentative de meurtre fait voir combien la Providence entoure d'une protection toute particulière la tête de Louis-Philippe,... elle protége l'intrépide chef des pompiers, qui dompte les flammes des incendies et empêche une conflagration universelle.

Je parlerai plus tard des rapports entre Guizot et le président titulaire du conseil qui s'appelle Soult, tandis que le véritable président se nomme Louis-Philippe. Aussi n'est-il pas encore possible de déterminer jusqu'à quel point M. Guizot pense les couvrir l'un et l'autre de l'égide de sa parole. Son talent d'orateur pourrait bien être assez fortement mis en réquisition dans quelques semaines, et si la chambre, comme on l'affirme, se propose d'établir un principe sur le *casus belli*, le savant Guizot pourra développer son érudition politique de la manière la plus instructive. La chambre paraît vouloir tout particulièrement prendre en considération la déclaration des puissances coalisées, qu'avec la pacification de l'Orient elles n'ont en vue aucun agrandissement de territoire ni d'autres avantages privés, et déterminer comme un *casus belli* chaque infraction de fait à cette déclaration. De pareilles déclarations sont toujours fallacieuses, et la cupidité l'emporte toujours sur la loyauté quand le moment critique vient, où il y a un grand butin à partager. Cela arrivera lors de la chute de l'empire ottoman, dont la lente agonie est la chose la plus effrayante. Les vautours couronnés voltigent autour du mourant pour se disputer plus tard les lambeaux du cadavre. A qui appartiendra la proie la plus précieuse? A la Russie, ou à l'Angleterre, ou à l'Autriche? La France n'aura pour sa part que le dégoût de ce spectacle. On appelle cela la question d'Orient.

Quant au rôle que M. Thiers jouera dans la chambre,

et s'il a l'intention de s'opposer de nouveau à son ancien rival Guizot avec toute la force de son éloquence, je ne pourrai non plus vous en rien dire que plus tard.

M. Guizot se trouve dans une position difficile, et je vous ai déjà dit souvent que j'ai pour lui une grande compassion. C'est un homme solide et à convictions profondes, et Calamatta l'a représenté très-fidèlement dans son excellent portrait. Une dédaigneuse figure de puritain, le front élevé et obstiné, le dos appuyé contre une paroi en pierre; — par un mouvement précipité de la tête en arrière il pourrait se faire grand mal. Le portrait est exposé aux vitraux de Goupil et Rittner. Bien du monde s'arrête pour le regarder, et M. Guizot a déjà en effigie beaucoup à supporter des lazzis moqueurs des Parisiens.

XXIV.

Paris, 6 novembre 1840.

Sur la révolution de Juillet et la part que Louis-Philippe y a prise, il vient de paraître un livre qui excite l'attention générale et qu'on discute partout : c'est la première partie de l'*Histoire de Dix ans*, par Louis Blanc. Je n'ai pas encore vu l'ouvrage; aussitôt que je l'aurai lu, j'essaierai d'en rendre un jugement impartial. Aujourd'hui je vous communiquerai seulement ce que je peux dire d'avance de l'auteur et de sa position, pour que vous gagniez le vrai point de vue, duquel vous puissiez apprécier exactement quelle part il faut faire à l'esprit de parti dans ce livre, et combien de croyance vous pouvez lui accorder ou refuser.

L'auteur, M. Louis Blanc, est un homme encore jeune, de trente ans tout au plus, quoique d'après son extérieur il semble un petit garçon de treize ans. En effet, sa taille on ne peut plus minime, sa petite figure fraîche et imberbe, ainsi que sa voix claire et fluette qui paraît n'être pas encore formée, lui donnent l'air d'un gentil petit garçon échappé à peine de la troisième classe d'un collége et portant encore l'habit de sa première communion; et cependant il est une des notabilités du parti républicain, et dans son raisonnement domine une modération qu'on ne trouve d'ordinaire que chez les vieillards.—Sa physionomie, surtout ses petits yeux très-vifs, indiquent une origine méridionale. Louis Blanc est né à Madrid, de parents français. Sa mère est Corse, de la famille des Pozzo di Borgo. Il fut élevé à Rodez. J'ignore depuis combien de temps il réside à Paris, mais déjà il y a six ans je le rencontrai ici comme rédacteur d'un journal républicain intitulé *le Monde*, et depuis il fonda aussi la *Revue du Progrès*, l'organe le plus important du républicanisme. Son cousin Pozzo di Borgo, l'ancien ambassadeur russe, n'a pas été très-édifié, dit-on, de la direction d'esprit du jeune homme, et il s'en est plaint souvent. (De ce célèbre diplomate, soit dit en passant, on a reçu ici des nouvelles très-affligeantes, et sa maladie mentale paraît être incurable; il tombe parfois en démence, et alors il croit que l'empereur Napoléon veut le faire fusiller.) La mère de Louis Blanc vit encore en Corse, ainsi que toute sa famille maternelle. Mais ce n'est que la parenté corporelle, celle du sang. Par l'esprit, Louis Blanc est avant tout parent de Jean-Jacques Rousseau dont les œuvres forment le point de départ de toute sa manière de penser et d'écrire. Sa prose chaleureuse, nette et sentimentale, rappelle Jean-Jacques, le premier père de l'église de la Révolution. *L'Organisation du travail* est un écrit de Louis Blanc qui attira déjà sur lui, il y a quelque temps, l'attention publique. Chaque ligne de cet opuscule dénote, sinon un savoir profond, du moins une ardente sympathie pour les souffrances du peuple; il s'y manifeste en même temps la plus grande prédilection pour l'autorité absolue, et une profonde aversion pour tout individualisme éminent, aversion qui pourrait bien avoir sa source cachée dans une jalousie contre toute supériorité d'esprit et même de corps; oui, on dit que le petit bonhomme jalouse même ceux qui sont d'une taille qui dépasse la sienne. Cette disposition hostile contre l'individualisme le distingue d'une manière frappante de quelques-uns de ces confrères politiques, par exemple, du spirituel Pyat; et elle a failli provoquer dernièrement une dissidence dans le camp républicain, lorsque Louis Blanc ne voulut pas reconnaître la liberté illimitée de la presse, réclamée par ses collègues comme le palladium de la liberté, comme un droit imprescriptible. En effet, toute grandeur personnelle répugne à M. Louis Blanc, et il la regarde avec une méfiance haineuse qu'il partage avec un autre disciple de Rousseau, feu Maximilien Robespierre. Je crois que cet homoncule voudrait faire couper chaque tête qui surpasse la mesure prescrite par la loi, bien entendu dans l'intérêt du salut public, de l'égalité universelle, du bonheur social du peuple. Lui-même est d'un tempérament sobre, il semble refuser toute jouissance à son propre petit corps, et il veut donc introduire dans l'État une égalité générale de cuisine, où le même brouet noir spartiate serait préparé pour nous tous, et, chose encore plus horrible, où le géant recevrait la même pitance que celle dont jouirait le nain. Non, je t'en remercie, nouveau Lycurgue! Il est vrai que l'homme est né l'égal de l'homme, mais nos estomacs sont inégaux, et il y en a qui ont des goûts aristocratiques et qui préfèrent les truffes aux pommes de terre les plus vertueuses. M. Louis Blanc est un bizarre composé de Lilliputien et de Spartiate. Dans tous les cas, je lui crois un grand avenir, et il jouera un rôle, ne fût-ce qu'un rôle éphémère. Il est fait pour être le grand homme des petits, qui sont à même d'en porter un pareil avec facilité sur leurs épaules, tandis que des hommes d'une stature colossale, je dirais presque des esprits de forte corpulence, pourraient être pour eux une charge trop lourde.

Quoique M. Blanc vise à une rigidité républicaine,

il n'en est pas moins entaché de cette vanité puérile qu'on trouve toujours chez les hommes d'une trop petite taille. Il voudrait briller auprès des femmes, et ces êtres frivoles, ces vicieuses créatures, lui rient au nez; il a beau marcher sur les échasses de la phrase, ces dames ne le prennent pas au sérieux et préfèrent au tribun imberbe quelque crétin aux longues moustaches. Ce tribun donne cependant à sa réputation de grand patriote, à sa popularité, les mêmes petits soins que ses rivaux donnent à leurs moustaches; il la soigne on ne peut plus, il la frotte, la tond, la frise, la dresse et la redresse, et il courtise le moindre bambin de journaliste qui peut faire insérer dans une feuille quelques lignes de réclame en sa faveur. Ceux qui veulent lui adresser le plus agréable compliment, le comparent à M. Thiers, dont la taille, il est vrai, n'est pas celle d'un géant, mais qui est toujours trop grand, au physique comme au moral, pour être comparé à M. Blanc, sinon par méchanceté. Un républicain qui ne se pique pas de trop de politesse, comme il sied à des gens aux grandes convictions, disait un jour tout grossièrement à Louis Blanc : « Ne te flatte pas de ressembler à M. Thiers. Il y a encore une grande différence entre vous deux : M. Thiers te ressemble, à toi, citoyen, comme une petite pièce de dix sous ressemble à une toute petite pièce de cinq sous. »

Le nouveau livre de Louis Blanc est parfaitement écrit, dit-on, et comme il contient une foule d'anecdotes inconnues et malicieuses, il a déjà un grand intérêt pour une multitude de lecteurs avides de cancans. Les républicains s'en régalent avec délices; la misère, la petitesse de la bourgeoisie régnante qu'ils veulent renverser, y est mise à nu de la façon la plus amusante. Mais pour les légitimistes, ce livre est du véritable caviar, car l'auteur, qui les ménage eux-mêmes, bafoue leurs vainqueurs bourgeois, et lance de la boue envenimée sur le manteau royal de Louis-Philippe. Les histoires que Louis Blanc raconte de lui, sont-elles vraies ou fausses? Si elles étaient vraies, la grande nation des Français, qui parle tant de son point d'honneur, se serait laissé gouverner et représenter par un jongleur vulgaire, un Bosco couronné. Le livre raconte, par exemple, l'anecdote suivante : Le 1er août, lorsque Charles X eut nommé le duc d'Orléans lieutenant général du royaume, Dupin se rendit auprès de ce dernier, à Neuilly, et lui représenta que, pour éviter le dangereux soupçon de la duplicité, il devait rompre définitivement avec Charles X, et lui écrire une lettre de rupture décidée. Louis-Philippe donna toute son approbation au sage conseil de Dupin, et le pria même de rédiger pour lui une pareille lettre; c'est ce que fit Dupin, dans les termes les plus acerbes, et Louis-Philippe, sur le point d'apposer son sceau sur la lettre déjà mise sous enveloppe, et tenant justement la cire à cacheter à la flamme de la bougie, se retourna tout à coup vers Dupin avec ces mots : « Dans des cas importants, je consulte toujours ma femme ; je vais d'abord lui lire la lettre, et si elle l'aprouve, nous l'expédierons à l'instant. » Là-dessus il quitta la chambre, et, rentrant quelques moments après avec la lettre, il la cacheta rapidement et l'envoya sans retard à Charles X. Mais l'enveloppe seule était la même, continue l'auteur de l'*Histoire de dix ans*, le prestidigitateur royal avait, avec ses doigts habiles, substitué à la rude lettre de Dupin une épître tout humble, dans laquelle, protestant de sa fidélité de sujet, il acceptait sa nomination au titre de lieutenant général du royaume, et adjurait le roi d'abdiquer en faveur de son petit-fils. — La première question est : comment la fraude fut-elle découverte ? A cela M. Louis-Blanc a répondu verbalement à un de ses amis : « M. Berryer, en se rendant plus tard à Prague auprès de Charles X, lui fit observer très-respectueusement que sa majesté s'était jadis un peu trop hâtée avec son abdication ; sur quoi sa majesté, pour se justifier, exhiba la lettre que le duc d'Orléans lui avait écrite à cette époque, ajoutant qu'il s'était conformé à son conseil d'autant plus volontiers, qu'il avait reconnu en lui le lieutenant général du royaume. » C'est donc M. Berryer qui a vu la lettre, et sur l'autorité duquel repose toute l'histoire. Aux yeux des légitimistes cette autorité est suffisante, et elle l'est aussi pour les républicains, qui croient tout ce que la haine légitimiste invente contre Louis-Philippe. Nous en avons eu la preuve encore récemment, où une vieille donzelle mal famée forgea les fausses lettres que tout le monde connaît, et déjà, à cette occasion, M. Berryer se montra dans tout son éclat comme avocat de la falsification. Nous qui ne sommes ni légitimiste ni républicain, nous ne croyons qu'au talent de M. Berryer, à son organe sonore, à son enthousiasme pour les beaux-arts, pour les lettres, pour la musique, enfin pour tous les nobles jeux de l'esprit et du hasard; — mais il ne nous fera pas croire aux anecdotes qu'il fait avaler à des gobe-mouches républicains.

Quant à Louis-Philippe, nous avons assez souvent exprimé dans ces feuilles notre opinion à son égard. Il est un grand roi, bien qu'il ressemble plus à Ulysse qu'à Ajax, ce furieux héros qui succomba d'une manière bien lamentable dans sa lutte avec l'inventif et calme favori de Minerve. Mais Louis-Philippe n'a pas escamoté comme un coquin la couronne de France, il devint roi par la nécessité la plus amère, je dirais presque par la disgrâce plutôt que par la grâce de Dieu, qui lui posa cette couronne d'épines sur la tête, dans un moment fatal et plein de terreur. Il a, à la vérité, joué tant soit peu la comédie, il n'a pas eu les intentions les plus sincères envers ses commettants, les héros de juillet, qui l'élevèrent sur le pavois; — mais ces derniers, avaient-ils des intentions tout à fait sincères envers lui, le duc d'Orléans? Ils le regardaient comme un simple pantin, et ils le placèrent sur le fauteuil rouge, dans la ferme croyance de pouvoir sans grand'peine le rejeter en bas, s'il ne se laissait pas assez souplement manier avec les ficelles, ou s'il leur venait même à l'idée de donner la reprise de la vieille pièce, la république. Mais cette fois, comme je l'ai déjà dit quelque part, ce fut la royauté elle-même qui joua le rôle de Junius Brutus, pour duper les républicains, et Louis-Philippe eut assez de finesse pour prendre le masque de la simplicité la plus moutonnière, pour se promener comme un honnête épicier à travers les rues de Paris avec son grand parapluie sentimental sous le bras, et pour serrer à droite et à gauche les mains mal lavées des citoyens *Créti* et *Pléti*, en souriant toujours et en semblant toujours fort ému. Il jouait alors en effet un curieux rôle, et lorsque je vins à Paris peu de temps après la révolution de Juillet, j'eus encore souvent l'occasion d'en rire. Je me souviens très-bien de m'être rendu en hâte, aussitôt après mon arrivée, au Palais-Royal pour voir Louis-Philippe. L'ami qui m'y conduisit me raconta que le roi ne paraissait plus qu'à de certaines heures sur la terrasse, mais qu'auparavant, et jusque dans les dernières semaines, on avait pu le voir à toute heure, au prix de cinq francs. « Au prix de cinq francs! m'écriai-je tout étonné; est-il donc si bourgeoisement économe qu'il se montre pour de l'argent ? —Non, mais on le montre pour de l'argent, et voici comment la chose se passe : il y a une société de claqueurs, de marchands de contre-marques, et d'autres gens de même farine, qui offrent à chaque étranger de lui montrer le roi pour cinq francs; ils vous proposent même que, si l'on voulait leur donner dix francs, on le verrait élevant ses regards vers le ciel, et posant la main sur son cœur comme pour protester de la sincérité de ses sentiments; mais que si l'on y mettait vingt francs, on l'entendrait encore chanter la *Marseillaise*. Or, si l'on donnait à ces individus une pièce de cinq francs, ils poussaient des hourrah et des cris d'allégresse sous les fenêtres du roi, et sa majesté paraissait sur la terrasse, s'inclinait et puis rentrait chez elle. Si on leur payait dix francs, ils criaient encore bien plus fort et gesticulaient comme des possédés quand le roi paraissait, qui alors, en signe d'émotion muette, élevait ses regards vers le ciel, et posait la main sur son cœur comme pour protester de la sincérité de ses sentiments. Mais les Anglais y dépensaient quelquefois vingt francs, et alors l'enthousiasme était porté à son comble : les maroufles criaient comme des enragés, et aussitôt que le roi paraissait sur la terrasse, ils entonnaient la *Marseillaise* et hurlaient d'une manière si effroyable que Louis-Philippe, peut-être seulement pour mettre fin à ce concert, s'inclinait, élevait ses regards vers le ciel, posait la main sur son cœur et chantait lui-même la *Marseillaise*. S'il battait aussi la mesure avec son pied, comme on prétend, je ne saurais le dire. Je ne puis d'ailleurs pas garantir la vérité de cette anecdote. L'ami qui me la raconta est mort depuis sept ans; depuis sept ans il n'a pas menti. Ce n'est donc pas M. Berryer à l'autorité duquel je m'en rapporte.

XXV

Paris, le 7 novembre 1840.

Le roi a pleuré. Il a pleuré publiquement, sur son trône, entouré de tous les dignitaires du royaume, en face de toute la nation dont les représentants se trouvaient vis-à-vis de lui, et tous les princes étrangers représentés par leurs ambassadeurs ordinaires ou extraordinaires, et par leurs ministres plénipotentiaires, furent témoins de ce navrant spectacle. Le roi a pleuré! c'est un événement désolant. Beaucoup de gens, toutefois, regardent ces larmes royales comme suspectes, et les comparent à celles du renard de la fable. Mais n'est-ce pas déjà assez tragique qu'un roi soit harcelé et tourmenté au point d'avoir recours à l'humide expédient des pleurs? Non, Louis-Philippe, l'Ulysse moderne, le royal souffre-douleur, n'a pas besoin de faire violence à son appareil lacrymal en pensant aux désastres dont il est menacé, et avec lui son peuple et tout l'univers.

On ne peut encore rien avancer de positif sur la disposition des esprits dans la Chambre. Et cependant tout dépend de là, aussi bien la tranquillité intérieure qu'extérieure de la France, et non-seulement de la France, mais du monde entier. S'il s'élève une discussion grave entre les notabilités bourgeoises de la Chambre et la couronne, les chefs de file du radicalisme ne tarderont pas plus longtemps à provoquer une insurrection qui s'organise déjà en secret, et qui n'attend que l'heure où le roi ne pourra plus compter sur l'assistance de la chambre des députés. Tant que les deux parties ne font que se gourmander, sans pour cela rompre leur contrat de mariage, le renversement du gouvernement ne pourra point réussir, et c'est ce que savent très-bien les promoteurs du mouvement, voilà pourquoi ils rongent leur frein pour le moment, et se gardent de toute levée de boucliers intempestive. L'histoire de la France montre que chaque phase importante de la révolution eut des commencements parlementaires, et que les hommes de l'opposition légale donnèrent toujours au peuple plus ou moins distinctement le terrible signal. Grâce à cette participation, nous dirions presque cette complicité d'un parlement, l'interrègne de la force brutale n'est jamais de longue durée en France, et les Français sont bien plus à l'abri de l'anarchie que d'autres peuples dans l'état de révolution. Nous en avons eu la preuve dans les journées de Juillet, où le parlement, l'Assemblée législative, se changea en Convention exécutive. C'est encore à une telle transformation qu'on s'attend au pis aller.

XXVI

Paris, 12 novembre 1840.

La naissance du duc de Chartres est un appendice du discours de la couronne. « Pitié, cet enfantelet nu, » — dit Shakspeare. Et pour comble, l'enfantelet est un prince du sang, et partant destiné à subir les plus tristes épreuves, sinon même à porter sur sa tête la royale couronne de martyr ! Donnez-lui une nourrice allemande pour qu'il suce le lait de la patience. L'intelligent enfant a compris tout de suite sa situation, et commencé d'abord à pleurer. D'ailleurs on le dit très-ressemblant à son grand-père. Ce dernier ne se connaît pas de joie. Nous ne lui envions point cette consolation, ce baume du cœur; combien n'a-t-il pas souffert dans les derniers temps ! Louis-Philippe est le plus excellent père de famille, et justement ses soins exagérés du bonheur des siens l'ont tant de fois mis en collision avec les intérêts nationaux des Français. Justement parce qu'il a des enfants et qu'il les aime, il nourrit aussi la tendresse la plus prononcée pour la paix. Les princes guerriers sont d'ordinaire sans enfants. La sensibilité pour la vie de famille et le bonheur domestique, qui prédomine en Louis-Philippe, est certainement honorable, et en tout cas cet exemple souverain exerce sur les mœurs l'influence la plus salutaire. Le roi est vertueux dans le goût le plus bourgeois, sa maison est la plus honnête de toute la France, et la bourgeoisie qui l'a élu pour son intendant général, a toujours des raisons suffisantes d'être contente de lui.

Tant que la bourgeoisie tiendra le gouvernail, aucun danger ne menace la dynastie actuelle. Mais qu'arrivera-t-il s'il s'élève des tempêtes, où des mains plus fortes voudraient saisir le gouvernail, tandis que la bourgeoisie craintive, dont les mains sont plus aptes à compter de l'argent et à tenir des livres, se tiendrait coi, et ferait défaut au roi en lui laissant à lui-même tout le soin de se tirer d'affaire? La bourgeoisie fera peut-être encore bien moins de résistance que n'en fit dans un cas pareil l'ancienne aristocratie; même dans sa faiblesse la plus pitoyable, dans son énervement par l'immoralité, dans sa dégénération par la courtisanerie, l'ancienne noblesse resta encore animée d'un certain point d'honneur inconnu à notre bourgeoisie, qui est devenue florissante par l'industrie, mais qui périra également par elle. On prophétise un autre 10 août à cette bourgeoisie, mais je doute que les chevaliers industriels du trône de Juillet se montrent aussi héroïques que les marquis poudrés de l'ancien régime, qui, en habits de soie et avec leurs minces épées de parade, s'opposèrent au peuple envahissant les Tuileries.

Les nouvelles qui nous parviennent du Levant sont très-attristantes pour les Français. L'autorité de la France est perdue en Orient, et deviendra la proie de l'Angleterre et de la Russie. Les Anglais ont obtenu ce qu'ils voulaient, la prépondérance réelle en Syrie et la garantie de leur route commerciale pour les Indes : l'Euphrate, un des quatre fleuves du Paradis, deviendra une rivière anglaise, sur laquelle on naviguera en bateau à vapeur, comme à Ramsgate et à Margate, etc. — dans *Tower-street* est le *steamboat-office* où l'on prend son billet; — à Bagdad, l'ancienne Babylone, on débarque et boit du porter et du thé. — Les Anglais protestent journellement dans leurs feuilles qu'ils ne veulent pas la guerre, et que le fameux traité de pacification n'avait pas le moins du monde pour but de léser les intérêts de la France, et de lancer sur le globe le brandon de la guerre.— Et pourtant il en était ainsi : les Anglais ont offensé mortellement les Français, et exposé le monde entier à une conflagration générale, afin de gagner pour eux-mêmes quelques bénéfices mercantiles! Mais l'égoïsme n'a pourvu qu'au moment présent, et l'avenir lui prépare sa punition. Les avantages que la Russie a recueillis par le même traité ne sont pas, à la vérité, d'une espèce aussi sonnante, on ne peut les calculer et les encaisser aussi promptement, mais ils n'en sont pas moins d'un prix inestimable pour son avenir. Avant tout, l'alliance entre la France et l'Angleterre fut dissoute, par ce moyen, au plus grand profit de la Russie, qui tôt ou tard sera forcée d'entrer en lice avec une de ces puissances. Puis, du même coup, fut détruite la puissance de cet Égyptien qui, en se mettant à la tête des musulmans, aurait été en état de protéger l'empire turc contre les Russes, qui le regardent déjà comme leur propriété. Peu leur importe aux Russes que les Anglais dévorent de plus en plus les Indes et qu'ils finissent même par s'emparer de la Chine : le jour viendra où ils seront forcés de lâcher leur proie en faveur des Russes, qui se fortifient en Crimée, qui se sont déjà rendus les maîtres de la Mer Noire, et qui poursuivent toujours le même but : la possession du Bosphore, de Constantinople. C'est vers l'ancienne Byzance que sont dirigés les yeux avides de tous les Moscovites ; la conquête de cette ville est pour eux une mission non-seulement politique, mais aussi religieuse ; et c'est du haut des rives du Bosphore que leur czar doit soumettre tous les peuples du globe à ce sceptre de cuir de Russie, qui est plus souple et plus fort que l'acier, et qu'on nomme le knout. Est-il vrai que Constantinople soit d'une telle importance universelle, et que la possession de cette cité pourrait décider du sort du monde ? Un de mes amis me disait dernièrement : « A Rome se trouvent les clefs du royaume des cieux, mais à Constantinople se trouvent les clefs de l'empire terrestre : qui s'en emparera régnera sur le monde entier. » Quelle terrible question que celle d'Orient !

XXVII

Paris, 6 janvier 1841.

La nouvelle année commence, comme l'ancienne, avec la musique et la danse. Au grand Opéra résonnent les mélodies de Donizetti, avec lesquelles on remplit tant bien que mal le temps, en attendant qu'arrive *le Prophète*, c'est-à-dire l'ouvrage ainsi nommé de Meyerbeer. Avant-hier soir, mademoiselle Heinefetter débuta avec un grand et brillant succès. A l'Odéon, le nid des rossignols italiens, gazouillent plus tendrement que jamais Rubini qui vieillit, et Giulia Grisi, la prima donna éternellement jeune, cette fleur chantante de la beauté. Les concerts ont recommencé aussi dans les salles rivales de MM. Herz et Erard, les deux célèbres artistes en bois. Celui qui ne trouve pas assez d'occasions de s'ennuyer dans ces établissements publics de Polyhymnia, peut aller bâiller à plaisir dans les soirées privées : là, un essaim de jeunes *dilettanti* qui donnent droit aux espérances les plus terribles, se font entendre sur tous les tons et sur toutes sortes d'instruments; M. Orfila chevrote de nouveau ses romances les plus impitoyables, de la mort-aux-rats chantée. Après la musique on présente de l'eau sucrée tiède et des glaces salées, et l'on danse. Les bals masqués aussi renaissent déjà au son des timbales et des trompettes, et comme par désespoir, les Parisiens se précipitent dans le tourbillon bruyant des plaisirs. L'Allemand boit pour se débarrasser du fardeau accablant des soucis; le Français danse, la valse enivrante et le galop étourdissant. La déesse de la légèreté aimerait à chasser par ses jeux toute tristesse et tout sérieux de l'âme de ses favoris, les Parisiens, mais elle n'y réussit pas; dans les intervalles du quadrille, Arlequin chuchotte à l'oreille de son voisin Pierrot : « Pensez-vous que nous aurons à nous battre au printemps? » Même le vin de Champagne est impuissant et ne parvient qu'à griser les sens, l'esprit résiste à ses caresses, et parfois au milieu du plus joyeux banquet, les convives pâlissent, la parole expire sur leurs lèvres; ils se jettent l'un à l'autre des regards effrayés; — sur la muraille ils voient les mots : *Mane, Thecel, Phares!*

Les Français ne se dissimulent pas le danger de leur situation, mais le courage est leur vertu nationale. Et au bout du compte, ils savent à merveille que l'héritage de leurs pères, les biens politiques que ceux-ci ont conquis par leur intrépidité et leur bravoure guerrière, ne peut point être conservé par une indolente patience et une humilité chrétienne. Même Guizot, le ministre si décrié pour être trop indulgent envers l'étranger, n'est nullement disposé à maintenir la paix à tout prix. Il est vrai que Guizot oppose une résistance inébranlable aux agressions du radicalisme, mais je suis convaincu qu'il résisterait aussi résolûment à des empiétements tentés par les amis de l'absolutisme et de la hiérarchie. Je ne sais quel était le nombre des gardes nationaux qui proférèrent aux obsèques impériales les cris : *à bas Guizot!* mais je sais que la garde nationale, si elle comprenait ses propres intérêts, ferait acte de bon sens aussi bien que de gratitude, en protestant publiquement contre ces manifestations malencontreuses. Car la garde nationale n'est, après tout, que la bourgeoisie armée; et justement celle-ci, menacée dans son existence politique à la fois par le parti intrigant de l'ancien régime et par les prédicants d'une république à la Babœuf, a trouvé en Guizot son défenseur naturel, qui la protége en même temps contre ses ennemis d'en haut et d'en bas. Guizot n'a jamais voulu autre chose que la domination de ces classes moyennes, que par leur culture intellectuelle et leurs moyens matériels il croyait propres à diriger et à garantir les affaires de l'État. Je suis convaincu que si Guizot avait trouvé dans l'aristocratie française encore un élément de vie qui l'eût rendue capable de gouverner la France pour le bien du peuple et de l'humanité, Guizot serait devenu son champion le plus zélé et le plus désintéressé; je suis de la même manière convaincu qu'il combattrait pour le règne des prolétaires, avec une droiture plus sévère que M. de Lamennais et ses acolytes, s'il jugeait les basses classes assez mûres sous le rapport de l'éducation et des lumières pour manier les rênes de l'État. D'ailleurs il connaît trop bien l'histoire pour ne pas prévoir que le triomphe prématuré des prolétaires ne serait que de courte durée et un malheur pour l'humanité, parce qu'en proie à une passion aveugle pour l'égalité ils détruiraient tout ce qui est beau et sublime sur cette terre, et exerceraient surtout contre l'art et les sciences leurs fureurs iconoclastes.

XXVIII

Paris, 11 janvier 1841.

Il se répand de plus en plus parmi les Français l'opinion que les trompettes de Bellone noieront ce printemps, dans leurs fanfares éclatantes, le tendre chant des rossignols, et que les pauvres violettes, écrasées sous le sabot des chevaux, exhaleront tristement leur parfum au milieu des fumées de la poudre. Je ne puis nullement me ranger au même avis, et les plus douces espérances de paix nichent constamment dans mon cœur. Toutefois, il est possible que les corbeaux de mauvais augure aient raison; les canons sont chargés, et il ne faut qu'une mèche imprudente, qui s'en approche trop, pour faire éclater une catastrophe. Mais si nous surmontons ce danger, et que même l'été brûlant se passe sans orage, alors je crois que l'Europe est pour longtemps à l'abri des tourmentes de la guerre, et que nous pourrons nous tenir assurés d'une paix prolongée et durable. Les embarras venus d'en haut seront alors aussi là-haut démêlés tranquillement, et la basse engeance de la haine nationale, qui s'est développée dans les couches inférieures de la société, sera refoulée dans sa fange par les convictions plus éclairées des peuples. C'est ce que n'ignorent pas les démons du bouleversement en deçà et au delà du Rhin, et de même que le parti radical en France, par crainte de la consolidation définitive du règne de la dynastie d'Orléans, appelle de tous ses vœux les vicissitudes de la guerre, qui donneraient du moins la chance d'un changement de gouvernement, de même le parti subversif d'outre-Rhin, principalement les soi-disant patriotes germaniques, prêche une croisade contre les Français, dans l'espoir de voir les passions déchaînées amener un état désordonné qui sorte de la routine moutonnière et favorise la réalisation d'un empire allemand uni et libre. Oui, la crainte de la puissance soporifique et énervante de la paix porta ces gens à la résolution désespérée de *sacrifier le peuple français*, comme ils s'expriment dans leur naïveté d'innocents. Nous divulguons, nous dénonçons publiquement cette arrière-pensée de nos compatriotes révolutionnaires, parce qu'un tel héroïsme nous paraît aussi insensé qu'ingrat, et parce que nous éprouvons une pitié inexprimable pour cette lourderie d'ours, qui s'imagine être plus matoise que tous les renards de la ruse! O sotte espèce! je vous conseille de ne pas vous essayer dans la dangereuse branche de la finesse politique; montrez de la loyauté allemande et de la reconnaissance humaine, et ne vous figurez pas que vous pourrez vous tenir sur vos propres pieds si la France succombe, ce seul appui que vous ayez sur terre !

Mais n'attise-t-on pas aussi d'en haut les étincelles de la discorde ? Je ne le pense pas, et il me semble que les imbroglios diplomatiques sont plutôt le résultat de la maladresse que d'une mauvaise volonté. Mais qui veut donc la guerre ? L'Angleterre et la Russie pourraient, dès à présent, se déclarer satisfaites ; — elles ont déjà gagné assez d'avantages en pêchant en eau trouble. Pour l'Allemagne et la France, la guerre est aussi superflue que périlleuse ; — les Français, il est vrai, aimeraient à posséder la frontière du Rhin, mais seulement parce qu'ils sont sans elle trop peu à l'abri d'une invasion, et les Allemands n'ont pas à craindre de perdre cette frontière tant qu'ils ne rompront pas eux-mêmes la paix. Ni le peuple allemand ni le peuple français ne demande la guerre. Je n'ai sans doute pas besoin de prouver que les rodomontades de nos don Quichotte du rétablissement de l'empire germanique, qui revendiquent à grand renfort de clameurs l'Alsace et la Lorraine, ne sont pas l'expression du paysan et du bourgeois allemands. Mais aussi le bourgeois et le paysan français, le noyau et la masse de la grande nation, ne demandent pas la guerre, vu que la bourgeoisie ne tend qu'aux exploitations industrielles, aux conquêtes de la paix, et que le campagnard se souvient encore très-bien à quel prix, à quel prix sanglant, lui reviennent les triomphes de la vanité nationale.

Les désirs belliqueux qui, depuis les temps des Gaulois, brûlaient et bouillonnaient impétueusement au cœur des Français, se sont à la longue passablement éteints, et combien peu la *furor francese* militaire domine maintenant chez eux, c'est ce qui se révéla aux obsèques de l'empereur Napoléon Bonaparte. Je ne puis me déclarer d'accord avec les correspondants de journaux de mon pays, qui ne virent dans le spectacle de ces funérailles merveilleuses que de la pompe et de l'ostentation. Ils n'avaient pas d'yeux pour les sentiments qui firent tressaillir, jusque dans ses profondeurs, le peuple français. Mais ces sentiments n'étaient pas ceux de l'ambition et de l'orgueil soldatesques, l'empereur victorieux n'était pas accompagné de ces jubilations de prétoriens, de cette bruyante frénésie de gloire et de pillage, dont l'Allemagne garde bonne souvenance, en pensant aux jours de l'Empire. Les anciens conquérants ont depuis disparu de la scène de la vie, et ce fut une génération toute nouvelle qui assistait aux funérailles de l'empereur. Elle était saisie, non pas d'une colère bouillante, mais bien plutôt d'une tendre et triste piété filiale, en contemplant ce catafalque doré, où gisaient ensevelies toutes les joies et les souffrances, toutes les glorieuses erreurs et les espérances flétries de leurs pères, pour ainsi dire l'âme de l'ancienne France. Là, il y eut plus de larmes muettes que de cris éclatants. Et puis, toute l'apparition était si fabuleuse, si féerique, qu'on en croyait à peine ses yeux, qu'on s'imaginait rêver. Car ce Napoléon Bonaparte qu'on voyait enterrer, avait depuis longtemps, aux yeux de la nation actuelle, passé dans le domaine de la tradition, auprès des ombres glorieuses d'Alexandre de Macédoine, de Jules César et de Charlemagne, et tout à coup, pendant une froide journée d'hiver, il reparaît au milieu des vivants, sur un char d'or, orné de Victoires d'or, char triomphal qui s'avance fantastiquement à travers les blancs brouillards du matin.

Mais ces brouillards s'évanouirent soudain comme par miracle, lorsque le convoi impérial arriva dans les Champs-Élysées. A ce moment, le soleil perça les sombres nuages et baisa pour la dernière fois son favori, versant des reflets roses sur les aigles impériales qui précédaient le convoi, et rayonnant comme avec tendresse et compassion sur les pauvres et rares débris de ces légions formidables qui avaient jadis conquis le monde au pas de charge, et qui maintenant, dans des uniformes vieillis, avec des membres débiles et des manières surannées, suivaient en chancelant le corbillard victorieux comme des parents en deuil. Ces invalides de la grande armée, soit dit entre nous, avaient l'air de caricatures, d'une satire sur la gloire, de couplets injurieux contre le triomphateur mort, comme les soldats romains en chantaient derrière le char de triomphe d'un César vivant.

La muse de l'histoire a gravé ces obsèques dans ses tablettes comme un fait remarquable; mais pour le temps actuel cet événement est de moindre importance, et fournit seulement la preuve que l'esprit de soldatesque ne prédomine plus chez les Français d'une façon aussi florissante que le proclame plus d'un fanfaron en deçà du Rhin, et que plus d'un niais au delà du Rhin le répète. L'empereur est mort. Avec lui s'est éteint le dernier héros selon l'ancien goût, et le nouveau monde des épiciers respire à l'aise, comme débarrassé d'un cauchemar brillant. Sur la tombe impériale s'élève une ère bourgeoise et industrielle, qui admire de tout autres héros, comme par exemple le vertueux Lafayette, ou James Watt, le filateur de coton.

XXIX

Paris, 31 janvier 1841.

Entre les peuples qui possèdent une presse libre, des parlements indépendants, enfin les institutions publiques d'un gouvernement constitutionnel, les mésintelligences tramées par les intrigues des courtisans et par les fauteurs de l'esprit de parti, ne peuvent persister à la longue. Seulement dans les ténèbres, la semence ténébreuse peut prospérer et dégénérer en une dissension irréparable. Comme de ce côté du détroit, de même de l'autre côté, les voix les plus nobles ont exprimé la conviction, qu'une criminelle déraison, sinon une méchanceté liberticide, tâcha seule de troubler la paix du monde. Tandis que le gouvernement anglais, par le silence observé dans le discours de la couronne, continue pour ainsi dire officiellement ses mauvais procédés envers la France, le peuple anglais proteste contre cette inconvenance par la bouche de ses plus dignes représentants, et accorde aux Français la plus franche satisfaction. Le discours de lord Brougham, dans le parlement à peine ouvert, a produit ici un effet très-conciliateur, et l'orateur peut se vanter à juste titre d'avoir rendu un grand service à toute l'Europe. Encore d'autres lords, même Wellington, ont prononcé de louables paroles, et ce dernier fut cette fois l'organe des véritables vœux et sentiments de sa nation. L'alliance annoncée des Français avec la Russie a ouvert les yeux à sa seigneurie, et le noble lord n'est pas le seul qui ait éprouvé cette illumination. Aussi dans nos contrées allemandes, les tories modérés parviennent à une intelligence plus sensée de leurs propres intérêts politiques, et leurs bouledogues, la meute tudesque qui élevait déjà ses hurlements de chasse les plus joyeux, se voient tranquillement remettre en laisse par les grands veneurs que vous savez ; nos champions d'un nationalisme gallophobe reçoivent l'injonction de ne plus aboyer contre la France. Mais quant à la terrible alliance entre les Français et les Russes, elle est sans doute encore loin de se conclure, et l'irritation contre les Anglais, même si elle était poussée au plus haut degré de haine, n'éveillerait guère en France de l'amour pour la Russie.

Non plus qu'à une alliance moscovite, je ne crois

à une solution prochaine de l'inextricable question d'Orient. Au contraire, les affaires en Syrie s'embrouillent de plus en plus, et Méhémet-Ali y joue à ses ennemis bien des tours dangereux. Des bruits singuliers, mais pour la plupart contradictoires, circulent sur les ruses par lesquelles le vieux pacha s'efforce de reconquérir sa considération perdue. Son malheur est la superfinesse qui l'empêche de voir les choses sous leur jour naturel. Il se prend dans les lacets de ses propres artifices. Par exemple, en captant les faveurs de la presse et en faisant trompeter en Europe toute sorte de nouvelles merveilleuses de sa puissance, il a gagné à la vérité la sympathie des Français qui estimèrent son alliance au-dessus de sa valeur; mais il fut par là aussi cause lui-même, que les Français lui supposèrent des forces suffisantes pour résister sans leur assistance jusqu'au printemps. Voilà ce qui le ruina, non pas sa tyrannie, dont la *Gazette d'Augsbourg* donna des peintures outrées. Le lion malade reçoit maintenant de chaque petit correspondant le coup de pied de l'âne. Le monstre n'est peut-être pas aussi mauvais que le prétendent, par dépit, les gens qu'il n'a pas corrompus, ou qu'il n'a pas voulu corrompre. Des témoins oculaires de ses actions généreuses assurent que Méhémet-Ali est personnellement gracieux et bon, qu'il aime la civilisation, et que c'est seulement l'extrême nécessité, l'état de guerre de ses pays, qui le force à ce système de concussion dont il afflige ses *fellahs*. Ces infortunés paysans du Nil forment en effet, dit-on, un troupeau de misérables esclaves qui sont poussés au travail à force de coups de bâton et pressurés jusqu'au sang. Mais on ajoute que c'est la vieille méthode égyptienne, qui resta la même sous tous les Pharaons, et qui ne doit pas être jugée d'après nos modernes idées européennes. Le pauvre pacha pourrait réfuter l'accusation des philanthropes par les mêmes mots dont se servit notre cuisinière pour s'excuser de cuire les écrevisses vivantes dans de l'eau qu'elle faisait bouillir peu à peu. Elle s'étonna de ce que nous appelions ce procédé une cruauté inhumaine, et nous assura que les pauvres petites bêtes y étaient habituées de tout temps. — Lorsque M. Crémieux parla à Méhémet-Ali des horreurs judiciaires qui s'étaient passées à Damas, il le trouva disposé à admettre les réformes les plus salutaires, et si les événements politiques n'étaient pas intervenus avec trop d'impétuosité, le célèbre avocat aurait sans doute amené le pacha à introduire dans ses États la procédure criminelle européenne.

Avec la chute de Méhémet-Ali s'évanouissent aussi les fières espérances dont l'imagination mahométane, surtout sous les tentes du désert, se berçait avec tant de passion rêveuse. Là, Ali était regardé comme le héros destiné à mettre fin au faible gouvernement des Turcs à *Stamboul*, et à protéger efficacement l'étendard du prophète en s'emparant lui-même du califat. Et réellement cet étendard serait mieux gardé entre ses mains vigoureuses qu'entre les faibles mains du gonfalonier actuel de la foi mahométane qui, tôt ou tard, succombera sous les légions dangereuses et les machinations encore plus dangereuses du czar de toutes les Russies. Le fanatisme politique et religieux dont dispose l'empereur russe, l'autocrate du plus grand empire et en même temps le chef suprême de l'église gréco-orthodoxe, aurait pu rencontrer une résistance puissante dans l'empire régénéré des *Moslim* sous Méhémet-Ali ou quelque autre dynaste nouveau ; car un élément fanatique non moins impétueux serait entré en lice pour la conservation de la Turquie. Je parle ici du génie des Arabes qui n'est jamais mort entièrement, qui s'était seulement endormi dans la silencieuse vie des Bédouins, et qui souvent, comme en songe, porta la main sur son épée, quand quelque lion distingué faisait entendre au dehors son rugissement guerrier. — Ces Arabes fortifiés par le sommeil séculaire n'attendent peut-être qu'un grand appel prophétique pour s'élancer encore une fois hors de leurs brûlantes solitudes, aussi violemment que jadis aux temps de Mahomet. — Mais nous n'avons plus à les craindre comme autrefois, où nous tremblions devant les étendards du croissant, et ce serait plutôt un bonheur pour nous si Constantinople devenait maintenant l'arène de leur fanatisme. Leur zèle religieux serait le meilleur boulevard contre les convoitises moscovites qui ne projettent rien de moindre que de s'emparer par le combat ou par l'astuce des clefs de la domination universelle sur les rives du Bosphore. Quelle puissance est déjà concentrée dans les mains de l'empereur de Russie, qu'il faut vraiment appeler modeste, en pensant avec combien d'arrogance d'autres se comporteraient à sa place! Mais bien plus dangereuse que l'orgueil du maître, est la morgue servile de son peuple, qui ne vit que par sa volonté, et qui, par une obéissance aveugle, croit se glorifier lui-même dans l'omnipotence sacrée de son souverain. L'enthousiasme pour le dogme catholico-romain est usé, les idées de la Révolution ne trouvent plus que de tièdes croyants, et nous devons sans doute rechercher de nouveaux et frais fanatismes que nous puissions opposer à l'orthodoxie gréco-slave, impériale et absolue.

Ah! que cette question d'Orient est terrible! A chaque embarras elle nous présente sa face hideuse en grinçant les dents d'un air sarcastique. Si nous voulons dès à présent prévenir le danger qui nous menace de ce côté, nous avons la guerre; si, au contraire, nous voulons rester spectateurs patients des progrès du mal, nous avons la certitude d'un joug étranger. C'est un fâcheux dilemme. De quelque manière qu'elle se conduise, la pauvre vierge Europe — qu'elle reste prudemment éveillée près de sa lampe ou qu'elle s'endorme, en demoiselle fort imprudente, près de la lampe prête à s'éteindre — nul jour de joie ne l'attend.

XXX

Paris, 13 février 1841.

Ils attaquent directement chaque question et la tiraillent en tous sens jusqu'au moment qu'elle soit ou résolue ou écartée comme insoluble. Tel est le caractère des Français, et leur histoire se développe pour cette raison comme un procès judiciaire. Quelle suite logique et systématique offrent tous les événements de la révolution française! Dans cette démence il y eut en effet de la méthode, comme disait le vieux Polonius dans la tragédie de *Hamlet*. — Les historiographes qui, d'après l'exemple de Mignet, n'accordant que peu d'importance au hasard et aux passions humaines, représentent les faits les plus extravagants depuis 1789 comme le résultat d'une nécessité absolue — cette école dite fataliste est en France tout à fait à sa place, et les livres des auteurs qui y appartiennent sont aussi vrais que faciles à comprendre. La manière de voir et de penser de ces écrivains, appliquée à l'Allemagne, produirait cependant des ouvrages d'histoire très-erronés et très-indigestes; car l'Allemand, par crainte de toute innovation dont les conséquences ne peuvent pas se déduire clairement, élude toute importante question de politique aussi longtemps que possible, ou tâche de lui trouver tant bien que mal un accommodement par des détours; et pendant ce temps les questions s'amassent et s'embrouillent, au point de former ce nœud inextricable qui doit à la fin, comme l'antique nœud gordien, être tranché par le glaive. Le ciel me préserve de vouloir faire par ces mots un reproche au grand peuple allemand ! Ne sais-je pas que ce regrettable état de choses provient d'une vertu qui manque aux Français? Plus un peuple est ignorant, plus il se précipite aisément dans le courant de l'action; plus il est savant et réfléchi, au contraire, plus il sonde longtemps le flot qu'il passe au gué à pas prudents, s'il ne s'arrête pas tout à fait au bord, hésitant à cause des bas-fonds qu'il pourrait rencontrer, ou à cause de l'humidité malsaine qui serait capable de lui causer un dangereux rhume national. Au bout du compte, peu importe que nous ne progressions de la sorte que lentement, ou que nous perdions même par nos temps d'arrêt quelques petits siècles, car l'avenir appartient au peuple allemand, et un avenir très-long et de grande importance. Les Français agissent si vite et profitent du temps présent avec tant de précipitation, parce qu'ils pressentent peut-être que le crépuscule du soir approche pour eux : ils accomplissent en hâte la tâche de leur journée. Mais leur rôle est toujours assez beau, et les autres peuples ne forment que l'honorable public qui assiste en spectateur à la comédie d'État jouée par le peuple français. Parfois, il est vrai, ce public éprouve la tentation de manifester un peu haut son approbation ou son blâme, ou bien même de monter sur la scène et de jouer un rôle dans la pièce; mais les Français, les comédiens ordinaires du bon Dieu, restent toujours les acteurs principaux du grand drame universel, qu'on leur lance à la tête des couronnes de laurier ou des pommes cuites. « C'en est fait de la France » — avec ces mots, plus d'un des correspondants de journaux d'outre-Rhin à Paris commence ses articles, et il prophétise la ruine de la Jérusalem moderne ; il alimente cependant lui-même sa piteuse existence en écrivant des rapports sur ce que les Français si déchus font et entreprennent journellement, et ses commettants respectifs, les rédacteurs de journaux allemands, ne pourraient remplir leurs colonnes pendant trois semaines sans correspondances de Paris. Non, la France n'est pas encore finie, mais — comme tous les peuples, comme le genre humain lui-même — elle n'est pas éternelle, elle a peut-être déjà passé sa période d'éclat, et il s'opère dans ce moment en elle un changement qu'on ne saurait nier : sur son front uni se répandent quelques rides, sa tête légère commence à grisonner, elle se penche soucieuse et ne s'occupe plus exclusivement du jour présent — elle pense aussi au lendemain.

Le vote de la Chambre, sur les fortifications de Paris, marque une époque de transition dans l'esprit de la nation française. Les Français ont beaucoup appris dans les derniers temps ; ils ont perdu par là toute envie de se jeter aveuglément dans des aventures sur le périlleux sol étranger. Ils préfèrent maintenant se retrancher chez eux contre les attaques éventuelles des voisins. Sur la tombe de l'aigle impérial, l'idée leur est venue que le coq pacifique de la royauté bourgeoise n'est pas immortel. La France ne vit plus dans l'audacieuse ivresse de sa prépondérance invincible : elle a été dégrisée, comme un héros de carnaval le mercredi des Cendres, par la conscience de sa vulnérabilité, et, hélas! celui qui pense à la mort est déjà à demi décédé! Les fortifications de Paris sont peut-être le cercueil gigantesque que, par un noir pressentiment, le géant décréta de préparer pour lui-même. Cependant un bon laps de temps pourra encore se passer avant que son heure suprême ne sonne, et il serait capable d'asséner auparavant les coups les plus mortels à plus d'un présomptueux de taille moins grandiose. En tout cas, si le jour venait où ce géant dût succomber — que les dieux ne fassent jamais arriver ce jour maudit! — le fracas de sa chute ferait trembler la terre; et bien plus terriblement que pendant la vie, le colossal fantôme du défunt tourmenterait ses ennemis par sa mission posthume. Je suis persuadé que, si l'on détruisait Paris, ses habitants se disperseraient dans tout l'univers, comme autrefois les Juifs, et ils répandraient ainsi encore plus efficacement la semence de la transformation sociale.

Les fortifications de Paris sont l'événement le plus grave de notre temps, et les hommes qui ont voté dans la Chambre des députés pour ou contre cette œuvre prodigieuse, ont exercé sur l'avenir la plus grande influence. A cette enceinte continue, à ces forts détachés, se relie désormais le sort de la nation française. Ces constructions avanceront-elles l'établissement de la liberté ou de la servitude? sauveront-elles Paris d'une surprise ennemie ou l'exposeront-elles impitoyablement au droit dévastateur de la guerre? Je l'ignore, car je n'ai ni siége ni voix au conseil des dieux. Mais je sais que les Français se battraient parfaitement bien, s'ils devaient un jour défendre Paris contre une troisième invasion. Les deux invasions antérieures n'auraient servi qu'à accroître la fureur de la résistance. Je doute, pour de bonnes raisons, que Paris, s'il eût été fortifié, ait pu résister les deux premières fois, comme on l'a prétendu dans la Chambre. Napoléon, affaibli par toutes sortes de victoires et de défaites, n'était pas en état d'opposer à l'Europe envahissante les moyens magiques de cette idée qui « fait sortir des armées du sol en le frappant du pied »; il n'avait plus assez de force pour rompre les liens avec lesquels il avait lui-même garrotté cette idée; ce furent les alliés qui, à la prise de Paris, mirent en liberté cette idée enchaînée. Les libéraux et les idéologues français n'agirent point du tout en imbéciles ou en insensés lorsqu'ils se refusèrent à assister et à défendre l'empereur en détresse, car celui-ci était pour eux bien plus dangereux que tous ces héros étrangers qu'à la fin on comptait apaiser avec de l'argent et des phrases de politesse, et qui durent s'en retourner en effet, ne laissant derrière eux qu'un faible concierge couronné dont il y avait également espoir de se débarrasser avec le temps, comme on le fit en juillet 1830, où l'idée dont nous parlons, l'idée de la révolution, fut de nouveau installée à Paris. C'est la puissance de cette idée qui ferait tête à une troisième invasion, et profitant des leçons amères de l'expérience, la Révolution elle-même ne dédaigne pas maintenant de se protéger aussi par des remparts matériels.

Ici nous rencontrons la dissidence qui règne actuellement parmi les hommes du parti radical au sujet des fortifications de Paris, et qui provoque les débats les plus passionnés. On sait que la fraction républicaine représentée par le *National* a défendu le plus activement le projet de loi concernant les fortifications. Une autre fraction, que je serais tenté d'appeler la gauche des républicains, s'élève contre ce projet avec la colère la plus violente; et comme elle ne possède dans la presse qu'un petit nombre d'organes, la *Revue du Progrès* est jusqu'à présent le seul journal où elle ait pu se prononcer. Les articles qu'on y trouve sont sortis de la plume de Louis Blanc. A ce que l'on me dit, M. Arago s'occupe aussi d'un écrit sur le même sujet. Ces républicains repoussent la pensée que la Révolution ait à recourir à des boulevards de pierres et de briques, ils y voient un affaissement des moyens moraux de défense, un relâchement de l'ancienne énergie magique de la volonté, et ils aimeraient mieux décréter la victoire, comme la Convention de puissante mémoire, que de prendre des mesures de garantie contre la défaite. Ce sont en effet les traditions du comité du salut public qui occupent la pensée de ces gens, tandis que les messieurs du *National* ont plutôt devant l'esprit les traditions de l'empire. Je viens de dire les *messieurs* du *National*, car c'est le sobriquet dont les honorent leurs antagonistes qui s'intitulent citoyens. Dans le fond, les deux fractions sont également terroristes, seulement les messieurs aimeraient mieux opérer par le canon, les citoyens par la guillotine. Il est facile de comprendre que les premiers aient conçu une grande sympathie pour un projet de loi, en vertu duquel la Révolution, dans un temps difficile, pourrait revêtir un caractère purement militaire, de sorte que le canon serait en état de dicter la loi à la guillotine ! Voilà comment je m'explique le zèle, autrement inexplicable, que le *National* a déployé à l'appui des fortifications de Paris.

Chose singulière ! cette fois le *National*, le roi et Thiers se réunirent dans le désir le plus ardent pour le même objet. Et cependant cette réunion est très-naturelle. Ne calomnions aucun des trois par la supposition d'arrière-pensées d'intérêt personnel ! Quelques propensions individuelles qui soient ici en jeu, tous les trois n'en ont pas moins agi avant tout dans l'intérêt de la France, Louis-Philippe aussi bien que Thiers et les messieurs du *National*. Mais, comme je l'ai dit, des propensions personnelles étaient en jeu. Louis-Philippe, l'ennemi déclaré de la guerre, de la destruction, est un amateur de construction tout aussi passionné, il aime tout ce qui fait mettre en mouvement la truelle et le marteau, et le plan des fortifications de Paris flattait sa passion naturelle. Mais Louis-Philippe est en même temps, bon gré mal gré, le représentant de la Révolution, et partout où celle-ci est menacée, sa propre existence se trouve en péril. Il faut qu'à tout prix il se maintienne à Paris; car si les potentats étrangers s'emparaient de sa capitale, sa légitimité ne le protégerait pas aussi inviolablement que ces rois par la grâce de Dieu qui, en quelque endroit qu'ils se trouvent, forment le centre de leur royaume. Et si Paris tombait entre les mains des républicains, par suite d'une révolte, les puissances étrangères viendraient peut-être investir cette ville avec des forces armées, mais ce ne serait probablement pas pour essayer une restauration en faveur de Louis-Philippe qui, en juillet 1830, devint roi des Français, non parce que Bourbon, mais quoique Bourbon! Voilà ce que sent le fils de Laërte, et voilà pourquoi il se retranche dans son Ithaque. D'ailleurs la ferme croyance du roi est que ces fortifications sont nécessaires pour la France, et avant tout il est patriote comme tout roi l'est, même le plus mauvais.

L'amour de la patrie étant regardé par les Français comme la plus haute vertu, ce fut une méchanceté très-efficace des ennemis du roi de faire suspecter ses sentiments patriotiques au moyen de fausses lettres. Oui, ces fameuses lettres sont en partie falsifiées, en partie tout à fait fausses, et je ne conçois pas comment beaucoup d'honnêtes gens, parmi les républicains, ont pu croire un instant à leur authenticité. Mais ces gens sont toujours les dupes des légitimistes, qui forgent les armes dont les premiers se servent pour attenter à la vie ou à la réputation du roi. Le républicain est toujours prêt à risquer sa vie dans une coupable entreprise; mais il n'est que l'instrument aveugle des inventions de certaines personnes qui pensent et calculent pour lui : on peut, dans le vrai sens du mot, dire des républicains qu'ils n'ont pas inventé la poudre avec laquelle ils tirent sur le roi.

Oui, quiconque en France possède et comprend le sentiment national, exerce un charme irrésistible sur les masses, et peut les conduire et les pousser à son gré, leur soutirer leur dernier sou ou la dernière goutte de leur sang. C'était là le secret de Napoléon, et son historien Thiers l'a appris de lui, appris avec le cœur, non avec la simple raison; car le sentiment seul comprend le sentiment. Thiers est véritablement pénétré du sentiment national français, et quand on sait cela, on comprend toute sa force et son impuissance, ses erreurs et ses avantages, sa grandeur et sa petitesse, ainsi que ses titres à une immortalité d'une plus ou moins longue durée. Ce sentiment national explique tous les actes de son ministère : là, nous rencontrons la translation des cendres impériales, la glorieuse apothéose de l'héroïsme, à côté de la pitoyable justification de ce pitoyable consul de Damas qui prêta la main à des horreurs judiciaires, mais qui était un représentant de la France; là, nous rencontrons l'étourderie des cris de colère et d'alarme poussés au moment que le traité de Londres fut divulgué et la France offensée, et puis l'activité réfléchie de l'armement général, et cette résolution colossale de la fortification de Paris. Oui, c'est Thiers qui commença cette dernière, et qui depuis cette époque, conquit encore dans la Chambre la loi définitive en faveur de cette entreprise. Jamais il ne parla avec une plus grande éloquence, jamais il ne remporta avec une tactique plus habile une victoire parlementaire. C'était une bataille, et dans le dernier moment l'issue de la mêlée fut très-douteuse; mais, avec son regard perçant de grand capitaine, le général Thiers découvrit vite le danger qui menaçait la loi, et un amendement improvisé décida l'affaire. C'est à lui que revient l'honneur de la journée.

Un assez grand nombre de personnes attribuèrent à des motifs d'égoïsme le zèle que Thiers déploya pour le projet de loi. Mais en réalité le patriotisme prédominait en lui, et je le répète, M. Thiers est imbu de ce sentiment. Il est tout à fait l'homme de la nationalité, mais non de la Révolution, dont il recherche volontiers la maternité. A la vérité, la filiation est réelle, il est le fils de la Révolution, mais on ne doit pas en inférer qu'il éprouve de fortes sympathies pour sa mère. M. Thiers aime avant tout sa patrie, et je crois qu'il sacrifierait à cette affection tous les intérêts maternels. Il a sans doute depuis longtemps senti s'attiédir son enthousiasme pour tout le tohu-bohu de la liberté, qui ne résonne plus en son âme que semblable à un écho lointain. Comme historien il a pris part en esprit à toutes les phases de la révolution, comme homme d'État il eut à combattre et à lutter journellement contre le mouvement subversif, et souvent peut-être la mère a été très-incommode, très-fâcheuse à ce fils de la Révolution : car il n'ignore point que la vieille serait capable de faire couper la tête à son chéri. En effet, elle n'est pas d'un naturel doux et endurant; un Berlinois dirait qu'elle n'a pas de *gemüth*. Quand de temps à autre on voit messieurs ses fils la traiter un peu durement, il ne faut pas oublier qu'elle-même, la bonne vieille, n'a jamais montré une tendresse bien constante pour sa progéniture, et qu'elle a toujours assassiné les meilleurs de ses enfants. Comme il y a des enfants terribles, il y a aussi des mères terribles ; et vous, maman, vous êtes de ce nombre!

XXXI

Paris, le 31 mars 1841.

Les débats dans la Chambre des députés sur la propriété littéraire sont très-peu satisfaisants. Mais c'est en tout cas un signe remarquable de notre temps, que la société actuelle, basée sur le droit de propriété, voudrait accorder aussi aux esprits une certaine participation à ce privilége de possession, par un sentiment d'équité, ou peut-être aussi comme moyen de corruption ! La pensée peut-elle devenir propriété? La lumière est-elle la propriété de la flamme, ou même de la mèche d'une bougie? Je m'abstiens de tout jugement sur une pareille question, et je me réjouis seulement de ce que vous voulez octroyer à la pauvre mèche qui se consume en brûlant, une petite gratification pour son grand mérite d'illumination désintéressée !

On parle ici moins qu'on ne le supposerait, du sort de Méhémet-Ali; cependant il me semble qu'il règne secrètement dans les cœurs une compassion sincère pour l'homme qui s'est trop confié en l'étoile de la France. La considération des Français s'efface en Orient, et cette perte réagit désavantageusement sur leurs rapports occidentaux; les étoiles auxquelles on ne croit plus, pâlissent. — Lorsque les différends américains prirent une tournure inquiétante, les Anglais se mirent à poursuivre activement l'arrangement de la question de succession égyptienne. La France aurait alors eu beau jeu pour agir en faveur du pacha; mais le ministère paraît n'avoir rien fait pour sauver son allié le plus fidèle.

Ce ne sont cependant pas les différends américains seuls qui poussent les Anglais à terminer aussitôt que possible la question de succession égyptienne, et à remettre ainsi la diplomatie française en état de prendre part aux délibérations et aux résolutions des grandes puissances de l'Europe. La question des Dardanelles se présente de plus en plus menaçante, et exige une prompte décision. Pour cette affaire, le gouvernement britannique compte sur l'appui du cabinet français dans les conférences avec les autres États, parce qu'en cette occasion les intérêts des deux pays concordent, vis-à-vis de la Russie.

Oui, la question dite des Dardanelles est de la plus haute importance, non-seulement pour les grandes puissances européennes, mais pour nous tous, pour le plus petit comme pour le plus grand, pour la principauté lilliputienne de Reuss-Schleiz-Greiz aussi bien que pour la toute-puissante Autriche, pour le plus humble savetier comme pour le plus opulent fabricant de cuir; car le sort du monde entier est ici en question, et cette question doit être vidée sur les Dardanelles, n'importe de quelle manière. Tant que cette solution n'aura pas eu lieu, l'Europe languira sous l'influence d'un mal secret, qui ne lui laisse pas de repos, et qui à la fin éclatera, par une catastrophe d'autant plus terrible qu'elle sera plus tardive. La question des Dardanelles n'est qu'un symptôme de la question d'Orient elle-même, de la question de succession turque, ce mal fondamental dont nous sommes atteints, cette matière morbifique qui fermente dans le corps d'Etat européen, et qui malheureusement ne pourra être extirpé que par le tranchant du glaive. Quand même ils s'entretiennent de choses toutes différentes, tous les puissants monarques regardent du coin de l'œil vers les Dardanelles, vers la sublime Porte, la vieille Byzance, Stamboul, Constantinople,— le fléau a bien des noms. Si le principe de la souveraineté du peuple était sanctionné dans le droit public européen, l'écroulement de l'empire ottoman ne pourrait pas être aussi dangereux pour le reste du monde, parce qu'alors, dans l'empire dissous, les peuples isolés éliraient bientôt eux-mêmes leurs chefs d'Etat particuliers, et continueraient de se faire gouverner aussi bien que possible. Mais dans la plus grande partie de l'Europe règne encore le dogme de l'absolutisme, d'après lequel pays et peuple sont la propriété du prince, propriété qu'on peut acquérir par le droit du plus fort, par l'*ultima ratio regis*, le droit peu canonique du canon.— Il n'y a donc rien d'étonnant, qu'aucun des potentats européens ne veuille permettre aux Russes d'absorber le grand héritage, et que chacun désire avoir son morceau du gâteau oriental; chacun se sentira venir l'eau à la bouche, en voyant les barbares du Nord faire bombance, et le plus mince principicule de l'Allemagne réclamera tout au moins un pour-boire. Voilà les instigations de la nature humaine, à cause desquelles la chute de la Turquie deviendra nécessairement pernicieuse pour tout l'univers. Quant aux motifs politiques, pour lesquels surtout l'Angleterre, la France et l'Autriche ne peuvent point laisser la Russie s'établir à Constantinople, ils sautent aux yeux du moindre collégien.

L'explosion d'une guerre qui est dans la nature des choses, se trouve cependant ajournée pour le moment.

Les politiques à courte vue, qui n'ont recours qu'aux palliatifs, se sentent tranquillisés et espèrent des jours de paix sans trouble. Principalement nos financiers voient de nouveau les choses sous un jour rose des plus charmants. Même le plus éminent d'entre eux paraît s'abandonner à une semblable illusion, mais non pas à toute heure. M. de Rothschild qui depuis quelque temps avait l'air un peu souffrant, est rétabli entièrement, et a une mine de santé superbe. Les augures de la Bourse, qui s'entendent si bien à déchiffrer la physionomie du grand baron, nous assurent que les hirondelles de la paix nichent dans son sourire, que toute appréhension de guerre a disparu de son visage, qu'il sent bon, qu'on n'aperçoit plus dans ses yeux le moindre éclair d'un prochain orage, et qu'en conséquence l'épouvantable ouragan avec son tonnerre de canons s'est tout à fait dissipé. Même les éternuements du baron, ajoutent-ils, expriment la paix. Il est vrai, la dernière fois que j'eus l'honneur de présenter mes respects à M. de Rothschild, il rayonnait du plus ravissant bien-être, et sa bonne humeur débordait presque en poésie; car en de tels moments, comme je vous l'ai déjà raconté, M. le baron a l'habitude d'épancher en rimes le torrent de son *humour*. Je trouvai qu'il réussissait cette fois tout particulièrement à rimer; seulement au mot Constantinople il ne savait trouver de rime, et il se grattait la tête, comme font tous les poëtes quand la rime leur manque. Étant moi-même un tant soit peu poëte, je pris la liberté de proposer à mon confrère en Apollon, M. de Rothschild, de dire *Constantinopolis*, au lieu de Constantinople, et de rimer ce mot à *Métropolis*, en disant par exemple : *Constantinopolis*, la future *métropolis* des Russes. Mais cette rime parut déplaire extrêmement à M. le baron ; il prétendit que l'Angleterre ne la permettrait jamais, et qu'il pourrait en résulter une guerre européenne, qui coûterait au monde beaucoup de sang et de larmes, et à lui-même beaucoup d'argent.

M. de Rothschild est en effet le meilleur thermomètre politique ; je pourrais dire que sous ce rapport il possède, pour indiquer le beau et le mauvais temps, un talent aussi naturel et aussi infaillible que la grenouille, mais cette comparaison pourrait être regardée comme trop peu respectueuse. Et certes ! il faut avoir du respect pour cet homme, ne fût-ce qu'à cause du respect qu'il inspire à la plupart des personnes qui l'approchent. J'aime surtout à lui faire visite dans ses bureaux de banque, où j'ai l'occasion d'observer combien les hommes de toutes les classes et de toutes les religions, les Gentils autant que les Juifs, s'inclinent, se baissent et se prosternent devant lui. Cela courbe et tord son échine, mieux que les plus habiles acrobates ne sauraient le faire. J'ai vu des gens qui, en approchant le grand baron, tressaillaient comme s'ils touchaient une pile de Volta. Déjà, devant la porte de son cabinet, beaucoup sont saisis d'un frisson de vénération, tel que Moïse le sentit jadis sur la montagne du Horeb, en s'apercevant que son pied reposait sur un sol sacré. De même que Moïse ôta aussitôt ses souliers, de même plus d'un courtier ou agent de change, qui ose mettre le pied dans le cabinet particulier de M. de Rothschild, ôterait volontiers ses bottes avant d'entrer, s'il ne craignait que ses pieds déchaussés ne sentissent encore plus mauvais, et que cette émanation fétide n'incommodât M. le baron. Ce cabinet particulier est en effet un lieu remarquable, qui éveille des pensées et des sentiments sublimes, comme l'aspect de l'Océan, comme celui du ciel étoilé, ou celui des grandes montagnes ou des grandes forêts : nous y voyons combien l'homme est petit, et combien Dieu est grand! Car l'argent est le Dieu de notre époque, et Rothschild est son prophète.

Lorsqu'un jour je voulus me rendre chez M. de Rothschild, un domestique galonné traversa justement le corridor portant le vase de nuit de M. le baron, et je vis un agioteur de la Bourse, qui passait dans le même instant, tirer respectueusement son chapeau devant le puissant pot. C'est jusqu'à une telle dévotion que va le respect de certaines gens. Je me notai le nom de cet homme révérencieux, et je suis sûr qu'avec le temps il deviendra millionnaire. Quand je racontai un jour à M*** que j'avais dîné en famille avec M. de Rothschild dans un des appartements intérieurs de ses bureaux de banque, il joignit ses mains d'étonnement, me disant que j'avais goûté un honneur qui n'avait été accordé jusqu'alors qu'aux Rothschild du sang ou tout au plus à quelques princes souverains, et qu'il achèterait lui-même volontiers cet honneur au prix d'une moitié de son nez. Je ne puis m'empêcher de faire remarquer que le nez de M***, même en s'amoindrissant de moitié, garderait encore une longueur suffisante.

Les bureaux de M. de Rothschild sont très-étendus; c'est un labyrinthe de salles, une caserne de la richesse. La pièce où le baron travaille du matin au soir — il n'a pas d'autre chose à faire que de travailler — a été dernièrement beaucoup embellie. Sur la cheminée se trouve placé à présent le buste en marbre de l'empereur François d'Autriche, avec qui la maison de Rothschild a fait le plus d'affaires. M. le baron a d'ailleurs, par un sentiment d'amitié, l'intention de faire confectionner les bustes de tous les princes d'Europe qui ont contracté leurs emprunts par l'intermédiaire de sa maison, et cette collection de bustes de marbre formera une Walhalla bien plus grandiose que la Walhalla consacrée aux illustrations allemandes, que le roi Louis de Bavière a élevée à Ratisbonne. Je ne sais si M. de Rothschild célébrera les héros de sa Walhalla en vers rimés, ou dans le style lapidaire sans rime ni raison de sa majesté bavaroise.

XXXII

Paris, le 20 avril 1841.

Le salon de cette année n'a révélé qu'une impuissance bariolée. On croirait presque que c'en est fait dans ce pays de la renaissance des arts plastiques qu'on y attendait; ce ne fut pas un nouveau printemps, mais une déplaisante arrière-saison des beaux-arts. Immédiatement après la révolution de Juillet, la peinture, la sculpture et même l'architecture prirent un joyeux essor; mais les ailes n'étaient qu'extérieurement attachées, et le vol artificiel fut suivi d'une chute déplorable. Seulement l'art cadet, la musique, s'était élevé avec une force nouvelle et originale. A-t-il déjà atteint le zénith de sa carrière lumineuse? S'y maintiendra-t-il longtemps? ou redescendra-t-il promptement? Voilà des questions auxquelles une génération future pourra seule répondre. Mais en tout cas il est probable que notre époque sera inscrite de préférence dans les annales de l'art comme la période la plus brillante de la musique. Avec la spiritualisation continue du genre humain, le développement des arts marche constamment de front. Dans les premiers âges du monde, l'architecture dut nécessairement être seule dominante, en exprimant seulement la grandeur matérielle, comme nous en voyons des manifestations, par exemple chez les Égyptiens. Plus tard, nous remarquons chez les Grecs la période florissante de la sculpture, et celle-ci indique déjà une subjugation extérieure de la matière : l'esprit cisela dans la pierre une immatérialité à demi conçue dans ses pressentiments. Mais l'esprit vint à trouver la pierre bien trop dure pour ses besoins toujours croissants de révélation morale, et il choisit la couleur, l'ombre colorée, pour représenter un monde d'amour et de souffrance, à la fois illuminé et crépusculaire. C'est alors que naquit la grande époque de la peinture, qui se déploya avec tant d'éclat à la fin du moyen âge. Avec les progrès de l'esprit vers la conscience de lui-même, tout talent plastique disparaît chez les hommes ; même le sens de la couleur, qui est encore lié par des contours déterminés, s'efface à la fin, et la spiritualité perfectionnée, la pensée abstraite, imagine des sons et des accords pour exprimer ou plutôt pour bégayer une sublimité de sentiments, qui n'est peut-être rien autre que la dissolution de tout le monde corporel : la musique pourrait bien être le dernier mot de l'art, comme la mort est le dernier mot de la vie.

J'ai communiqué ici cette courte observation, afin d'indiquer pourquoi la saison musicale m'effraie plutôt qu'elle ne me réjouit. Le fait qu'on se noie pour ainsi dire à Paris dans des flots de musique, qu'il n'y a presque pas une seule maison où l'on puisse se sauver comme dans une arche de Noé devant ce déluge sonore, enfin que le noble art musical inonde notre vie entière ; — ce fait est pour moi un signe inquiétant, et j'en ressens parfois un déplaisir qui dégénère en injustice grondeuse envers nos grands *maestri* et virtuoses. Dans cette disposition d'esprit, il ne faut point s'attendre de ma part à un panégyrique trop chaleureux en faveur de l'artiste que le beau monde de Paris, et surtout le monde hystérique des dames, entoure dans ce moment d'hommages enthousiastes et d'acclamations frénétiques, et qui est en effet un des plus notables représentants du mouvement musical. Je parle de Franz Liszt, l'illustre pianiste. Oui, cet incomparable virtuose est de nouveau à Paris, et y donne des concerts qui exercent un charme vraiment fabuleux. A côté de lui s'éclipsent tous les autres pianistes, à l'exception d'un seul, Chopin, le Raphaël du piano forté. En effet, à l'exception de ce musicien unique, tous les pianistes que nous avons entendus cette année dans d'innombrables concerts, ne sont tout simplement que des pianistes, ils brillent par la dextérité avec laquelle ils manient le bois tendu de cordes, tandis que chez Liszt on ne pense plus à la difficulté vaincue, l'instrument disparaît et la musique se révèle. Sous ce rapport, Liszt a fait les progrès les plus merveilleux, depuis que nous l'entendîmes pour la dernière fois. A cet avantage il joint un calme, que nous regrettions auparavant de ne pas trouver en lui. Alors, quand il jouait, par exemple, un orage sur le piano, nous voyions les éclairs sillonner son propre visage, ses membres branlaient comme agités par la tempête, et sa longue chevelure flottante dégouttait pour ainsi dire de l'averse exprimée. Mais maintenant, quand il joue même l'ouragan le plus effroyable, il plane lui-même tranquillement au-dessus de la tourmente, comme le voyageur placé sur la cime d'une montagne des Alpes, pendant qu'un orage se décharge dans la vallée : les nuages s'étendent bien en bas sous lui; les éclairs se tortillent comme des serpents à ses pieds, et il élève sa tête souriante dans l'éther azuré.

Malgré l'originalité de son génie, Liszt rencontre ici à Paris une opposition consistant pour la plupart en musiciens sérieux qui présentent le laurier à son rival Thalberg, le pianiste impérial de Vienne. — Liszt a déjà donné deux concerts, où, contrairement à toute habitude, il a joué tout seul, sans la coopération d'autres artistes. Il prépare maintenant un troisième concert, au profit du monument de Beethoven. Ce compositeur doit en effet convenir plus que tout autre au goût d'un Liszt. Beethoven surtout pousse l'art spiritualiste jusqu'à cette agonie mélodieuse du monde des réalités, jusqu'à cette annihilation de la matière, qui me donne des frissons, je ne puis m'en cacher, quoique mes amis secouent la tête aussitôt que je leur fais un semblable aveu. C'est une circonstance très-significative à mes yeux, que Beethoven soit devenu sourd vers la fin de sa vie, de manière que même le monde invisible des sons n'avait plus pour lui aucune réalité sensible. Les sons qui vivaient encore en son esprit, n'étaient plus que des souvenirs, des spectres de sons éteints, et ses dernières productions portent au front un cachet de mort qui fait frémir.

Moins tristement que par la musique de Beethoven, je fus impressionné par un de ses soi-disant amis, l'ami de Beethoven, titre sous lequel il se produisit partout à Paris, je crois même sur ses cartes de visite. C'était une longue perche noire, avec une cravate d'une blancheur effroyable, et une mine de croque-mort. Cet ami de Beethoven fut-il en effet son Pylade? ou bien comptait-il parmi le nombre des simples connaissances qu'un homme de génie aime parfois à fréquenter avec d'autant plus de plaisir que ces gens-là sont plus insignifiants, et qu'ils ont un verbiage plus prosaïque, qui lui offre une récréation après de fatigants essors poétiques? En tout cas, nous vîmes dans cet exemple un nouveau genre d'exploitation du génie, et les petits journaux raillèrent à cœur joie l'ami de Beethoven. « Comment l'éminent artiste a-t-il pu supporter un ami si peu amusant et si pauvre d'esprit! » s'écrièrent les Français, qui perdaient toute patience en entendant le bavardage monotone de cet ennuyeux compagnon. Ils ne se rappelaient pas que Beethoven était sourd.

La quantité d'artistes qui s'est produite dans des concerts pendant la dernière saison, est incommensurable, et il n'y a point eu manque de pianistes médiocres que des feuilles publiques prônaient comme des merveilles. La plupart d'entre eux sont des jeunes gens qui, de leur propre et modeste personne, insèrent de telles louanges dans la presse. Ces sortes de glorifications de soi-même, qu'on désigne par le nom de réclames, forment une lecture très-divertissante. Une réclame publiée récemment par la *Gazette musicale*, mandait de Marseille : que le célèbre Doehler avait, là aussi, ravi tous les cœurs, et qu'il avait surtout captivé l'attention du beau monde par son intéressante pâleur, suite d'une maladie dont il relevait. Le célèbre Doehler est depuis revenu à Paris, et il y a donné plusieurs concerts; il joue en effet d'une façon gentille, jolie et mignonne. Son exécution est charmante et dénote une surprenante facilité de doigté, mais elle ne témoigne ni de force ni d'esprit. Gracieuse faiblesse, élégante impuissance, intéressante pâleur.

Parmi les concerts de cette année, qui continuent de résonner dans la mémoire des amateurs, se trouvent les matinées musicales que les éditeurs rivaux des deux journaux de musique ont offertes à leurs abonnés. La *France musicale* brilla dans son concert par la coopération des chanteurs italiens et du violoniste Vieuxtemps, qu'on regarde comme un des lions de la saison musicale. Je ne saurais répondre à la question si la peau velue de ce lion renferme un véritable roi du règne animal, ou tout bonnement un pauvre petit grison.

M. Vieuxtemps est un fils de la Belgique, et en général les violonistes les plus remarquables tirent leur origine des contrées néerlandaises. Car le violon est dans les Pays-Bas l'instrument national que grands et petits, hommes et femmes, ont cultivé de tout temps, comme nous le remarquons sur les tableaux hollandais. Le violoniste le plus distingué que ces pays aient produit est, sans contredit, Bériot, le mari de Malibran ; je ne puis parfois me défendre de l'idée que dans son violon habite et chante l'âme de feu son épouse. Il n'y a que le violoniste Ernst, le poétique fils de la véritable Bohême, qui sache évoquer de son instrument des sons plaintifs aussi doux et aussi navrants à la fois. — Un compatriote de Bériot est Artôt, violoniste également distingué, mais dont le jeu ne rappelle jamais une âme : un garçon fait au tour et tiré à quatre épingles, dont l'exécution est brillante et unie comme de la toile cirée. Hauman, frère du contrefacteur de Bruxelles, exerce sur le violon le métier de monsieur son frère : ce qu'il joue, ce sont des contrefaçons nettes des plus parfaits violonistes, les textes brodés çà et là de notes originales superflues, et augmentés d'éclatantes fautes d'impression. — Les frères Franco-Mendez, qui prouvèrent encore cette année leur talent de violonistes dans les concerts qu'ils ont donnés, sont tout spécialement originaires du pays des *Treckshuyt* et des *Quispeldorchen*. La même chose a lieu pour Batta, le violoncelliste ; il est natif de la Hollande, mais il vint de bonne heure ici à Paris, où il amusa tout particulièrement les dames par sa jeunesse enfantine. C'était un gentil petit garçon, et il pleurait sur son instrument comme un enfant. Quoique dans l'intervalle il soit devenu un grand garçon, il ne peut pourtant point quitter la douce habitude de geindre, et l'autre jour qu'il était empêché par une indisposition de se produire en public, on disait qu'à force de tirer de son violoncelle des vagissements de mioche, il avait fini par contracter une véritable maladie d'enfant, je crois la rougeole. Mais il paraît se trouver tout à fait rétabli, et les journaux annoncent que le célèbre Batta prépare pour jeudi prochain une matinée musicale qui dédommagera le public d'avoir été si longtemps privé de son favori.

Le dernier concert que M. Maurice Schlesinger offrit aux abonnés de sa *Gazette musicale*, et qui, comme je l'ai déjà indiqué, était un des plus brillants incidents de la saison, avait un intérêt tout particulier pour nous autres Allemands. Aussi, toute la fine fleur de nos compatriotes s'y trouvait-elle réunie, avide d'entendre mademoiselle Lœwe, cantatrice renommée, qui chanta en langue allemande la belle canzone de Beethoven, *Adélaïde*. Les Italiens et M. Vieuxtemps, qui avaient promis d'y coopérer, firent s'excuser pendant le concert, à la grande consternation de l'ordonnateur de la fête, qui, avec sa dignité accoutumée, s'avança devant le public en lui déclarant que M. Vieuxtemps ne voulait pas jouer parce qu'il regardait le local et l'auditoire comme n'étant pas à sa hauteur! L'insolence de ce violoniste mérite le blâme le plus sévère. Le local du concert était la salle de Musard dans la rue Vivienne, où l'on danse seulement un brin le cancan pendant le carnaval, mais où l'on exécute durant le reste de l'année la musique la plus convenable de Mozart, de Giacomo Meyerbeer et de Beethoven. Au besoin l'on pardonne un pareil caprice aux chanteurs italiens, à un *signore* Rubini et à un *signore* Lablache ; de la part de rossignols on peut souffrir la prétention de ne vouloir chanter que devant un public de faisans dorés et d'aigles. Mais *mynher*, la cigogne flamande, ne devrait pas être si difficile et dédaigner une assemblée parmi laquelle se trouvait la volaille la plus honnête, une foule de paons et de pintades, entremêlée de dindons et de hiboux allemands des plus distingués.— De quelle espèce fut le succès du début de mademoiselle Lœwe? Je dirai toute la vérité en deux mots : elle chanta parfaitement, elle plut à tous les Allemands et elle fit fiasco chez les Français.

Quant à cette dernière mésaventure, je voudrais assurer, pour sa consolation, à cette bonne chanteuse que c'étaient justement ses qualités qui s'opposèrent à sa réussite près du public français. L'*Adélaïde* de Beethoven ne va pas à ce public. Ces tranquilles soupirs d'une âme rêveuse, cette effusion langoureuse de sentiments aux yeux bleus, ces accents de tendresse sublime exhalés dans la solitude des forêts, ces fleurs de tilleul chantées avec le clair de lune obligé, bref, ce chant archigermanique ne rencontra point d'écho dans les cœurs français, et il fut même traité par les langues moqueuses de sensiblerie d'outre-Rhin.

Bien que mademoiselle Lœwe n'ait pas eu d'applaudissements ici, on fit cependant tous les efforts possibles pour lui procurer un engagement à l'Académie royale de musique. Le nom de Meyerbeer fut mis en avant à cette occasion d'une façon plus insistante que l'honorable *maestro* ne le désirait sans doute. Est-ce vrai que Meyerbeer ne voulait pas produire son nouvel opéra en cas qu'on n'engageât pas mademoiselle Lœwe? A-t-il réellement soumis l'accomplissement des désirs du public à une condition si futile? Meyerbeer possède-t-il cet excès de modestie de s'imaginer que la réussite de son nouvel ouvrage dépend de l'organe plus ou moins souple d'une prima donna?

Les nombreux admirateurs de l'admirable *maestro* voient avec regret que l'illustre compositeur se donne à chaque nouvelle production de son génie une peine excessive pour en assurer le succès, et qu'il prodigue dans cette besogne ses meilleures forces aux plus minces détails. Sa constitution faible et délicate doit en souffrir. Ses nerfs se trouvent dans un état continuel de surexcitation, et avec sa maladie chronique du bas-ventre il est souvent atteint de la cholérine régnante. Le miel spirituel qui dégoutte de ses chefs-d'œuvre musicaux et qui nous rafraîchit l'âme, coûte au maître lui-même les plus terribles souffrances corporelles. Lorsque j'eus la dernière fois l'honneur de le voir, je fus effrayé de sa mine vraiment misérable. A son aspect, je me rappelai le dieu de la diarrhée dans la légende tartare, où l'on raconte d'une façon à la fois drôle et épouvantable, que ce vilain démon, ce véritable cacadémon, acheta un jour à la foire de Kasan six mille pots pour son propre usage, de sorte que le potier s'en trouva enrichi tout d'un coup. Puisse le ciel accorder à notre illustre *maestro* une

meilleure santé, et puisse-t-il lui-même n'oublier jamais
que la trame de ses jours est extrêmement flasque, et
que les ciseaux de la Parque en sont d'autant plus tran-
chants ! Puisse-t-il n'oublier jamais quels hauts intérêts
se rattachent à sa propre conservation ! Que deviendra
sa gloire si lui-même, l'illustre *maestro*, avait le malheur (malheur dont le ciel nous préserve encore longtemps) d'être arraché subitement par la mort au théâtre de ses triomphes? Sa famille la continuera-t-elle,
cette gloire dont s'enorgueillit le peuple allemand en général et M. Maurice Schlesinger en particulier? A coup
sûr, les moyens matériels ne feraient pas défaut à la famille de Meyerbeer, mais peut-être les moyens intellectuels. Lui seul, le grand Giacomo, le directeur général de toutes les institutions musicales de sa majesté le
roi de Prusse, et en même temps le maître de chapelle
de la gloire meyerbeerienne, lui seul peut diriger l'immense orchestre de cette gloire — ah! c'est plaisir à
voir avec quelle puissance il dirige cet énorme orchestre — il n'a qu'à faire un signe de la tête, et tous les
trombones des grands journaux entonnent *unisono*
leurs fanfares applaudissantes; il n'a qu'à cligner de
l'œil, et tous les violons laudatifs se mettent à chanter;
il n'a qu'à froncer légèrement le côté gauche de son nez,
et tous les flageolets des feuilletons s'évertuent à flûter
du plus doux ton de flatterie. — Dans cet orchestre, il
y a aussi d'inouïs instruments à vent antédiluviens, des
trompettes de Jéricho et des harpes éoliennes non en-

core découvertes, les instruments à cordes de l'avenir, dont l'emploi dénote le plus prodigieux talent d'instrumentation. — Oui, aucun compositeur ne s'est encore entendu, à un degré aussi élevé que notre Meyerbeer, à l'art de l'instrumentation, c'est-à-dire l'art d'employer toute sorte d'hommes comme instruments. Il sait se servir des plus grands et des plus petits, et comme par enchantement, au moyen de leur action simultanée, il produit un accord presque fabuleux dans l'approbation publique. Voilà ce qu'aucun autre musicien n'a jamais su faire. Tandis que les meilleurs opéras de Mozart et de Rossini échouèrent à la première représentation, et que des années s'écoulèrent avant qu'ils ne fussent véritablement appréciés, les chefs-d'œuvre de notre ingénieux Meyerbeer enlèvent dès la première représentation tous les suffrages, et déjà le lendemain tous les journaux font chorus d'enthousiasme et publient des panégyriques en l'honneur du grand maestro. Tel est le ré-résultat opéré par le concours harmonieux des instruments; pour la mélodie, Meyerbeer doit céder la palme aux deux maîtres Mozart et Rossini; mais il les surpasse, comme je viens de le dire, par l'instrumentation. Dieu sait qu'il se sert souvent des instruments les plus abjects, les plus ignobles, les plus puants; mais justement avec cette sorte il produit les plus grands effets sur la grande masse du public, qui l'admire, l'adore, le vénère et même l'estime.— Qui peut prouver le contraire? Les couronnes de laurier lui arrivent de toutes parts, il porte sur la tête toute une forêt de lauriers, il ne sait plus à peine où les mettre, et il se traîne en haletant sous ce vert fardeau. Il devrait acheter un petit âne qui, trottinant derrière lui, porterait ces lourdes couronnes. Mais Gouin est jaloux, et il ne souffre pas qu'un autre l'accompagne et se charge de ses lauriers.

Je ne puis me refuser de mentionner ici un bon mot qu'on attribue au musicien Ferdinand Hiller. Quelqu'un lui ayant demandé son opinion sur les opéras de Meyerbeer, Hiller aurait répondu avec une humeur évasive : Ah! ne parlons point politique!

XXXIII

Paris, 29 avril 1841.

Un événement aussi significatif que triste est le verdict du jury qui vient d'acquitter le rédacteur du journal *la France* de l'accusation d'avoir à dessein commis un outrage envers le roi. Je ne sais vraiment pas qui je dois plaindre le plus en cette occasion! Est-ce le roi, dont l'honneur a été souillé par des lettres controuvées, et qui ne peut cependant pas comme tout autre se réhabiliter dans l'opinion publique? Ce qui est permis à toute autre personne outragée, lui est cruellement interdit. Tout autre qui se verrait compromis aux yeux du public par de fausses lettres dont la tendance serait de le représenter comme traître à la patrie, tout autre en pareil cas pourrait obtenir de se faire mettre en état d'accusation formelle, et trouver ainsi le moyen de prouver d'une manière irrécusable dans son procès la fausseté de ces lettres. Mais une telle réparation d'honneur n'existe pas pour le roi que la constitution déclare inviolable, et qu'elle défend de citer personnellement devant un tribunal. Il lui est encore moins permis d'avoir recours au duel, ce jugement de Dieu, qui garde toujours dans les affaires d'honneur une certaine valeur justificative : Louis-Philippe doit tranquillement laisser tirer sur lui, sans pouvoir lui-même saisir le pistolet pour demander satisfaction à ses offenseurs. Il ne peut pas non plus, dans le style courroucé qui est d'usage en pareille circonstance, faire insérer dans les journaux un démenti formel contre ses calomniateurs : car hélas ! les rois, comme les grands poëtes, ne sauraient s'abaisser à employer de tels moyens de défense, et ils sont contraints de supporter avec une longanimité silencieuse tous les mensonges qu'on se plaît à répandre sur leur compte. En effet, j'éprouve la plus profonde compassion pour le royal martyr, dont la couronne est la cible des flèches les plus envenimées, et dont le sceptre, quand il s'agit de sa propre défense, ou de punir un calomniateur, lui est moins utile que ne le serait une canne ordinaire. — Ou faut-il que je vous plaigne encore bien davantage vous autres légitimistes, qui vous posez en paladins élus du royalisme, et qui avilissez cependant dans la personne de Louis-Philippe l'essence de la royauté, la considération royale? En tout cas j'ai pitié de vous en pensant aux conséquences terribles, que vous appelez avant tout, par de semblables méfaits, sur vos propres têtes insensées! Avec le renversement de la monarchie, ce qui vous attend de nouveau, c'est le couperet triangulaire de la guillotine en France et la besace de la mendicité à l'étranger. Votre sort serait même aujourd'hui bien plus ignominieux qu'autrefois : vous, les compères dupés de vos bourreaux, vous ne seriez plus tués avec une colère furieuse, mais avec un rire sardonique, et à l'étranger on ne vous présenterait plus l'aumône avec le respect dû au malheur immérité, mais avec un juste mépris.

Mais que dirai-je des braves gens du jury qui, avec une émulation aveugle, mirent la sape aux fondements de leur propre maison? L'autorité royale, la base sur laquelle repose toute la boutique bourgeoise de l'État, a été gravement ébranlée par ce verdict injurieux et honteux. Toute la signification pernicieuse de cette sentence se dévoile à présent, elle forme le sujet des conversations de tout le monde, et l'on voit avec terreur combien la fatale issue de ce procès est exploitée systématiquement. Les fausses lettres ont maintenant un appui légal, et avec l'absence de responsabilité l'audace augmente chez les ennemis de l'ordre existant. A cette heure, on répand par toute la France des exemplaires innombrables de copies lithographiées des prétendus autographes du roi, et la félonie se frotte complaisamment les mains, se félicitant du tour d'adresse heureusement accompli. Les légitimistes crient victoire, comme s'ils avaient gagné une bataille. Glorieuse bataille, où la contemporaine, la veuve de la grande armée, la vertueuse madame de Saint-Elme, porta la bannière ! Le noble baron de Larochejaquelein couvrit de son écu cette nouvelle Jeanne d'Arc. Il garantit sa véracité—pourquoi pas non plus sa pureté virginale ? Plus qu'à tout autre cependant, on doit ce triomphe à l'illustre Berryer, le grand avocat dont la faconde sonore est toujours au service des intérêts de la chevalerie légitimiste, et dont les honoraires, quelque exorbitants qu'ils soient, seront toujours au-dessous de son inappréciable talent.

XXXIV

Paris, 19 mai 1841.

Samedi dernier, la section de l'Institut royal appelée Académie des sciences morales et politiques, a tenu une de ses séances les plus remarquables. Le théâtre était, comme d'ordinaire, cette salle du palais Mazarin qui, par sa coupole élevée, comme par les personnages qui s'y assemblent de temps à autre, rappelle si souvent le dôme du Palais des Invalides. En effet, les autres sections de l'Institut qui tiennent là leurs réunions oratoires ne témoignent que d'une impuissance sénile, mais l'Académie des sciences morales et politiques que je viens de nommer, fait une honorable exception et porte un caractère de fraîcheur et de force. Dans cette section règne un esprit élevé, tandis que l'organisation et l'esprit général de l'Institut royal sont très-mesquins. Un homme spirituel fit remarquer avec beaucoup de justesse, que cette fois la partie était plus grande que le tout. Dans l'assemblée de samedi dernier respirait une animation toute juvénile. M. Cousin qui présidait, parla avec ce feu courageux qui parfois ne réchauffe pas beaucoup, mais qui brille toujours; et surtout Mignet, qui avait à célébrer la mémoire de feu Merlin de Douai, l'illustre jurisconsulte et membre de la Convention, prononça un discours aussi beau et fleuri qu'il l'est lui-même. Les dames qui assistent toujours en grand nombre aux séances de la section des sciences morales et politiques, quand le beau secrétaire perpétuel y doit parler, viennent peut-être en cet endroit plutôt pour voir que pour entendre; et comme beaucoup d'entre elles sont fort jolies, leur aspect cause parfois quelque distraction dans l'auditoire. Quant à moi, le sujet du discours de Mignet m'attacha cette fois tout exclusivement, car le célèbre historien de la Révolution parla de nouveau d'un des chefs les plus distingués du grand mouvement qui transforme la vie sociale des Français, et chacune de ses paroles était le résultat de recherches intéressantes. Oui, c'était la voix de l'historien, du véritable conservateur des archives de Clio, et il semblait tenir dans ses mains ces tablettes éternelles, sur lesquelles la sévère déesse a déjà tracé son jugement. Seulement dans le choix des expressions et dans l'intonation adoucissante et mitigeante, se manifestait parfois la tendance louangeuse, qui est le devoir traditionnel de l'académicien. Et puis, Mignet est en même temps homme d'État, et il devait, avec une prudence circonspecte, avoir égard aux affaires du jour, en discutant le temps récemment passé. C'est une tâche scabreuse, de décrire la tempête à peine calmée, pendant que nous ne sommes pas encore arrivés au port. Le vaisseau d'État français n'est peut-être pas encore aussi solidement amarré et abrité que le bon Mignet se le figure dans la pastorale quiétude de son âme. Non loin de l'orateur, sur un des bancs en face de moi, j'aperçus M. Thiers, et son sourire fut pour moi très-significatif aux endroits où Mignet parlait avec une trop grande satisfaction de la consolidation définitive des institutions modernes : c'est ainsi que sourit Éole, quand le beau Daphnis souffle dans son chalumeau paisible au calme rivage de la mer !

Vous aurez sans doute sous peu l'occasion de voir en entier le discours de Mignet, et l'abondance des choses qu'il contient vous réjouira certainement alors ; mais jamais la simple lecture ne peut remplacer l'impression vive qu'un orateur tel que Mignet produit par son chaleureux débit ; c'est une musique de pensées qui se suivent, liées entre elles par des guirlandes de fleurs de rhétorique. J'entends toujours résonner dans ma mémoire une observation profonde que Mignet laissa tomber en peu de mots, et qui est pourtant féconde en idées importantes. Il fit observer combien il est avantageux que le nouveau Code français ait été composé par des hommes sortis depuis peu des tourmentes du plus grand bouleversement social, et qui par conséquent avaient appris à connaître profondément les passions humaines et les besoins de notre époque. Oui, si nous considérons cette circonstance, il nous semble qu'elle favorise essentiellement la législation française actuelle, et qu'elle donne une valeur extraordinaire au Code Napoléon et aux commentaires qui l'accompagnent; car ces livres de droit n'ont pas été, comme d'autres, confectionnés par des casuistes au cœur froid et oisif, mais par ces ardents sauveurs de l'humanité, qui avaient vu toutes les passions dans leur nudité, et qui furent initiés par les faits dans les douleurs de toutes les questions de la vie nouvelle. Quant à la vocation de notre temps pour la législation, l'école philosophique de l'Allemagne s'en fait des idées aussi fausses que l'école historique; la première est morte, et la seconde n'a pas encore vécu.

Le discours par lequel Victor Cousin ouvrit samedi dernier la séance de l'Académie, était animé d'un esprit de liberté, que nous reconnaîtrons toujours en lui avec beaucoup de joie. Il a d'ailleurs été tellement comblé de louanges dans la *Gazette d'Augsbourg*, par un de nos collègues, que pour le moment il pourrait bien en avoir assez. Nous mentionnerons seulement que l'homme que nous ne chérissions pas autrefois d'une façon toute particulière, a su, dans le dernier temps, sinon nous inspirer une véritable affection, du moins se faire bien mieux apprécier de nous. Pauvre Cousin ! nous t'avons autrefois bien mal traité, toi qui fus toujours si bon pour mes compatriotes allemands. Chose singulière ! justement à l'époque où le fidèle disciple de l'école allemande, l'ami de Hegel et de Schelling, notre Victor Cousin, était ministre en France, nous vîmes éclater en Allemagne cette fureur aveugle et ignoble contre les Français, qui maintenant disparaît peu à peu, et qui sera un jour tout à fait inconcevable. Je me rappelle qu'alors, pendant l'automne dernier, je rencontrai un jour M. Cousin sur le boulevard des Italiens, où il s'était arrêté devant une boutique d'estampes, pour admirer les tableaux d'Overbeck qui s'y trouvaient exposés. Le monde était sorti de ses gonds, le tonnerre du canon de Beyrout soulevait, comme un tocsin, tout l'enthousiasme guerrier de l'Orient et de l'Occident, les Pyramides d'Egypte tremblaient, en deçà et au delà du Rhin on aiguisait les sabres,—et Victor Cousin, alors ministre de France, se tenait tranquillement devant la boutique d'estampes du boulevard des Italiens, admirant les paisibles et pieuses têtes de saints d'Overbeck, et il parlait avec ravissement de l'excellence de l'art allemand et de la science allemande, de notre profondeur d'âme et d'esprit, de notre amour de la justice et de notre humanité. « Mais au nom du ciel ! » dit-il soudain, en s'interrompant lui-même, et comme s'il s'éveillait d'un rêve, « que signifie la rage avec laquelle vous vous êtes pris tout à coup en Allemagne, à vociférer et à tempêter contre nous Français? » Il ne pouvait comprendre cette colère d'énergumènes, moi aussi je n'y comprenais rien du tout, et en nous promenant bras-dessus bras-dessous le long du boulevard, nous nous épuisions en conjectures sur les dernières raisons de cette querelle d'Allemands, jusqu'à ce que nous fussions arrivés au passage des Panoramas, où Cousin me quitta pour s'acheter, chez Marquis, une livre de chocolat.

Je constate avec une prédilection particulière les plus petites circonstances, qui révèlent la sympathie que je trouve à l'égard de l'Allemagne chez les hommes d'État français. On s'explique aisément que nous en rencontrions chez Guizot, parce que sa manière de voir a de l'affinité avec la nôtre, et qu'il comprend à fond les besoins et le bon droit du peuple allemand. Cette intelligence le réconcilie peut-être aussi avec les travers inséparables de notre nature; les mots: « tout comprendre, c'est tout pardonner! » sont une devise que je lus un de ces jours sur le cachet d'une belle dame. Guizot peut toujours, comme il y paraît, être d'un caractère puritain; il n'en comprend pas moins ceux qui sentent et pensent autrement. Son esprit n'est pas non plus antipathique à la poésie, ni étroit, ni obtus : c'est le puritain Guizot qui donna aux Français une traduction de Shakspeare, et lorsqu'il y a plusieurs années j'écrivis un livre sur ce roi des poëtes du Nord, je ne sus mieux exposer le charme de ses comédies fantastiques qu'en transcrivant le commentaire du puritain Guizot.

Chose étrange! le ministère belliqueux du 1er mars, qui fut tant décrié et vilipendé au delà du Rhin, se composait, pour la plus grande partie, d'hommes qui vénéraient et aimaient l'Allemagne avec l'ardeur la plus fidèle. A côté de Victor Cousin, qui avait compris qu'on trouve chez Emmanuel Kant la meilleure critique de la raison pure et chez Marquis le meilleur chocolat, à côté de lui siégeait alors dans le conseil des ministres M. de Rémusat, qui rendait aussi hommage au génie germanique, et qui lui avait voué des études spéciales. Déjà dans sa jeunesse il traduisit plusieurs poésies dramatiques allemandes, qu'il fit imprimer dans le *Théâtre étranger*. Cet homme d'État et de lettres est aussi spirituel que sincère, il connaît à fond le génie du peuple allemand; et je suis convaincu qu'il a de la magnificence de ce génie une plus haute idée que tous les compositeurs qui ont beuglé la chanson du Rhin libre de Becker, et peut-être même que le grand Niklas Becker en personne! — Ce qui nous charma surtout en M. de Rémusat dans le dernier temps, c'est la manière franche et loyale dont il a défendu, contre des insinuations calomnieuses, la bonne réputation de son noble frère d'armes, le chef du cabinet du 1er mars.

XXXV

Paris, 22 mai 1841.

Les Anglais à Paris font des mines très-inquiètes. « Cela va mal, cela va mal ! » se chuchotent-ils, ou plutôt se sifflent-ils l'un à l'autre avec angoisse, quand ils se rencontrent chez Galignani. Il y a apparence en effet que l'État britannique entier chancelle et menace ruine, mais il y a seulement apparence. Cet État ressemble à la tour de Pise : sa position oblique nous effraie, quand nous la regardons, et le voyageur hâte le pas en traversant la *piazza* de la cathédrale, dans la crainte de voir la grande tour lui tomber subitement sur la tête. Lorsque, du temps de Canning, je me trouvais à Londres et que j'assistais aux *meetings* tumultueux du radicalisme, je croyais que tout l'édifice gouvernemental croulerait incontinent. Quelques-uns de mes amis, qui visitèrent l'Angleterre pendant l'agitation du *bill* de la réforme, y furent saisis de la même peur. D'autres qui assistèrent au spectacle des menées d'O'Connel et du vacarme de l'émancipation catholique, ressentirent une appréhension semblable. Aujourd'hui ce sont les lois des céréales qui causent une tempête si menaçante pour l'existence de la Grande-Bretagne ; — mais ne craignez rien, ô fils d'Albion ! rappelez-vous ces mots de la farce : « Bien que cela craque, cela ne rompra pas, et bien que cela doive rompre, cela ne rompra pas avec toi ! »

Ici à Paris règne en ce moment un grand calme. On se fatigue à la longue de parler sans cesse des fausses lettres du roi, et une diversion récréative était pour nous l'enlèvement de l'infante d'Espagne par le Polonais Ignace Gurowski, frère de ce fameux Adam Gurowski dont peut-être vous vous souvenez encore. L'été passé, Ignace était amoureux de mademoiselle Rachel, mais comme le père de cette dernière, qui est de très-bonne famille juive, lui refusa sa fille, l'ami Ignace entreprit la conquête de la princesse Isabelle Fernande d'Espagne. Toutes les dames de cour des deux Castilles, et même de tout l'univers, joindront maintenant de terreur les mains au-dessus de leurs têtes : elles comprennent enfin que le vieux monde du respect traditionnel s'en va !

XXXVI

Paris, 11 décembre 1841.

Dans ce moment qu'approche la nouvelle année, le jour des étrennes, les boutiques des marchands se surpassent par la variété de leurs riches étalages. L'aspect de ces merveilles peut procurer au flâneur oisif le passe-temps le plus agréable; si son cerveau n'est pas tout à fait vide, il lui vient même parfois des idées, en contemplant l'abondance bigarrée des objets d'art et de luxe exposés derrière les glaces miroitantes des magasins, et en jetant peut-être aussi un regard sur le public qui se tient là à ses côtés. Les figures de ce public sont si sérieuses, si souffrantes et si laides, si impatientes et si menaçantes, qu'elles forment un contraste sinistre avec les objets qu'elles contemplent la bouche béante. Ce contraste est si terrible que parfois la peur nous prend de voir ces hommes lever tout à coup leurs poings crispés, pour fracasser tous ces jouets bariolés et étincelants du monde comme il faut, et pour briser pitoyablement et sans merci ce monde comme il faut lui-même! Un flâneur ordinaire, qui n'est pas grand politique et ne se soucie guère de la nuance Dufaure ou Passy, mais d'autant plus de la mine du peuple dans les rues, un flâneur de ce genre ne peut se défendre de la conviction certaine que le jour n'est pas éloigné où toute la comédie bourgeoise en France, avec ses héros et comparses de la scène parlementaire, prendra une fin terrible au milieu des sifflements et des huées, et qu'on jouera ensuite un épilogue intitulé le *Règne des communistes!* Il est vrai que cet épilogue ne pourra pas durer longtemps; mais il émouvra et purifiera d'autant plus puissamment les cœurs, comme doit le faire toute véritable tragédie.

Les derniers procès politiques pourraient dessiller les yeux à bien des personnes, mais l'aveuglement est trop agréable. Aussi personne ne veut-il se voir rappeler les dangers du lendemain, dont l'idée lui gâterait la douce jouissance du présent. C'est pourquoi tout le monde est mécontent de l'homme dont l'œil perçant plonge le plus profondément dans les nuits horribles de l'avenir, et dont la parole sévère réveille, parfois peut-être à contretemps, lorsque nous sommes assis justement au plus joyeux banquet, la pensée des périls imminents suspendus sur nos têtes. Ils en veulent tous au pauvre maître d'école Guizot. Même la plupart des soi-disant conservateurs sentent de l'éloignement pour lui, et frappés de cécité, comme ils sont, ils s'imaginent pouvoir remplacer Guizot par un homme dont le visage serein et le langage avenant sont bien moins de nature à les tourmenter et à les terrifier. O fous conservateurs! qui n'êtes capables de rien conserver, hors votre propre folie, vous devriez conserver Guizot comme la prunelle de vos yeux; vous devriez chasser les mouches de son front, les moucherons radicaux aussi bien que les cousins légitimistes, afin de lui conserver sa bonne humeur; vous devriez aussi parfois lui envoyer des bouquets de fleurs à l'hôtel des Capucines, des fleurs réjouissantes, des roses et des violettes, au lieu de le dégoûter de ce logis, et de l'en faire déguerpir par vos vexations continuelles et vos intrigues. A votre place, je craindrais toujours que le vieux pédagogue ne vînt à s'échapper tout à coup des tourments dorés de son palais de ministre, et à se sauver de nouveau dans son modeste et paisible cabinet d'études de la rue Ville-l'Évêque, où il vivait autrefois heureux comme le pasteur d'une idylle au milieu de ses bouquins reliés en mouton ou en veau.

Mais Guizot est-il réellement l'homme capable de détourner les désastres prêts à fondre sur nous? Il réunit en effet les qualités ordinairement séparées d'une profonde intelligence et d'une volonté ferme : il affronterait toutes les tempêtes avec un stoïcisme antique, et il éviterait les écueils funestes avec un jésuitisme tout moderne ; mais la dent secrète des petites souris et des grands rats a rongé le fond du vaisseau d'État français ; il est irréparablement troué, et contre cette calamité fondamentale, beaucoup plus grave que la détresse extérieure, Guizot a très-bien compris son impuissance. Là est le danger. Les doctrines subversives se sont trop emparées en France des classes inférieures. — Il ne s'agit plus de l'égalité des droits dans l'État, mais de l'égalité des jouissances sur cette terre, et il y a à Paris quatre cent mille mains brutales qui n'attendent que le mot d'ordre pour réaliser l'idée d'égalité absolue, qui couve dans leurs têtes incultes. De plusieurs côtés, on entend dire que la guerre est un bon moyen d'écoulement pour ce ferment de destruction. Mais cela ne serait-il pas conjurer Satan par Belzébut ? La guerre ne ferait qu'accélérer la catastrophe et répandre sur tout le globe le mal qui jusqu'à présent ne ronge que la France ; — la propagande du communisme possède un langage que chaque peuple comprend : les éléments de cette langue universelle sont aussi simples que la faim, l'envie, la mort. Cela s'apprend facilement.

Mais laissons ce triste thème, et retournons aux objets plus sereins exposés derrière les glaces des magasins le long de la rue Vivienne et des boulevards. Cela scintille, rit et enchante! C'est une vie animée, exprimée dans de l'or, de l'argent, du bronze et des pierreries, dans toutes sortes de formes, surtout dans les formes du temps de la renaissance, dont l'imitation est dans ce moment la mode régnante. D'où vient cet engouement pour le temps de la renaissance, qu'on serait en droit d'appeler le temps de la résurrection, le temps où le monde antique sortit du tombeau, avec tous ses splendides enchantements, dont il voulait embellir les dernières heures du moyen âge? Notre époque actuelle se sent-elle de l'affinité avec cette autre période qui, languissant comme nous après une nouvelle boisson vivifiante, chercha dans le passé une fontaine de Jouvence? Je ne sais. Mais le temps de François Ier et de ses contemporains du même goût exerce sur notre cœur un charme presque effrayant, comme le souvenir d'une vie secrète que nous aurions traversée en songe ; et puis, il y a quelque chose de magique, de singulièrement hardi, de mystérieusement original, dans la manière dont cette époque a su travailler et absorber en elle l'antiquité retrouvée. Là, nous ne voyons pas, comme dans l'école de David, une imitation sèche et académique de la plastique grecque, mais une coulante et harmonieuse identification du génie antique avec le spiritualisme chrétien. Les formes de l'art et de la vie, qui ont dû leur existence aventureuse à l'union de ces deux éléments tout à fait hétérogènes, portent l'empreinte d'un esprit si mélancolique et si doux, d'un baiser de réconciliation à la fois si rêveur et si ironique, d'une volupté si élégante et d'une joie si funèbre et si sinistre, que nous en sommes saisis de frissons et subjugués, nous ne savons comment.

Mais de même que nous abandonnons pour aujourd'hui la politique aux hableurs de profession, de même nous abandonnons aux historiographes patentés l'examen spécial de la question jusqu'à quel point notre temps est analogue au temps de la renaissance ; et en vrais flâneurs, nous nous arrêterons sur le boulevard Montmartre devant une estampe que MM. Goupil et Rittner y ont exposée, et qui attire tous les regards ; c'est en quelque sorte le lion des gravures de la saison. Elle mérite vraiment l'attention publique : car le sujet qu'elle représente, s'appelle les *Pêcheurs* de Léopold Robert. Depuis bien longtemps on attendait cette estampe, et c'est un précieux cadeau de nouvelle année pour la masse du public, qui n'a pas vu le tableau original. Je m'abstiens de toute description détaillée de l'œuvre, parce qu'elle sera sous peu aussi généralement connue que les *Moissonneurs* du même artiste, dont elle est l'ingénieux pendant. Tandis que ce tableau qui a déjà tant de renom, représente une campagne inondée par un soleil d'été et que traversent, comme sur un char de triomphe, des campagnards romains rentrant les richesses dorées de leur récolte, nous voyons sur la dernière toile de Robert, par un contraste des plus frappants, le petit port hivernal de Chioggia, et de pauvres pêcheurs qui, pour gagner leur chétive subsistance du jour, s'apprêtent, en dépit du vent et de l'intempérie de la saison, à une excursion dans la mer Adriatique. Femmes et enfants et la vieille grand'mère les suivent des yeux avec une douloureuse résignation—touchantes créatures, dont l'aspect éveille dans nos cœurs toute sorte de pensées contraires aux ordonnances de la police. Ces êtres infortunés, serfs de la pauvreté, sont condamnés à vie aux plus dures peines et privations, et ils s'étiolent dans une indigence et une tristesse sans espérance. Une malédiction navrante est peinte sur cette toile, et le peintre, aussitôt qu'il l'eut finie, se coupa la gorge. Pauvre peuple ! pauvre Robert ! — Oui, de même que les *Moissonneurs* de ce maître sont l'ouvrage de la joie, qu'il conçut et exécuta à Rome sous le brillant soleil de l'amour, de même il fit se refléter dans ses *Pêcheurs* toutes les pensées de suicide et les brumes d'automne qui accablèrent son âme pendant son séjour dans la ville déserte de Venise. Autant le premier tableau nous égaie et nous ravit, autant ce dernier nous remplit de courroux révolutionnaire : là, Robert a peint le bonheur de l'humanité, ici la misère du peuple.

Je n'oublierai jamais le jour où je vis pour la première fois l'original des *Pêcheurs* de Robert. Comme d'un coup de foudre tombé d'un ciel sans nuages, nous fûmes subitement frappés de la nouvelle de sa mort; et son œuvre qui arriva en même temps ne pouvant plus être exposée au salon déjà ouvert, le propriétaire de cette toile, M. Paturle, prit la louable résolution d'en faire une exposition à part au bénéfice des pauvres. Le maire du deuxième arrondissement prêta un local à cet effet, et la recette s'éleva, si je ne me trompe, à plus de 16,000 francs. (Puissent les œuvres de tous les amis du peuple produire, après leur mort, des résultats aussi pratiques!) Je me souviens qu'en montant l'escalier de la mairie pour arriver à la pièce de l'exposition, je lus sur une porte latérale l'inscription : *Bureau des décès.* Dans la salle, je trouvai un grand nombre de personnes rassemblées devant le tableau, mais aucune d'elles ne parlait, il y régnait un silence inquiet et morne, comme si le corps ensanglanté du peintre mort gisait derrière la toile. Quel est le motif pourquoi il se donna la mort de sa propre main, violant ainsi les lois de la religion, de la morale et de la nature, lois sacrées auxquelles Robert, durant toute sa vie, avait voué l'obéissance d'un enfant? Oui, élevé dans la rigidité du protestantisme suisse, il resta inébranlablement fidèle à la croyance de ses pères, et il n'y avait en lui aucune trace de scepticisme religieux et encore moins d'indifférentisme. Il a de même été toujours consciencieux dans l'accomplissement de ses devoirs civiques, il était bon fils, scrupuleusement économe, payant ses dettes, satisfaisant à toutes les prescriptions de la bienséance, brossant avec soin son habit et son chapeau, et il ne peut non plus, en aucune façon, être soupçonné d'immoralité. Il était de toute son âme attaché à la nature comme l'enfant au sein de sa mère; c'est elle qui nourrissait son talent et lui révélait toutes ses magnificences, aussi l'aimait-il bien plus, soit dit en passant, que la tradition des maîtres : ce n'est donc pas non plus une déviation du chemin de la nature, une propension extatique à s'enfoncer dans la douce démence de l'art, une ardeur sinistre pour les jouissances du monde des rêves, qui attira cet excellent peintre et brave homme dans l'abîme de la mort. Ses finances étaient également bien en règle, il était honoré, admiré et même bien portant. Qu'était-ce donc? Ici à Paris, le bruit courut, pendant quelque temps, qu'un amour malheureux pour une grande dame de Rome, fille d'un grand peintre, avait causé son suicide. Je ne puis y croire. Robert avait alors trente-huit ans, et à cet âge les explosions de la grande passion sont terribles à la vérité, mais on ne se tue pas comme dans la première jeunesse, dans la période peu virile du pauvre Werther.

Ce qui poussa Robert à quitter la vie, ce fut peut-être la plus horrible de toutes les douleurs, celle où l'artiste découvre la disproportion qui existe entre ses désirs de création et ses forces d'exécution : cette conscience du manque de puissance est déjà presque la mort, et la main ne fait plus qu'aider pour abréger l'agonie. Quelque vigoureuses et admirables que soient les peintures de Robert, elles ne sont cependant à coup sûr que les pâles ombres de ces florissantes beautés de la nature qui planaient devant son âme, et un œil exercé peut facilement remarquer chez lui les vestiges d'une lutte pénible avec le sujet donné qu'il n'a pu dompter que par les efforts les plus désespérés. Tous les tableaux de Robert sont beaux et fermes, mais la plupart ne portent pas le cachet de la liberté, on n'y reconnaît pas le souffle d'un esprit primesautier : ils sont composés. Robert possédait un certain sentiment de la grandeur du génie, et cependant son talent était renfermé dans un cadre étroit. A en juger d'après le caractère de ses productions, on croirait qu'il a été enthousiaste de Raphaël Sanzio d'Urbino, l'ange idéal de la beauté — Mais, comme l'assurent ses amis intimes, c'est plutôt Michel-Angelo Buonarotti, l'audacieux Titan, le fougueux dieu-tonnant du *Jugement dernier* qu'il adorait et qu'il idolâtrait. La véritable raison de sa mort fut l'amer dépit du peintre de genre soupirant en vain après le bonheur de faire de la grande peinture d'histoire. Léopold Robert mourut d'une lacune dans ses forces d'exécution.

La gravure des *Pêcheurs*, que MM. Goupil et Rittner ont exposée maintenant, est excellente sous le rapport technique : un vrai chef-d'œuvre, bien plus parfait que l'estampe des *Moissonneurs* qui avait peut-être été exécutée trop à la hâte. Le tableau des *Pêcheurs*, il faut le dire, manque du caractère d'originalité que nous trouvons dans les *Moissonneurs*, et qui résulta sans doute de ce que ce chef-d'œuvre a eu sa source dans une totalité de conception. Les *Pêcheurs*, au contraire, sont trop composés, les figures sont péniblement rassemblées, placées l'une à côté de l'autre, se gênant réciproquement plutôt qu'elles ne se complètent, et c'est seulement par la couleur que tout ce qui était disparate fut harmonisé et que ce tableau a reçu une apparence d'unité. Dans la gravure, où la couleur, l'assimilation bigarrée, est absente, les parties réunies extérieurement se séparent de nouveau par un effet tout naturel; il ne reste qu'un ouvrage d'une exécution pénible et embarrassée, et qui manque d'ensemble. C'est un signe de la grandeur de Raphaël, me dit dernièrement un de mes amis, que ses tableaux ne perdent rien de leur harmonie en passant par la gravure. Oui, jusque dans leurs imitations les plus chétives, dépouillés de tout coloris et même de toute nuance de lumière et d'ombre, dans leurs contours nus, les œuvres de Raphaël gardent cette puissance harmonieuse qui émeut notre âme. Cela vient de ce qu'elles sont des révélations véritables, des révélations du génie qui, de même que la nature, offre la perfection déjà dans les simples traits extérieurs.

Je résume mon jugement sur les *Pêcheurs* de Robert : ils sont dépourvus d'unité, et les détails seuls, notamment la jeune femme avec l'enfant malade, méritent les plus grands éloges. A l'appui de mon sentiment, j'invoquerai l'esquisse dans laquelle Robert a pour ainsi dire exprimé sa première pensée : là, dans la conception primitive, règne cette harmonie qui fait défaut au tableau exécuté, et en la comparant à celui-ci, on s'aperçoit, à n'en pas douter, combien le peintre a dû longtemps tourmenter et fatiguer son esprit avant de parvenir à donner au tableau sa forme actuelle.

XXXVII

Paris, 19 décembre 1841.

Guizot se maintiendra-t-il? Mon Dieu! dans ce pays-ci, personne ne se maintient à la longue, tout vient à chanceler, même l'obélisque de Luxor! Ce n'est point une hyperbole, mais une vérité littérale; déjà depuis plusieurs mois le bruit court ici que l'obélisque n'est pas solidement établi sur son piédestal, qu'il penche parfois de côté et d'autre, et qu'un beau matin il va tomber sur la tête des passants. Les peureux ont soin dès à présent, quand leur chemin les conduit par la place Louis XV, de se tenir un peu à distance de cette grandeur qui décline. Les gens moins timorés ne se laissent pas, il est vrai, déranger dans leur marche habituelle, ils ne cèdent pas de la largeur d'un doigt, cependant ils ne peuvent s'empêcher de regarder un peu du coin de l'œil, en passant, pour voir si le vieux colosse de pierre ne serait pas réellement devenu caduc. Quoi qu'il en soit, c'est toujours un symptôme fâcheux quand le public a des doutes sur la solidité des choses; avec la croyance en leur durée s'évanouit déjà leur meilleur appui. Tiendra-t-il? En tout cas je crois qu'il tiendra pendant la prochaine session, l'obélisque aussi bien que Guizot, qui a avec lui une certaine ressemblance, celle-ci, par exemple, qu'il ne se trouve pas non plus à sa véritable place. Oui, tous deux ne se trouvent pas à leur véritable place, ils ont été arrachés de leur sphère et transplantés violemment dans un voisinage sans rapport avec leur nature. Le premier, l'obélisque, s'élevait jadis à l'entrée d'une allée de colonnes énormément larges et ornées de chapiteaux de lotus, qui mène au temple de Luxor, temple gigantesque qui a l'air d'un immense cercueil et qui contient la sagesse éteinte du monde primitif, des cadavres desséchés de rois, la mort embaumée. A côté de l'obélisque s'élevait son frère jumeau, de la même forme pyramidale et du même granit rouge, et avant d'arriver auprès d'eux, on traversait une double rangée de sphinx, bêtes énigmatiques et silencieuses, animaux à tête humaine, doctrinaires de la vieille Égypte. Certes, un semblable entourage convenait bien mieux à l'obélisque que celui dont on l'a gratifié sur la place Louis XV, cette place la plus moderne du monde, place où le temps moderne commença véritablement et fut séparé de force du temps passé par la hache fatale du 21 janvier. Est-ce que le grand obélisque tremblerait et chancellerait réellement, d'horreur de se trouver sur un sol aussi impie, lui qui, pour ainsi dire, comme un Suisse de pierre en livrée hiéroglyphique, montait la garde pendant trois mille ans devant les portes sacrées des tombeaux des Pharaons, dans l'empire absolu des momies? Tout au moins, il se trouve ici, à Paris, dans un grand isolement, dans un isolement presque comique, au beau milieu d'édifices d'une architecture théâtrale et toute moderne, flanqué de sculptures rococo, de fontaines aux naïades dorées, de statues allégoriques figurant les fleuves français et renfermant dans leur piédestal une loge de portier; et là, il est placé au point central entre l'arc de triomphe de l'Étoile, le palais des Tuileries et la Chambre des députés, — à peu près comme le doctrinaire Guizot avec sa mine sacerdotale, avec sa raideur et sa taciturnité égyptiennes, se trouve placé entre ses collègues, notamment Soult, troupier illettré et peu artiste, mais grand amateur de *Murillos* qui ne coûtent rien; puis Humann, bourgeois industriel à la tête bourrée de chiffres mercantiles; et enfin Villemain, rhéteur ignare, frivole bel esprit qui s'est un peu frotté à la poussière des Pères de l'Église pour se donner une certaine odeur d'érudit religieux, mais qui n'en sent pas moins à dix pas de distance son voltairianisme renié.

Mais laissons de côté Guizot, et ne nous entretenons que de l'obélisque : il est parfaitement vrai qu'on parle de sa chute prochaine. On dit que sous les silencieuses ardeurs du soleil de sa patrie, dans la paix et la solitude qui règnent aux bords du Nil, il aurait pu rester debout encore bien des siècles, mais qu'ici, à Paris, il est agité par les continuelles variations de température, par l'atmosphère fiévreuse, anarchique et destructive, par le petit vent humide et froid qui souffle sans cesse et qui attaque la santé bien plus gravement que le brûlant sirocco du désert ; enfin, que l'air de Paris lui convient mal. Le vrai rival de l'obélisque de Luxor est toujours le trophée élevé à Napoléon, la colonne Vendôme. Est-elle solide ? Je ne sais, mais elle se trouve à sa véritable place, en harmonie avec son entourage. Elle se base fidèlement sur le sol national, et tout ce qui s'attache à ce dernier possède un ferme appui. Un appui complétement ferme ? Non, ici en France rien n'est ferme tout à fait. Déjà une fois les orages ont arraché du faîte de la colonne Vendôme le chapiteau, l'homme de fer qui pose sur son fût, et en cas que les communistes parvinssent au gouvernement, le même accident pourrait lui arriver une seconde fois, ou bien même la rage d'égalité radicale serait capable de renverser toute la colonne afin que ce monument et symbole de la gloire fût entièrement rasé de la terre : aucun homme et aucune œuvre humaine ne doit, d'après ces égalitaires communistes, surpasser une certaine mesure communale, et l'architecture aussi bien que la poésie épique est menacée de ruine. « A quoi bon de nos jours un monument en l'honneur d'ambitieux assassins et mitrailleurs des peuples ! » c'est ainsi que j'entendis s'écrier dernièrement un niveleur enragé, à propos du concours pour les modèles du mausolée impérial ; « cela coûte l'argent nécessaire au soulagement de la misère des pauvres gens, et nous le briserons tout de même quand viendra le jour ! » Oui, le héros mort aurait peut-être mieux fait de rester à Sainte-Hélène, et je ne lui garantis pas qu'un jour son monument funèbre ne soit réduit en débris, et que ses cendres ne soient jetées dans ce beau fleuve au bord duquel il désirait reposer si sentimentalement, je veux dire la Seine! Thiers ne lui a peut-être pas rendu un grand service comme ministre.

En vérité, il rend à l'empereur un bien plus grand service comme historien; un monument plus solide que la colonne Vendôme et le mausolée projeté, lui sera érigé par M. Thiers dans son livre d'histoire auquel il travaille sans relâche. Thiers seul possède les moyens d'écrire la grande épopée de Napoléon Bonaparte, et il l'écrira mieux que tels individus qui se croient particulièrement doués pour cette besogne, parce qu'ils ont été les fidèles compagnons de l'empereur, et se sont même trouvés en rapports constants avec sa personne. Les amis personnels d'un grand héros, ses frères d'armes, ses serviteurs, ses chambellans, ses secrétaires, ses aides de camp, peut-être ses contemporains en général, sont le moins propres à écrire son histoire; ils se présentent parfois à mon esprit comme le petit insecte qui rampe sur la tête d'un homme, qui séjourne à vrai dire dans la proximité la plus immédiate de ses pensées, qui l'accompagne partout, et qui cependant n'a pas la moindre idée de la vie véritable et de la portée des actions de cet homme.

Je ne puis me dispenser d'appeler à ce propos l'attention du lecteur sur une gravure exposée dans ce moment chez tous les marchands d'estampes, et qui représente l'empereur d'après un tableau de Delaroche, peint par ce dernier pour lady Sandwich. L'artiste exécuta cette peinture, comme toutes ses œuvres, en éclectique; il utilisa, pour sa composition, d'abord plusieurs portraits inconnus qui se trouvent en possession de la famille impériale, ensuite le masque du mort, puis les détails que lui communiquèrent quelques dames sur les particularités du visage de l'empereur, et enfin ses propres souvenirs, car il avait vu l'empereur plusieurs fois dans sa jeunesse. Je ne puis formuler ici mon jugement sur ce tableau, parce que je serais forcé de m'étendre en même temps sur la manière de Delaroche. J'ai déjà indiqué la chose principale : le procédé éclectique qui favorise jusqu'à un certain point la vérité extérieure ou matérielle, mais qui ne laisse pas apparaître la vérité idéale, la pensée intime.— Ce nouveau portrait de l'empereur a paru chez Goupil et Rittner, qui ont publié les gravures de presque toutes les œuvres connues de Delaroche. Il nous ont donné, il y a quelque temps, son *Charles Ier*, à la veille de son exécution, lorsqu'il fut bafoué dans sa prison par les soldats et les geôliers; et comme pendant, nous reçûmes dans le même format le *comte Strafford* marchant au supplice et passant devant la prison de l'évêque Law qui donne sa bénédiction au comte entraîné par les bourreaux ; nous ne voyons de l'évêque que ses deux mains avancées à travers la lucarne grillée de sa geôle, et ne ressemblant pas mal à deux bras de bois d'un indicateur de chemin au carrefour d'une grande route ; procédé prosaïque et visant à un effet absurde. Dans le même magasin d'estampes a paru aussi la grande pièce de cabinet de Delaroche : *Richelieu mourant*, assis dans une barque et descendant le Rhône en compagnie de ses deux victimes, les *Chevaliers Cinq-Mars et de Thou*, condamnés à mort. Les *Enfants d'Édouard*, deux jeunes princes que Richard III fait égorger dans la Tour de Londres, sont le plus gracieux tableau de Delaroche, dont la gravure ait paru chez les mêmes marchands d'estampes. Actuellement ils font graver une peinture de Delaroche qui représente *Marie-Antoinette dans la prison du Temple;* la malheureuse reine est vêtue sur ce tableau d'une façon extrêmement indigente, presque comme une pauvre femme du peuple, ce qui arrachera sans doute au noble faubourg les pleurs les plus légitimes. Un des principaux ouvrages à émotion, sorti du pinceau de Delaroche, et représentant la *Reine Jane Grey* au moment de poser sa petite tête blonde sur le billot, n'est pas encore gravé, mais paraîtra également sous peu. Sa *Marie Stuart* n'a pas été non plus gravée jusqu'à présent. Le tableau de Delaroche qui produit le plus d'effet, bien que ce ne soit pas son meilleur, c'est *Cromwell* soulevant le couvercle du cercueil où gît le corps sanglant du roi Charles Ier, tableau célèbre dont je vous ai parlé en détail il y a longtemps. La gravure qui en a été faite depuis est également un chef-d'œuvre de perfection technique. Delaroche montre une singulière prédilection, pour ne pas dire idiosyncrasie, dans le choix de ses sujets. Ce sont toujours d'éminents personnages, principalement des rois ou des reines, qu'on exécute ou qui du moins sont échus au bourreau. M. Delaroche est le peintre ordinaire de toutes les majestés décapitées. C'est un artiste lugubrement courtisan, qui a mis sa palette au service de ces hauts et très-hauts délinquants, et son esprit en est préoccupé même lorsqu'il fait les portraits de potentats morts sans le ministère de l'exécuteur des hautes œuvres. C'est ainsi que, dans son tableau de la *Mort d'Élisabeth d'Angleterre*, nous voyons la reine aux cheveux gris se rouler de désespoir sur le parquet, tourmentée à son heure suprême par le souvenir du comte Essex et de Marie Stuart, dont son œil fixe semble voir apparaître les ombres sanglantes. Ce tableau est un des ornements de la galerie du Luxembourg, et il n'est pas aussi horriblement banal ou banalement horrible que les autres peintures de genre historique du même maître, toiles favorites de la bourgeoisie, de ces braves et honnêtes citadins qui regardent les difficultés vaincues comme le zénith de l'art, qui confondent l'effroyable avec le tragique, et qui se laissent volontiers édifier par des exemples de grandeurs déchues, dans la douce conviction où ils sont de trouver leurs propres chères personnes à l'abri de semblables catastrophes, au sein de

l'obscurité modeste d'une arrière-boutique de la rue
Saint-Denis.

XXXVIII
Paris, 28 décembre 1841.

Je n'attends aucun résultat satisfaisant de la Chambre
des députés qui vient d'ouvrir ses assises. Nous n'y verrons que des luttes mesquines, des disputes personnelles, de l'impuissance brillante, et peut-être même à
la fin une stagnation complète. En effet, une Chambre a
besoin de renfermer dans son sein différents partis compactes, sans quoi toute la machine parlementaire est
incapable de fonctionner. Quand chaque député met en
avant une opinion particulière, différente et isolée, il
n'en peut jamais résulter un vote de nature à être regardé au moins en quelque sorte comme l'expression
d'une volonté commune, et pourtant la condition essentielle du système représentatif c'est qu'une pareille
volonté commune arrive à se manifester. De même que
toute la société française, de même la Chambre s'est
décomposée en tant de fractions et de parcelles, qu'on
ne voit plus deux personnes ici qui s'accordent entièrement dans leurs vues. Quand je considère sous ce rapport les Français d'aujourd'hui, je me rappelle les
paroles de notre spirituel Adam Gurowski qui refusait
aux Allemands toute capacité d'action, vu que sur
douze Allemands il y avait toujours vingt-quatre partis :

car avec notre manière de penser consciencieuse et profonde, disait-il, chacun de nous s'est pénétré aussi de l'opinion contraire à la sienne, avec toutes les raisons démonstratives qui parlent en faveur de cette opinion opposée, de sorte qu'il se trouve toujours deux partis dans chaque Allemand. La même chose a lieu maintenant chez les Français. Mais où mène cette division à l'infini, cette dissolution complète des liens de la pensée, ce particularisme, cette extinction de tout esprit de corps qui constitue la mort morale d'un peuple? — C'est le culte des intérêts matériels, de l'égoïsme, de l'argent, qui a amené cet état de choses. Durera-t-il longtemps? ou bien, un événement de force majeure, un effet du hasard ou un désastre public réunira-t-il de nouveau les esprits en France? Dieu n'abandonne aucun Allemand, mais il n'abandonne aucun Français non plus, il n'abandonne en somme aucun peuple, et quand un peuple s'endort de fatigue ou par paresse, il lui prépare ses futurs réveilleurs qui, cachés dans quelque coin reculé et obscur, attendent leur heure, l'heure du réveil général. Où veillent les réveilleurs? Je m'en suis souvent enquis, et alors on m'indiquait avec mystère... l'armée! « Ici, dans l'armée, disait-on, il y a encore un puissant sentiment national; ici, sous le drapeau tricolore, se sont réfugiées ces passions généreuses que l'industrialisme régnant repousse et ridiculise; ici fleurit encore la modeste vertu civique, l'amour intrépide des hauts faits et de l'honneur, l'ardente faculté de l'enthousiasme ; et tandis que la discorde et la décomposition dominent partout, la vie la plus saine existe encore ici, et en même temps il y existe une obéissance envers l'autorité la plus sévère, en tout cas une unité armée. — Il ne serait pas du tout impossible, ajoutait-on, qu'un beau jour l'armée renversât le règne actuel de la bourgeoisie, ce second Directoire, et fît de nouveau son dix-huit brumaire! » — Le gouvernement du sabre serait donc la fin de la chanson, et la société humaine serait encore une fois régalée du vacarme de la gloire avec ses éternels *Te Deum laudamus*, ses lampions de suif, ses héros aux grosses épaulettes d'or et ses coups de canon en permanence !

XXXIX

Paris, 12 janvier 1842.

Nous sourions des pauvres Lapons qui, lorsqu'ils souffrent d'une maladie de poitrine, quittent leur patrie et se rendent à Saint-Pétersbourg pour y jouir de l'air doux d'un climat méridional. Les Bédouins algériens qui se trouvent ici auraient le même droit de sourire de plus d'un de nos compatriotes qui, pour sa santé, aime mieux passer l'hiver à Paris qu'en Allemagne, s'imaginant que la France est un pays chaud. Je vous assure qu'il ne peut faire plus froid chez nous sur la lande de Lunébourg qu'ici à Paris dans ce moment où je vous écris d'une main raidie par la gelée. En province, il doit régner également un froid très-âpre. Les députés qui arrivent maintenant par troupes ne parlent que de neige, de verglas et de diligences renversées. Leurs faces sont encore rouges et enrhumées, leur cerveau gelé, leurs pensées à dix degrés au-dessous de zéro. A l'occasion de l'adresse, ils dégèleront. Tout ici a dans ce moment un air glacial et morne. Nulle part de l'accord, même dans les questions les plus importantes, et le vent change continuellement. Ce qu'on voulait hier on ne le veut plus aujourd'hui, et Dieu sait ce qu'on demandera demain. Rien qu'inimitié et méfiance, jeu de bascule, balancement et scission. Louis-Philippe a poussé jusqu'à l'excès le plus dangereux l'application de la maxime de son confrère homonyme Philippe de Macédoine : « Diviser pour régner. » La trop grande division rend de nouveau le règne difficile, surtout le règne constitutionnel, et Guizot aura un mal infini avec les dissidences et les dissensions de la Chambre. Guizot est toujours le soutien et le bouclier de l'ordre des choses existantes. Mais les soi-disant amis des choses existantes, les conservateurs, s'en souviennent peu, et ils ont déjà oublié que vendredi dernier seulement on cria à la même heure : « A bas Guizot ! et vive Lamennais ! » Pour l'homme de l'ordre, pour le grand protecteur de la tranquillité publique, ce fut en vérité un triomphe indirect de se voir ravaler au même moment qu'on élevait sur le pavois ce prêtre effroyable qui marie le fanatisme politique avec le fanatisme religieux, et qui donne la dernière consécration au désordre universel. Pauvre Guizot, pauvre maître d'école, pauvre *rector magnificus* de France! ils crient haro sur toi, ces étudiants qui feraient bien mieux d'étudier tes livres où se trouvent tant d'utiles enseignements, tant d'idées profondes, tant d'indications pour le bonheur de l'humanité! « Prends garde à toi, » disait un jour un démagogue d'Athènes à un grand patriote modéré, « quand le peuple tombera en démence il te déchirera. » Et son interlocuteur de lui répondre : « Prends garde à toi-même, car le peuple te déchirera quand il reviendra à la raison. » Vendredi dernier, MM. Lamennais et Guizot auraient pu tenir la même conversation. Cette scène tumultueuse parut d'abord plus inquiétante que les journaux ne l'ont avoué. Ceux-ci avaient tous plus ou moins d'intérêt à dissimuler la gravité de l'incident, les feuilles ministérielles aussi bien que les feuilles de l'opposition ; ces dernières se taisaient parce que la manifestation n'a pas trouvé beaucoup d'écho dans le peuple. Le peuple regardait tranquillement et gelait. A dix degrés de froid on n'a pas à craindre à Paris un bouleversement du gouvernement. Il n'y eut jamais ici d'émeutes pendant les grands froids. Depuis l'assaut de la Bastille jusqu'à la révolte de Barbès, le peuple a toujours ajourné sa colère jusqu'aux mois chauds de l'été où il fait beau temps et où l'on peut se battre avec plaisir.

XL

Paris, 24 janvier 1842.

Dans l'arène parlementaire nous vîmes de nouveau ces jours-ci un brillant duel entre Guizot et Thiers, ces deux hommes dont les noms sont dans toutes les bouches et donnent matière à des rabâcheries incessantes qui à la longue deviennent fastidieuses. Je m'étonne que les Français n'aient pas encore perdu patience d'entendre sans cesse, depuis plusieurs années, bavarder du matin au soir sur le sujet de ces deux personnages. Mais, au fond, il ne s'agit pas ici de personnes mais de systèmes, systèmes qui doivent être débattus partout où l'existence d'un État est menacée du dehors, partout, en Chine aussi bien qu'en France. Il n'y a que la différence qu'on nomme ici Thiers et Guizot, ce qui là, en Chine, s'appelle Lin et Keschen. Le premier est le Thiers chinois, le représentant du système de guerre, système qui devait détourner le danger imminent par la force des armes ou peut-être seulement par un effrayant cliquetis d'armes. Keschen, au contraire, est le Guizot chinois, il représente le système de paix, et il aurait peut-être réussi par une condescendance prudente à éconduire poliment du pays les barbares aux cheveux roux, si le parti du Thiers chinois n'avait pas eu le dessus à Péking. Pauvre Keschen! justement parce que nous étions si éloignés de la Chine, la fleur du milieu, nous pouvions reconnaître clairement combien tu avais raison de te méfier des forces guerrières de ce céleste empire, et combien tes intentions étaient honnêtes envers ton orgueilleux souverain qui n'est pas aussi raisonnable que Louis-Philippe! J'ai éprouvé un véritable plaisir en lisant ces jours-ci, dans les journaux, que l'excellent Keschen n'a pas été scié en deux, comme on l'avait mandé auparavant, mais qu'il a perdu seulement son immense fortune. Ce dernier revers ne pourra jamais arriver au Keschen français, au représentant du système de la paix en France; s'il vient à tomber, ses richesses ne pourront être confisquées — Guizot est pauvre comme un rat d'église. Et notre Lin français aussi est pauvre, comme je vous l'ai dit déjà plusieurs fois; je suis persuadé qu'en écrivant à présent son histoire de l'Empire, l'argent qu'elle lui rapportera y est pour beaucoup, car il en a besoin. Quelle gloire pour la France que les deux hommes qui ont administré toute sa fortune d'État soient deux pauvres mandarins qui portent leurs richesses seulement dans leur tête.

XLI

Paris, 7 février 1842.

« Nous dansons ici sur un volcan » — mais nous dansons. Ce qui fermente, bout et bouillonne dans le volcan, nous ne l'examinerons pas aujourd'hui, et ce sera seulement la manière dont on danse à sa surface, que nous prendrons pour sujet de nos communications. Il nous faudra donc avant tout parler de l'Académie royale de musique où existe toujours ce vénérable corps de ballet qui conserve fidèlement les traditions chorégraphiques, et qui est à regarder comme la pairie de la danse. De même que l'autre pairie qui réside au Luxembourg, de même celle-ci compte parmi ses membres bien des perruques et des momies, que des scrupules faciles à comprendre m'empêchent de discuter. Je suis averti par l'exemple de ce pauvre M. Perrée, gérant du *Siècle*, qui vient d'être condamné à six mois de prison et 10,000 francs d'amende. Je ne parlerai que de Carlotta Grisi qui se distingue d'une manière brillante et délicieuse au milieu de la vénérable compagnie de la rue Lepelletier, à peu près comme une orange parmi des pommes de terre. C'est surtout Carlotta Grisi qui causa le succès inouï du ballet intitulé *les Willis*, dont l'heureux sujet est emprunté à un auteur allemand que vous connaissez. Mais de quelle façon ravissante elle danse! Quand on la voit, on oublie que Taglioni est en Russie et Fanny Essler en Amérique; on oublie l'Amérique et la Russie elles-mêmes ou plutôt tout le globe, et l'on plane avec elle dans les jardins suspendus et enchantés de cet empire des esprits où elle règne en souveraine. Oui, elle a tout à fait le caractère de ces esprits élémentaires que nous nous figurons toujours dansants, et dont les danses puissantes et séductrices fournissent au peuple le sujet de tant de traditions merveilleuses. Dans la légende des Willis, cette mystérieuse et frénétique passion pour la danse, qui appartient aux esprits élémentaires, et qui a parfois entraîné des hommes à leur perte, est attribuée aussi aux fiancées mortes ; à l'antique croyance païenne du joyeux et luxurieux délire des nixes et des elfes (des ondines et des silves), s'allièrent encore les frissons voluptueux et mélancoliques, les sombres et douces horreurs du monde des spectres selon la superstition du moyen âge.

La musique répond-elle au sujet fantastique de ce ballet? M. Adam, qui a composé la musique, était-il capable d'inventer des airs de danse qui, comme il est dit dans une légende septentrionale, forcent les arbres de la forêt à sautiller et les eaux des torrents à s'arrêter immobiles? M. Adam, à ce qu'on m'a raconté, a été en Norvége, mais je doute qu'il y ait appris de quelque magicien versé dans la science runique la fameuse mélodie du *Stroemkarl* dont on n'ose jouer que dix variations ; c'est qu'il y a encore une onzième variation qui pourrait causer de grands malheurs : quand on joue celle-ci, toute la nature s'émeut, les montagnes et les rochers commencent à danser, et les maisons dansent, et dans les maisons dansent les chaises et les tables, le grand-père saisit la grand'mère, le chien saisit la chatte pour danser, même l'enfant saute à bas de son berceau et danse. Non, M. Adam n'a pas rapporté de son voyage dans le Nord des mélodies aussi dangereuses ;

mais ce qu'il a produit est toujours honorable, et il occupe un rang distingué parmi les compositeurs de musique de l'école française.

Je ne puis me dispenser de mentionner ici que l'église chrétienne, qui a reçu dans son giron et mis à profit tous les arts, ne sut cependant rien faire de l'art de la danse, et le rejeta et le réprouva. La danse rappelait peut-être trop l'ancien culte des païens, aussi bien des païens gréco-romains que des païens germains et celtes, dont les dieux se sont transformés justement en ces êtres aériens nommés nixes et elfes, et auxquels la croyance populaire, comme je l'ai indiqué tout à l'heure, attribuait une merveilleuse passion pour la danse. En général le mauvais esprit, le prince des ténèbres, fut à la fin regardé comme le véritable patron de la danse, et c'est dans sa compagnie inique que les sorciers et les sorcières dansaient leurs rondes nocturnes. « La danse est maudite, » dit une pieuse chanson populaire; « quand tu vois danser, » ajoute le chansonnier, « pense à la tête coupée de saint Jean-Baptiste sur le plat sanglant, et la tentation infernale n'aura pas de puissance sur ton âme. » Maintes fois que nous assistions à la représentation d'un ballet dans la salle du grand Opéra, la danse de l'Académie royale de musique se présenta à notre esprit comme une tentative de christianiser en quelque sorte cet art archipaïen; et, en effet, le ballet français sent presque l'église gallicane et même le jansénisme, comme toutes les productions artistiques du grand siècle de Louis XIV. Le ballet français est sous ce rapport un pendant analogue des tragédies de Racine et des jardins de Le Nôtre. Il y règne en outre la même coupe régulière, la même mesure d'étiquette, la même froideur de cour, la même pruderie précieuse, la même chasteté. En vérité, la forme et l'essence du ballet français sont chastes, mais les yeux des danseuses font aux pas les plus pudiques le plus licencieux commentaire, et leur sourire indécent et libertin est en contradiction permanente avec leurs pieds. Nous remarquons tout le contraire dans les danses dites nationales, et je les préfère mille fois aux ballets du grand Opéra. Les danses nationales sont souvent trop sensuelles, presque lubriques dans leurs formes, par exemple, les danses indiennes; mais la sainte gravité sur les figures des danseurs moralise ces danses et les élève même à la hauteur d'un service divin, d'un acte religieux. Le grand Vestris a un jour prononcé une parole dont on a beaucoup ri. De ce ton pathétique qui allait si bien à sa mine importante, il disait à un de ses disciples : « Un grand danseur doit être vertueux. » Chose singulière! le grand Vestris repose déjà depuis quarante ans dans la tombe (il n'avait pu survivre au malheur de la maison de Bourbon avec laquelle la famille des Vestris avait toujours été très-liée), et seulement l'année dernière, lorsque j'assistais à une séance de la Chambre des députés, où parlait M. Guizot, le ton sonore de l'orateur me fit rêvasser, et Dieu sait comment, feu le grand Vestris me vint à la mémoire, et comme par inspiration je compris tout à coup la signification profonde de ces mots : « Un grand danseur doit être vertueux. »

Je ne puis vous rapporter que peu de chose des bals de société de cette année, car j'ai honoré jusqu'à présent peu de soirées de ma présence. La pâle monotonie de ces soirées a déjà depuis longtemps commencé à m'ennuyer, et je ne comprends pas comment un homme peut l'endurer à la longue. Pour les femmes, je comprends cela parfaitement. A leurs yeux, la toilette dont elles peuvent faire parade est la chose essentielle. Les préparatifs du bal, le choix de la robe, les petits soins de l'ajustement, l'arrangement de la coiffure, le sourire d'essai devant la glace, bref, la parure et la coquetterie sont pour elles l'affaire principale et leur procurent l'amusement le plus délicieux. Mais pour nous autres hommes qui ne mettons qu'un disgracieux habit noir et des souliers (les terribles souliers !) — pour nous une soirée n'est qu'une inépuisable source d'ennui, entremêlée de quelques verres de lait d'amande et de jus de framboises. Je ne veux pas parler du tout de la charmante musique. Ce qui rend les bals du grand monde encore plus ennuyeux qu'ils ne devraient l'être à bon droit, c'est la mode dominante de ne danser qu'en apparence, de n'exécuter qu'en marchant les figures prescrites, de mouvoir les pieds d'une façon tout à fait indifférente et presque maussade. Aucun ne veut plus amuser l'autre, et cet égoïsme se manifeste aussi dans la danse de la société actuelle.

Les classes inférieures, quelque plaisir qu'elles trouvent à singer le beau monde, n'ont cependant pas encore pu se résigner à cette danse apparente de l'égoïsme; leur danse a encore de la réalité, mais malheureusement une réalité trop décolletée. Je sais à peine comment exprimer l'étrange sentiment de tristesse qui me saisit chaque fois que dans les lieux de divertissements publics, surtout en temps de carnaval, je regarde le peuple qui danse. Là, une musique exagérée, bruyante et aiguë, accompagne des danses qui frisent plus ou moins le cancan. J'entends m'adresser la question : Qu'est-ce que le cancan? Grand Dieu, on veut que je donne pour la *Gazette d'Augsbourg* une définition du cancan ! Eh bien, soit ! Le cancan est une danse qui ne s'exécute jamais dans une société honnête, mais seulement dans des locaux peu convenables où le monsieur qui le danse, ou la dame par laquelle il est dansé, se voit aussitôt empoigner par un sergent de ville et flanquer à la porte. Je ne sais si cette définition explique suffisamment cette chose scabreuse, mais il n'est pas non plus nécessaire qu'on sache exactement en Allemagne ce que c'est que le cancan des bals publics à Paris. On comprendra toujours par cette définition que la vertu recommandée et prônée par feu Vestris n'est pas absolument de rigueur dans l'exécution de cette danse, et puis que le peuple français est même en dansant incommodé par l'intervention armée de l'État. Oui, cette constante participation de la police aux plaisirs du peuple est un singulier abus, et tout étranger s'étonne en remarquant dans les bals publics, à côté de chaque quadrille, plusieurs agents de la préfecture ou gardes municipaux qui surveillent d'un air soucieux et refrogné la moralité dansante. Il est presque inconcevable comment le peuple peut conserver, sous une aussi honteuse inspection, sa gaieté rieuse et son fol engouement pour la danse. Mais la légèreté française fait justement ses plus joyeuses gambades quand elle est enserrée dans la camisole de force; et bien que l'œil sévère de la police empêche que le cancan soit dansé d'une façon franchement cynique, les danseurs des bastringues n'en savent pas moins révéler leurs pensées prohibées par toute sorte d'entrechats ironiques, par les gestes les plus plaisants d'une décence exagérée, et la sensualité voilée apparaît alors plus dévergondée que la nudité elle-même. A mon avis, la moralité publique ne gagne pas grand'chose à voir le gouvernement morigéner la danse du peuple avec tant d'ostentation; les fruits défendus tentent toujours le plus vivement, et les expédients raffinés et souvent spirituels qu'on emploie pour éluder la censure chorégraphique, produisent un effet plus pernicieux que la brutalité permise. Cette surveillance des ébats populaires caractérise d'ailleurs l'état des choses dans ce pays, et montre jusqu'où les Français ont réussi à conquérir la liberté.

Mais ce ne sont pas seulement les rapports entre les deux sexes qui forment dans les bastringues de Paris le sujet de danses obscènes. Il me semble parfois qu'on y bafoue en dansant tout ce qui est regardé comme noble et sacré dans la vie des hommes, mais ce qui a si souvent été exploité par des fourbes et rendu ridicule par des imbéciles, que le peuple ne saurait plus y croire comme autrefois. Oui, il a perdu la foi en ces sentiments sublimes, dont parlent et chantent tant nos Tartufes politiques et littéraires; les fanfaronnades de l'impuissance surtout ont tant dégoûté ce peuple de toutes les choses idéales, qu'il n'y voit plus rien autre que des phrases vides de sens, que de la *blague*, comme il dit dans son argot. De même que cette désolante manière de voir est représentée par le type dramatique de Robert Macaire, de même elle se manifeste dans la danse du peuple qu'on peut considérer à juste titre comme une véritable pantomime du Robert-Macairianisme. L'étranger qui a de ce dernier une idée tant soit peu approximative, comprendra ces danses indescriptibles, ce persiflage dansé qui raille non-seulement les rapports sexuels, mais encore les rapports sociaux, mais encore tout ce qu'il y a de bon et de beau dans le monde, mais encore toute espèce d'enthousiasme, le patriotisme, la fidélité, la loyauté, la foi, les sentiments de la famille, l'héroïsme, la Divinité. Je le répète, je suis toujours accablé d'une indicible tristesse quand je regarde le peuple qui danse dans les lieux d'amusement à Paris;

et il en est ainsi surtout aux jours de carnaval où les folles mascarades portent l'allégresse démoniaque jusqu'à une extrémité qui fait frémir. Je fus presque saisi d'horreur en assistant dernièrement à une des splendides fêtes de nuit qu'on donne maintenant dans la salle de l'Opéra-Comique, où les horribles plaisirs du carnaval tourbillonnent avec une fougue bien plus magnifique que dans les bals masqués du grand Opéra. Là, Belzébut préside son orchestre et fait une musique étourdissante qui nous déchire les oreilles, tandis que la lumière perçante de l'éclairage au gaz nous éblouit et nous torture les yeux comme le feu de l'enfer. Voilà la vallée perdue dont la nourrice nous a conté de si effroyables légendes; là, dansent les sorcières endiablées, comme chez nous sur la montagne du *Brocken* dans la nuit de *Walpurgis*, et il y en a plus d'une qui est fort jolie, et qui, dans toute sa perversité, ne peut renier entièrement la grâce naturelle de ces diablesses de Françaises. Mais quand les trompettes annoncent à la fin le dernier galop, la terrible ronde, alors le tintamarre satanique arrive au comble de la démence; on dirait que le plafond de la salle va se fendre, et que tout à coup, par la crevasse de la toiture, toute l'assemblée infernale prendra son vol sur des manches à balai, des pincettes de cheminée, des fourches, de grandes cuillières de bois, ou bien sur des boucs à face humaine ou sur des hommes à face de bouc et sur d'autres montures de sabbat, criant, hurlant, vociférant les paroles sacramentales : *Oben hinaus, nirgends an!* (Passez par en haut, ne touchez nulle part.) C'est le moment dangereux où un nouveau débarqué d'outre-Rhin, qui n'entend rien à la magie, pourrait bien se perdre dans le tourbillon maudit, si par hasard il ne se rappelle pas la vieille prière allemande de sa grand'mère, qu'on doit réciter à voix basse quand de jolies sorcières françaises menacent de vous entraîner dans la damnation éternelle.

XLII

Paris, 15 avril 1842.

L'été dernier, au moment que j'arrivais à Cette par une belle journée d'été, je vis passer la procession le long du quai devant lequel s'étend la Méditerranée, et je n'oublierai jamais ce coup d'œil. En tête marchaient les confréries dans leurs costumes rouges, blancs ou noirs, les pénitents dont les capuchons rabattus sur le visage étaient pourvus de deux trous par lesquels leurs yeux regardaient comme des yeux de spectres; ils portaient aux mains des cierges allumés ou des bannières ornées d'une croix. Puis venaient les moines des différents ordres; ensuite une longue file de laïques, femmes et hommes, formes humaines pâles et brisées qui s'avançaient pieusement avec une démarche chancelante, et qui chevrotaient des cantiques d'un ton lugubre et lamentable. J'avais souvent rencontré de semblables cortéges dans mon enfance, aux bords du Rhin, et je ne saurais cacher que ces sons éveillèrent en moi une certaine mélancolie, une espèce de mal du pays. Mais ce que je n'avais jamais vu auparavant et ce qui semblait un usage introduit de l'Espagne voisine, ce fut la troupe d'enfants représentant la Passion. Un petit garçon, exactement costumé comme le Sauveur sur les images populaires et portant la couronne d'épines sur la tête, dont la belle chevelure d'or ondoyait tristement le long de son cou, se traînait haletant et courbé sous le fardeau d'une énorme croix en bois, le front ruisselant de gouttes de sang peintes d'un rouge cramoisi, des stigmates aux mains et aux pieds nus. A ses côtés marchait une petite fille toute vêtue de noir qui, en *Mater dolorosa*, portait dans sa poitrine plusieurs poignards aux manches dorés, et cette petite mère de douleurs fondait presque en larmes — image de la plus profonde amertume. D'autres petits gars, qui les suivaient, représentaient les apôtres, y compris Judas aux cheveux roux et tenant une bourse à la main. Une couple de bambins s'y trouvaient encore, en qualité de sbires romains, armés de casques et de boucliers, et ils brandissaient leurs sabres. Plusieurs enfants portaient des habits d'ordres monacaux et des ornements de prêtres et de grands dignitaires de l'Église : c'étaient de petits capucins, de petits jésuites, des évêques en miniature avec la mitre et la crosse, des cardinaux aux chapeaux rouges également d'une taille lilliputienne, de gentilles petites nonains, toutes âgées de six ans tout au plus, et, chose bizarre !

il y avait dans le nombre aussi quelques enfants habillés en Amours, avec des ailes de soie et des carquois d'or, et tout près du petit Sauveur trottinaient deux petites créatures bien plus délicates encore et à peine âgées de quatre ans, affublées d'un costume rococo de bergers, avec des houlettes et des chapeaux enrubanés, mignonnes à croquer, comme des poupées de massepain : elles figuraient probablement les pâtres qui entouraient la crèche de l'enfant Jésus. Mais, le croirait-on? ce spectacle excitait dans notre âme les sentiments les plus graves et les plus dévots, et l'effet en était d'autant plus émouvant que c'étaient justement de petits enfants innocents qui représentaient le martyre le plus cruel et le plus grandiose! Ce n'était pas une singerie dans le grand style historique, une parade de bigotterie grimaçante, une manifestation mensongère de piété berlinoise : c'était l'expression la plus naïve de la pensée la plus profonde, et précisément la forme simple et enfantine empêchait que le fond n'agît sur notre cœur avec une force écrasante, ou ne s'anéantît lui-même. En effet, le sujet des souffrances du Christ est d'une puissance de douleur si prodigieuse et si sublime, qu'il surpasse et réduit au néant toutes les manières de le représenter, les plus larges autant que les plus pathétiques. C'est pourquoi les grands artistes, aussi bien dans la peinture que dans la musique, ont toujours eu soin de couvrir de fleurs, autant que possible, les horreurs transcendantes de la Passion, et d'adoucir la sanglante vérité des faits par les gracieux jeux d'une tendresse humaine — et c'est ce que fit aussi *signor* Joachimo Rossini, en composant son *Stabat Mater*.

Cette dernière pièce de musique, le *Stabat* de Rossini, fut le grand événement de la saison passée; la discussion de ce chef-d'œuvre est toujours à l'ordre du jour, et justement les reproches qu'au point de vue de l'Allemagne septentrionale on élève contre le grand *maestro*, attestent d'une manière frappante l'originalité et la profondeur de son génie. « L'exécution est trop mondaine, trop sensuelle, trop folâtre pour ce sujet idéal, elle est trop légère, trop agréable, trop amusante. » — Telles sont les plaintes chagrines de quelques aristarques lourds et ennuyeux qui, s'ils ne feignent pas à dessein une spiritualité outrée, se sont du moins approprié par des études stériles, des notions très-bornées et très-erronées de la musique sacrée. Comme chez les peintres, il règne aussi chez les musiciens une idée toute fausse sur la manière de traiter les sujets religieux. Les peintres pensent que les sujets vraiment chrétiens doivent être représentés avec des contours subtils et exigus, et sous des formes aussi étiolées et aussi décolorées que possible; les dessins d'Overbeck sont leur prototype à cet égard. Pour contredire cet aveuglement par un fait, je rappelle ici les tableaux de saints de l'école espagnole; là domine l'ampleur des contours et la vivacité de la couleur, et cependant personne ne disconviendra que ces peintures espagnoles respirent le christianisme le plus spiritualisé et le plus idéal, et que leurs auteurs n'étaient certainement pas moins imbus de foi que les maîtres célèbres de nos jours qui ont embrassé à Rome le catholicisme afin de pouvoir peindre ses symboles sacrés avec une ferveur et une spontanéité ingénue que donne, selon leur idée, seulement l'extase de la foi. Le véritable caractère de l'art chrétien ne réside pas dans la maigreur et la pâleur du corps, mais dans une certaine effervescence de l'âme que le musicien, non plus que le peintre, ne saurait s'approprier ni par le baptême ni par l'étude; et, sous ce rapport, je trouve au *Stabat* de Rossini un caractère chrétien plus véritable qu'au *Paulus* de Félix Mendelsohn-Bartholdy, oratorio que les adversaires de Rossini préconisent comme un modèle du genre chrétien.

Le ciel me préserve de vouloir exprimer par là un blâme contre un maître aussi rempli de mérites que le compositeur du *Paulus*, et l'auteur de ces lettres songera moins que tout autre à vouloir critiquer le caractère chrétien de l'oratorio en question, par des raisons cléricales, ou pour ainsi dire pharisiennes. Je ne puis pourtant pas me dispenser d'indiquer qu'à l'âge où M. Mendelsohn commença le christianisme à Berlin (il n'a été baptisé que dans sa treizième année), Rossini l'avait déjà quelque peu déserté et s'était abîmé entièrement dans la musique mondaine des opéras. Maintenant qu'il a de nouveau abandonné celle-ci pour se reporter en rêve dans les souvenirs catholiques de sa première jeunesse, dans les temps où il chantait comme enfant de chœur dans la basilique de Pesaro, et où il prenait part comme acolyte à l'office de la sainte messe — maintenant que les anciens sons de l'orgue ont de nouveau résonné dans sa mémoire et lui ont fait saisir la plume pour écrire un *Stabat;* il n'a certes pas eu besoin de construire d'abord scientifiquement le génie du christianisme, et encore moins de copier en esclave les œuvres de Haendel ou de Sébastien Bach; il lui a suffi de ranimer dans son âme les accents qui y vivaient dans sa plus tendre enfance; et, chose remarquable! quelque sérieux et douloureusement profond que soit le ton dont ces accents sacrés retentissent, quelle que soit la véhémence avec laquelle ils gémissent et saignent en exprimant les sentiments les plus violents et les plus passionnés, ils ont cependant gardé quelque chose d'enfantin, et ils m'ont rappelé la représentation de la Passion par des enfants que j'avais vue à Cette. Oui, je me suis rappelé involontairement cette pieuse petite mascarade, lorsque j'assistai pour la première fois à l'exécution du *Stabat* de Rossini: l'immense et sublime martyre du Rédempteur y était représenté, mais dans les plus naïfs accents de jeunesse; les navrantes plaintes de la *Mater dolorosa* s'exhalaient, mais comme du gosier d'innocentes petites fillettes; à côté des crêpes noirs du deuil le plus poignant bruissaient les ailes de tous les Amours de la grâce; les horreurs du supplice de la croix étaient adoucies comme par les jeux folâtres des bergers, et le sentiment de l'infini embrassait et renfermait le vaste ensemble, comme le ciel d'azur qui brillait sur la procession de Cette, comme la mer azurée au bord de laquelle elle défilait aux sons du chant et de la musique ! Voilà le charme éternel de Rossini, sa suavité indestructible que les tracasseries d'aucun impresario ni d'aucun marchand de musique n'ont pu abîmer ou seulement troubler ! Avec quelque méchanceté, quelque astuce raffinée qu'il ait souvent été maltraité dans sa vie, nous ne trouvons pourtant dans ses productions musicales aucune trace de fiel. Semblable à l'antique source d'Aréthuse qui conservait sa douceur primitive, même après avoir traversé les eaux amères de l'Océan, le cœur de Rossini a conservé son aménité et sa douceur mélodieuses, bien qu'il ait goûté à satiété de tous les calices d'absinthe de ce monde.

Comme je l'ai dit, le *Stabat* du grand maestro a été cette année la production prédominante de la saison musicale. Je n'ai besoin d'entrer dans aucun détail sur la première exécution, qui a toujours le privilége de donner le ton ; il suffit de mentionner que les Italiens ont chanté. La salle de l'Opéra-Italien semblait être le parvis du ciel : là soupiraient des rossignols sacrés, là coulaient les larmes les plus *fashionables*. La *France musicale* donna également dans ses concerts la plus grande partie du *Stabat*, et, comme il va sans dire, avec des applaudissements inouïs. Dans ces concerts nous entendîmes aussi le *Paulus* de M. Félix Mendelsohn-

Bartholdy, qui attira notre attention justement par ce rapprochement, et qui provoqua de lui-même la comparaison avec Rossini. Dans la masse du public, cette comparaison ne tourna nullement à l'avantage de notre jeune compatriote : c'est aussi comme si l'on comparait les Apennins de l'Italie au monticule de Templow près Berlin. Mais le monticule de Templow n'en a pas moins ses mérites, et il se concilie le respect de la multitude déjà parce qu'il porte une croix sur son sommet. « Sous ce signe tu vaincras ! » Non pas à la vérité en France, le pays de l'incrédulité, où M. Mendelsohn a toujours fait fiasco. Il fut l'agneau sacrifié de la saison, tandis que Rossini a été le lion musical dont le rugissement retentit toujours. On dit ici que M. Félix Mendelsohn viendra sous peu en personne à Paris. Une chose certaine du moins, c'est que par l'intercession de piétistes et de diplomates d'un grand pouvoir, M. Léon Pillet a été amené à faire confectionner par M. Scribe un libretto dont M. Mendelsohn doit composer la musique pour le grand Opéra. Notre jeune compatriote accomplira-t-il avec bonheur cette tâche scabreuse ? Je ne sais. Son aptitude artistique est grande, mais elle a des bornes et des lacunes qui donnent à réfléchir. Sous le rapport du talent, je trouve une grande ressemblance entre M. Félix Mendelsohn et mademoiselle Rachel Félix, l'artiste tragique. Ce qui leur appartient en propre à tous deux, c'est une grande sévérité, un sérieux très-sérieux, un penchant prononcé de s'appuyer sur le marbre imposant des modèles classiques, le don du calcul le plus fin et le plus spirituel, une grande pénétration, et enfin le manque total de naïveté. Mais le génie dans l'art n'est-il pas toujours accompagné de naïveté ? Jusqu'à ce jour nous ne l'avons jamais rencontré sans cet accompagnement obligé.

XLIII

Paris, 2 juin 1842.

L'Académie des sciences morales et politiques, ne voulant pas se compromettre, a, dans sa séance du 28 mai, prorogé jusqu'en 1844 le couronnement du meilleur Examen critique de la philosophie allemande. Sous ce titre, elle avait proposé un prix pour une question dont la solution ne visait à rien de moindre qu'à une exposition raisonnée de la philosophie allemande depuis Kant jusqu'à nos jours, avec un examen particulier de ce dernier, du grand Emmanuel Kant dont les Français ont tant entendu parler qu'ils sont presque devenus curieux de savoir ce que c'est. Même Napoléon voulut un jour s'instruire sur la philosophie de Kant, et il chargea un savant français de lui en faire un résumé, mais qui devait être resserré dans quelques pages in-quarto. Les princes n'ont qu'à commander. Le résumé fut confectionné sans délai et dans la forme prescrite. De quelle nature il était, Dieu le sait; pour moi, j'ai appris seulement que l'empereur, après avoir parcouru attentivement les quelques pages in-quarto, prononça ces paroles : « Tout cela n'a aucune valeur pratique, et les affaires du monde ne sont guère avancées par des hommes tels que Kant, Cagliostro, Swedenborg et Philadelphia. » — La masse du public en France ne voit toujours en Kant qu'un visionnaire nébuleux, et tout dernièrement encore je lus dans un roman français cette phrase : « Le vague mystique de Kant. » Un des plus grands philosophes de France est sans contredit Pierre Leroux, et celui-ci m'avoua, il y a six ans, qu'il avait seulement, par le livre *de l'Allemagne* de Henri Heine, gagné la conviction que la philosophie allemande n'est pas aussi mystique et religieuse qu'on l'avait fait croire jusqu'alors au public français, mais au contraire très-froide, presque glaciale à force d'être abstraite, et irréligieuse au point de nier l'existence de l'Être suprême.

Dans la séance de l'Académie dont je viens de parler, Mignet, le secrétaire perpétuel, nous donna une notice historique sur la vie et les œuvres de feu Destutt de Tracy. Comme dans toutes ses productions, Mignet montra aussi, dans cette dernière, son grand et beau talent d'exposer nettement les faits, son admirable habileté à saisir tous les incidents caractéristiques du temps et du lieu, et à les rendre dans un style parfait de clarté et de sérénité. Son discours sur Destutt de Tracy a déjà paru imprimé, je n'ai donc pas besoin d'entrer dans des détails. Je noterai seulement en passant quelques réflexions qui me vinrent et me frappèrent vivement l'esprit, pendant que Mignet racontait la belle vie de ce gentilhomme qui descendait de la plus altière noblesse féodale et qui était dans sa jeunesse un brave soldat, mais qui n'en embrassa pas moins avec l'abnégation la plus généreuse le parti du progrès, et lui resta fidèle jusqu'à son dernier souffle. Le même homme qui avait avec Lafayette, dans les années de 80, exposé sa fortune et son sang pour le salut de la liberté, se retrouva avec son ancien ami le 29 juillet 1830 aux barricades de Paris, animé des mêmes convictions ; ses yeux seuls étaient éteints, son cœur était resté lumineux et jeune. La noblesse française a produit un nombre considérable, un nombre étonnant d'exemples pareils, et le peuple le sait bien, et les nobles qui ont fait preuve d'un tel dévouement à ses intérêts, il les désigne par le nom de : les bons nobles. Une méfiance envers la noblesse en général peut, il est vrai, dans des temps révolutionnaires, être reconnue comme salutaire, mais elle restera toujours une injustice. Sous ce rapport, une grande leçon nous est offerte par la vie d'un Tracy, d'un La Rochefoucauld, d'un d'Argenson, d'un Lafayette et d'autres bons nobles qui devinrent les champions des droits de l'homme, et jetèrent, en preux chevaliers qu'ils étaient, leur gantelet de défi à la face de tous les oppresseurs du peuple.

Droit, inflexible et tranchant, comme autrefois son glaive, fut l'esprit de Destutt de Tracy lorsqu'il se jeta plus tard dans cette philosophie matérialiste qui, en France, fut portée par Condillac à la domination. Condillac n'osa pas formuler les dernières conséquences de cette philosophie, et comme la plupart de ses disciples, il laissa toujours à l'esprit un petit coin reculé dans l'empire universel de la matière. Mais Destutt de Tracy refusa à l'esprit aussi ce dernier refuge, et chose singulière ! à la même époque où chez nous, en Allemagne, l'idéalisme fut élevé à son apogée et la matière niée, le principe matérialiste gravit en France son plus haut sommet, et on nia ici l'esprit. Destutt de Tracy fut pour ainsi dire le Fichte du matérialisme.

C'est une circonstance remarquable que Napoléon se soit senti une antipathie si inquiète pour la coterie philosophique à laquelle appartenaient Tracy, Cabanis et consorts, et qu'il ait traité ceux-ci très-durement. Il les nommait des idéologues, et il éprouvait une crainte vague et presque superstitieuse à l'endroit de cette idéologie qui n'était cependant rien autre que le bouillonnement écumant de la philosophie matérialiste; cette dernière avait à la vérité avancé le plus grand bouleversement politique, et révélé les plus terribles forces de destruction, mais sa mission était accomplie, et partant son influence terminée. Plus menaçante et plus dangereuse était la doctrine opposée qui surgit inaperçue en Allemagne et qui plus tard contribua tant au renversement de la domination française. C'est une chose digne de remarque qu'aussi à cet égard Napoléon ne comprenaît que le passé et n'avait pour l'avenir point d'yeux ni d'oreilles. Il pressentait un ennemi pernicieux dans l'empire de la pensée, mais il cherchait cet ennemi parmi de vieilles perruques qui étaient encore couvertes de la poudre du xviiie siècle ; il le cherchait parmi des vieillards français au lieu de le chercher parmi la blonde jeunesse des universités allemandes. Il faut convenir que le tyran Hérode fut plus sagace lorsqu'il persécuta l'engeance dangereuse dans le berceau et ordonna le massacre des innocents. Mais il ne tira pas profit non plus de son surcroît de finesse qui échoua contre les décrets de la Providence — ses bourreaux vinrent trop tard, l'enfant terrible n'était plus à Bethléem, une pieuse ânesse le portait vers la terre de salut de l'Égypte. Oui, Napoléon ne possédait de la perspicacité que pour l'intelligence du présent ou pour l'appréciation du passé, et il était complétement aveugle pour tout symptôme de l'avenir. Il se trouva sur le balcon de son château de Saint-Cloud, lorsque le premier bateau à vapeur y passa sur la Seine, et il ne se douta point que cette cheminée flottante, pavoisée d'une longue banderole de fumée, était appelée à transformer la face du monde !

XLIV

Paris, 20 juin 1842.

Dans un pays où la vanité compte tant de zélés partisans, l'époque de l'élection des députés sera toujours une époque de grande agitation. Cependant comme la dignité de député ne chatouille pas seulement l'amour-propre, mais conduit encore aux places les plus lucratives et aux influences les plus avantageuses; comme il y a ici en jeu non-seulement l'ambition, mais aussi l'avarice; comme il s'y agit aussi de ces intérêts matériels auxquels notre temps a voué un culte si fervent: pour ces raisons, l'élection des députés est un véritable assaut de vitesse, une course de chevaux dont l'aspect est pour le spectateur étranger plutôt curieux que satisfaisant. Car ce ne sont pas justement les plus beaux et les meilleurs coursiers qui se produisent sur le *turf* de ce *sport* politique; ce ne sont pas les qualités généreuses de la force, du pur sang, de la persévérance, qui l'emportent ici, mais uniquement l'agilité aux pieds légers. Plus d'un noble destrier, dont les naseaux respirent le plus ardent courage belliqueux, et dont les yeux brillent des étincelles de la raison, doit céder le pas à quelque bidet chétif, mais qui a été préparé tout exprès pour des triomphes dans cette carrière. Des chevaux rétifs et présomptueux viennent ici, dès leur premier élan, à se cabrer mal à propos, ou ils s'écartent en galopant. Seule la médiocrité bien dressée atteint le but. Qu'un Pégase soit à peine admis à la course parlementaire et qu'il y ait à éprouver mille sortes de dégoûts, cela va sans dire ; car le malheureux a des ailes, et il pourrait un jour s'élancer plus haut que ne le permet le plafond du palais Bourbon. Mais que nous importe ! Ce qui nous intéresse, ce n'est pas ce brouhaha de maquignonnage, ces trépignements et hennissements de l'égoïsme, ce tumulte des intérêts les plus sordides qui se parent des plus brillantes couleurs, ni les cris des palefreniers et la poussière du fumier — nous ne nous soucions que de savoir si les élections tourneront à l'avantage ou au préjudice du ministère ? Là-dessus on ne peut encore rien annoncer de positif. Et pourtant le sort de la France et peut-être du monde entier dépend de la question qui conservera la majorité dans la Chambre nouvelle. Je ne veux aucunement avancer la supposition qu'il pourrait surgir parmi les nouveaux députés de bien puissants ferrailleurs, capables de pousser le mouvement jusqu'à sa dernière extrémité. Non, ces nouveaux arrivants n'agiteront que des paroles et encore des paroles, et ils redoutent l'action autant que leurs prédécesseurs ; même le plus déterminé des novateurs de la Chambre ne veut pas renverser avec violence les choses existantes, il veut seulement exploiter à son profit certaines appréhensions des puissances qui s'agitent en haut, et certaines espérances qui couvent en bas de la société : la peur des supérieurs et les appétits des inférieurs.

Mais les embrouillements, les embarras et les perplexités momentanées dans lesquels le gouvernement peut tomber par suite de ces machinations, peuvent donner aux puissances occultes, embusquées dans les ténèbres, le signal de l'explosion, et comme toujours la révolution attend une initiative parlementaire. La roue effroyable se mettrait alors de nouveau en mouvement, et nous verrions cette fois s'avancer un antagoniste qui pourrait bien se montrer comme le plus redoutable de tous ceux qui sont jusqu'ici entrés en lice avec l'ordre existant. Cet antagoniste garde encore son terrible incognito, et il réside comme un prétendant nécessiteux dans ces sous-sols de la société officielle, dans ces catacombes où, au milieu de la mort et de la décomposition, germe et bourgeonne la vie nouvelle. Communisme est le nom secret de cet adversaire formidable qui oppose le règne des prolétaires dans toutes ses conséquences au régime actuel de la bourgeoisie. Ce sera un épouvantable duel. Comment se terminera-t-il? C'est ce que savent les dieux et les déesses dont la main pétrit l'avenir. Pour notre part, nous savons seulement que le communisme, bien qu'il soit peu discuté à présent, et qu'il traîne son existence souffreteuse dans des mansardes cachées sur sa couche de paille misérable, est pourtant le sombre héros à qui est réservé un rôle énorme, quoique passager, dans la tragédie moderne, et qui n'attend que la réplique pour entrer en scène. Nous ne devons donc jamais perdre de vue cet acteur, et nous ferons de temps à autre des communications sur les répétitions furtives par lesquelles il se prépare à son début. De telles indications seront peut-être plus importantes que tous les rapports sur des menées électorales, des querelles de partis et des intrigues de cabinet.

XLV

Paris, 12 juillet 1842.

Le résultat des élections vous sera mandé par les journaux. Ici, à Paris, on n'a pas besoin de consulter là-dessus les feuilles, on le lit sur tous les visages. Hier, tout avait ici un air très-orageux, et les cœurs laissaient entrevoir une agitation telle que je ne l'ai remarquée que dans les grandes crises. Les anciens oiseaux de tempête traversaient de nouveau bruyamment et invisiblement les airs, et les têtes les plus somnolentes furent tout à coup réveillées de leur repos de dix-huit mois. J'avoue que moi-même, secrètement effleuré de ce terrible battement d'aile, je sentis une violente palpitation. Je suis toujours saisi de frayeur au premier moment que je vois se déchaîner les démons de la révolution; plus tard je suis fort calme, et les apparitions les plus monstrueuses ne peuvent ni m'inquiéter ni me surprendre, justement parce que j'ai prévu leur arrivée avec une peur anticipée. Quelle serait la fin de ce mouvement pour lequel Paris aurait comme toujours donné le signal? ce serait la guerre, la plus affreuse guerre de destruction, qui appellerait malheureusement dans l'arène les deux plus nobles peuples de la civilisation pour leur perte à tous deux ; je veux dire l'Allemagne et la France. L'Angleterre, le grand serpent d'eau qui peut toujours se retirer et se blottir dans son vaste nid de l'Océan, et la Russie, le colossal ours du Nord, qui trouve également pour s'y tapir les plus sûres tanières dans ses immenses steppes, montagnes de glace et forêts de sapins; ces deux puissances ne peuvent, dans une guerre politique ordinaire, même par les plus signalées défaites, être ruinées entièrement : — mais l'Allemagne est beaucoup plus gravement menacée dans des cas pareils, et même la France pourrait y perdre de la façon la plus déplorable son existence d'État politique. Mais ce ne serait que le premier acte, pour ainsi dire le prélude, de la tumultueuse pièce à grand spectacle. Le second acte sera la révolution européenne et universelle, le gigantesque combat singulier entre les déshérités de la fortune et l'aristocratie de la possession, et là il ne sera question ni de nationalité ni de religion : il n'y aura qu'une seule patrie, la terre, et qu'une seule croyance, le bonheur terrestre. Les doctrines religieuses du passé dans tous les pays se lèveront-elles en commun pour une résistance désespérée, et cette tentative formera-t-elle le troisième acte? Est-ce que même la vieille tradition absolutiste entrera encore une fois en scène, mais revêtue d'un nouveau costume et appelant sous ses drapeaux un nouveau fanatisme qui sera peut-être le fanatisme du passé sous un nouvel accoutrement? Quel sera le dénoûment de la pièce? Je ne sais, mais il m'est avis qu'on finira par écraser la tête du grand serpent d'eau, et par dépouiller de sa peau velue le colossal ours du Nord, quelque formidable qu'il soit. Ce sera peut-être l'époque où il n'y aura plus qu'un seul berger et un seul troupeau, un berger libre avec une houlette de fer, et un troupeau d'hommes également tondus, également bêlants! Des temps durs et pleins de bouleversements approchent en grondant, et le prophète qui voudrait écrire une nouvelle apocalypse aurait à inventer des monstres tout nouveaux et si épouvantables que les anciens animaux symboliques selon saint Jean ne seraient en comparaison avec eux que de doux tourtereaux et de gracieux Amours. Les dieux se voilent la face, par compassion pour les pauvres petites créatures humaines, leurs pupilles séculaires, et peut-être aussi par crainte pour leur propre sort. L'avenir a une odeur de cuir de Russie, de sang, d'impiété et de force coups de bâton. Je conseille à nos neveux de venir au monde avec une bonne et épaisse peau sur l'échine.

XLVI

Paris, 15 juillet 1842.

Par malheur mon noir pressentiment ne m'a pas trompé ; la sombre disposition d'esprit qui, depuis quelques jours, m'accablait presque et offusquait mes yeux, était l'annonce d'un sinistre. Après la joie présomptueuse de la veille, s'est répandu hier un effroi, une consternation impossible à dépeindre, et les Parisiens acquièrent, par un cas de mort imprévu, la connaissance combien les institutions sociales sont peu garanties ici, et combien de danger offre la moindre secousse. Et ils n'ont voulu effectivement que donner quelques petites secousses toutes légères, mais nullement ébranler par de trop véhéments coups de sape tout l'édifice de l'État. Si le duc d'Orléans eût péri quelques jours plus tôt, Paris n'aurait pas élu douze députés de l'opposition contre deux conservateurs, et n'aurait pas, par cet acte d'une portée incalculable, imprimé au mouvement social une nouvelle impulsion. Cet accident funeste remet en question tout l'ordre des choses existantes, et l'on pourra se féliciter si l'arrangement de la régence, pour le cas du décès du roi actuel, est aussitôt que possible et sans fâcheuse interruption délibéré et résolu par la Chambre. Les discussions sur la régence occuperont donc avant tout les

Chambres et prêteront des paroles aux passions. Et quand même tout se passerait tranquillement, nous ne devons pas moins nous attendre à un interrègne provisoire qui est toujours un contre-temps et un contre-temps particulièrement grave pour un pays dont les institutions sont encore si branlantes et ont surtout besoin de stabilité. On dit que le roi montre dans son malheur la plus grande force de caractère et un sang-froid parfait, quoiqu'il ait été très-abattu depuis plusieurs semaines. Son esprit était troublé dans le dernier temps par de singuliers pressentiments. D'après ce qu'on rapporte, il aurait adressé dernièrement à Thiers, avant son départ, une lettre dans laquelle il parlait beaucoup de la mort, mais il ne pensait certainement qu'à son propre décès. Le feu duc d'Orléans était généralement aimé et même adoré. La nouvelle de sa perte frappa tout le monde comme un coup de foudre tombant d'un ciel serein, et l'affliction règne dans toutes les classes de la population. Hier, à deux heures de l'après-midi, la sourde rumeur d'un désastre se répandit à la Bourse où les fonds publics baissèrent aussitôt de 3 francs. Mais personne ne voulait ajouter foi à ce bruit. Aussi le prince ne mourut-il qu'à quatre heures, et jusqu'à ce moment la nouvelle de sa mort était contredite par bien des personnes. Encore à cinq heures on en doutait. Mais, à six heures, lorsque devant les théâtres une bande de papier blanc fut collée sur les affiches pour annoncer qu'il y avait relâche, chacun comprit l'horrible vérité. Quand, en sautillant, arrivèrent les dames parées, et qu'au lieu du spectacle espéré elles ne virent que les portes closes et qu'elles apprirent le malheur arrivé près de Neuilly sur la route qu'on appelle le chemin de la Révolte, alors des pleurs tombèrent de bien des beaux yeux, et il n'y eut que sanglots et lamentations sur le compte du beau prince qui venait de s'éteindre si jeune et si charmant, ce caractère chevaleresque, ce Français dans la plus aimable acception du mot. Oui, il fut moissonné dans la fleur de sa vie, ce jeune homme au cœur héroïque et serein, et il vit couler son sang si pur, si irréprochable, si fortuné, au milieu des fleurs du printemps, comme autrefois Adonis! Pourvu qu'il ne soit pas aussitôt après sa mort célébré dans de mauvais vers ou dans une prose de laquais encore plus mauvaise! Mais voilà le sort de tout ce qui est beau sur cette terre! Peut-être, au moment que la douleur la plus vraie et la plus fière remplit le peuple français, et que sur le prince défunt coulent non-seulement de belles larmes de femmes, mais aussi des larmes d'hommes libres qui honorent sa mémoire, le deuil officiel se tient déjà quelques oignons devant le nez pour pleurnicher, et peut-être même la folie entoure de crêpes noirs les grelots de sa marotte, et nous entendrons bientôt le tintement tragi-comique. C'est surtout le radotage larmoyant, le tiède breuvage de la sentimentalité qui se produira dans cette occurrence. Peut-être à cette heure déjà M. Laffitte court en haletant à Neuilly et embrasse le roi avec une émotion toute germanique, et l'opposition en chœur essuie l'eau de ses yeux et se mouche le nez. Peut-être déjà à cette heure Chateaubriand enfourche son Pégase mélancolique, sa Rossinante ailée, et débite une condoléance sonore à la reine. Grimace et sensibilité répugnantes! il n'y a qu'un pas du sublime au ridicule. Comme je l'ai dit, devant les théâtres, sur les boulevards, on reçut hier la certitude du déplorable événement, et là se formèrent de tous côtés des groupes autour des orateurs qui racontèrent les détails du sinistre avec plus ou moins d'amplifications oiseuses. Plus d'un vieux hâbleur qui ne trouve d'ordinaire pas le plus mince auditoire, profitait de cette occasion pour rassembler autour de lui une assistance attentive, et pour exploiter la curiosité publique dans l'intérêt de sa volubilité ambitieuse. Il y avait notamment devant les Variétés un individu qui déclamait fort pathétiquement, comme Théramène dans *Phèdre: Il était sur son char*, etc.

XLVII

Paris, 19 juillet 1842.

Feu le duc d'Orléans reste sans cesse le sujet des conversations. Jamais la mort d'un homme n'a causé un deuil aussi général. C'est une chose remarquable qu'en France, où la révolution n'a pas encore discontinué de fermenter, l'amour d'un prince ait pu jeter de si profondes racines et se manifester d'une façon aussi touchante. Non-seulement la bourgeoisie qui plaçait toutes ses espérances dans le jeune prince, mais aussi les classes inférieures du peuple regrettent sa perte. Lorsqu'on ajourna les fêtes de Juillet, et qu'on démonta sur la place de la Concorde les grands échafaudages qui devaient servir à l'illumination, ce fut un spectacle déchirant que de voir, assis sur les poutres et les planches renversées, le peuple qui déplorait la mort du jeune prince. Une morne tristesse était empreinte sur tous les visages, et la douleur de ceux qui ne prononçaient aucune parole était la plus éloquente. Là, coulaient les larmes les plus sincères, et parmi les braves gens qui pleuraient, il y avait sans doute plus d'une tête chaude qui à l'estaminet se vante de son républicanisme.

Mais pour la France la fin prématurée du jeune prince est un malheur réel; et eût-il même possédé moins de vertus qu'on ne lui en reconnaît après sa mort, les Français auraient encore assez de sujets pour pleurer, en songeant à l'avenir. La question de la régence occupe déjà toutes les têtes, et chose fâcheuse! non pas exclusivement les bonnes. On met déjà bien du non-sens sur le tapis. L'astuce sait aussi fomenter une confusion d'idées qu'elle se promet d'exploiter au profit de ses intérêts de parti. Le duc de Nemours jouit-il en effet de la très-haute disgrâce du peuple souverain, comme on le soutient avec un zèle excessif? Je n'en veux pas juger.

Encore moins suis-je tenté d'approfondir les raisons de sa disgrâce. L'air distingué, élégant, réservé et patricien du prince est peut-être le principal grief qu'on a contre lui. L'extérieur du duc d'Orléans était noble, celui du duc de Nemours est nobiliaire. Et quand même son extérieur répondrait à son caractère, le prince n'en serait pas moins capable de rendre pendant quelque temps, comme gonfalonier de la démocratie, les meilleurs services à cette dernière, attendu que cette charge exigerait de lui, par la force des choses, la plus grande abnégation de ses sentiments privés : car sa tête détestée et suspecte serait toujours exposée aux soupçons les plus odieux. Je suis même persuadé que les intérêts de la démocratie sont bien moins mis en péril par un régent haï, en qui l'on se fie peu, et que l'on contrôle sans relâche, que par un de ces favoris du peuple, auxquels on s'abandonne avec une prédilection aveugle, et qui au bout du compte ne sont que des hommes, des créatures inconstantes, soumises à toutes les lois de changement que le temps impose à la nature humaine. Que de princes, héritiers présomptifs de la couronne, qui jouissaient d'une brillante popularité, n'avons-nous pas vus tomber à la fin dans la désaffection la plus violente ! Quelle horrible variabilité le peuple n'a-t-il pas témoignée à l'égard de ses anciens favoris ! L'histoire française est particulièrement riche en exemples de cette nature. Avec quels cris d'allégresse le peuple entourait le jeune Louis XIV ! — Avec une froideur glaciale et sans la moindre émotion il le vit enterrer comme vieillard. Louis XV était nommé à bon titre « le bien-aimé », et avec une véritable tendresse de singes les Français lui rendaient hommage, au commencement de son règne ; lorsqu'il mourut on éclata d'un fou rire et on se mit à siffler des couplets outrageants : on se réjouissait de sa mort. Le sort de son successeur Louis XVI fut plus fatal encore, et lui qui était presque adoré comme prince héritier de la couronne, et qui à son début passait pour le modèle de toutes les perfections, il fut personnellement maltraité de son peuple, et le fil de sa vie fut même coupé de la manière la plus irrévérencieuse sur la place de la Concorde par les infâmes ciseaux que vous savez. Quel crime de lèse-majesté ! Le dernier roi de cette lignée, Charles X, n'était rien moins qu'impopulaire lorsqu'il monta sur le trône, et le peuple le salua à cette occasion avec un enthousiasme inexprimable ; quelques années plus tard il fut conduit sous bonne escorte à la frontière du pays, et il mourut dans la désolation de l'exil. Le fameux mot de Solon qu'on ne saurait nommer personne heureux avant sa mort, est surtout d'une vérité frappante à propos des rois de France. Ne pleurons donc pas la mort du duc d'Orléans pour la raison qu'il était tant chéri du peuple, et qu'il lui promettait un si bel avenir, mais parce qu'en tant qu'homme il méritait nos larmes. Ne nous lamentons pas trop non plus sur la manière appelée peu glorieuse de sa fin, sur le hasard banal qui l'a amenée. Il vaut mieux qu'il se soit fracassé la tête contre une innocente pierre, que si la balle d'un Français ou d'un Allemand lui avait donné la mort. Le prince avait un pressentiment de sa fin prématurée, mais il pensait qu'il tomberait dans la guerre ou dans une émeute. Avec son courage chevaleresque qui affrontait tout danger, une chose pareille était très-vraisemblable. — Louis-Philippe, quoique martyrisé et abreuvé de souffrances, se comporte avec une fermeté qui impose du respect à tout le monde. Dans l'adversité il montre le véritable héroïsme. Son cœur saigne dans une douleur inouïe, mais son esprit reste indomptable, et il travaille jour et nuit. Jamais on n'a senti le prix de sa conservation plus profondément que dans ce moment où le repos du monde entier dépend de sa vie. Ne succombe pas sous tes blessures et ne cesse pas de combattre, malheureux roi, vaillant héros de la paix!

XLVIII
Paris, 26 juillet 1842.

Le discours du trône est court et simple. Il dit l'essentiel de la manière la plus digne. Le roi l'a écrit lui-même. Sa douleur se montre avec une absence de faste telle qu'on pourrait l'appeler puritaine et même républicaine. Lui qui aimait autrefois tant à parler, il est devenu depuis très-parcimonieux de paroles. La silencieuse réception aux Tuileries, qui eut lieu il y a quelques jours, avait quelque chose de lugubre, je dirais presque de fantastique; sans dire un mot, plus de mille personnes passaient devant le roi qui les regardait, muet et souffrant. On affirme que le *requiem* annoncé à Notre-Dame est contremandé; le roi ne veut pas de musique aux funérailles de son fils; la musique, dit-il, rappelle trop les jeux et les fêtes. — Son désir de voir confier la régence à son fils, et non à sa belle-fille, est suffisamment indiqué dans l'adresse. Ce désir trouvera peu de contradiction, et Nemours deviendra régent, quoique cette charge revienne de droit à la belle et spirituelle duchesse qui, modèle de perfection féminine, était si digne de son époux. Hier on disait que le roi amènerait son petit-fils, le comte de Paris, à la Chambre des députés. Beaucoup le souhaitaient, et la scène aurait été assurément très-touchante. Mais le roi évite maintenant, comme je l'ai dit, tout ce qui rappelle le pathos de la monarchie féodale. — Sur l'éloignement de Louis-Philippe pour des régences de femmes, plusieurs de ses paroles ont pénétré dans le public. « L'homme le plus sot, aurait-il dit, sera toujours un meilleur régent que la femme la plus intelligente. » Est-ce pour cela qu'il a donné la préférence au duc de Nemours sur la spirituelle princesse Hélène?

XLIX

Paris, 20 juillet 1842.

Le conseil municipal de Paris a résolu de ne pas détruire, comme on en avait d'abord l'intention, le modèle d'éléphant établi sur la place de la Bastille, mais de s'en servir pour une fonte en airain, et d'ériger à l'entrée de la barrière du Trône le monument coulé dans le vieux moule. Cet arrêté municipal est presque autant discuté dans le peuple des faubourgs Saint-Antoine et Saint-Marceau, que la question de la régence dans les classes supérieures de la société. Ce colossal éléphant de plâtre, qui fut élevé déjà du temps de l'empire, devait plus tard servir de modèle au monument qu'on se proposait de consacrer à la révolution de Juillet, sur la place de la Bastille. Depuis, on changea d'avis et l'on dressa à la mémoire de ce glorieux événement la grande colonne de Juillet. Mais alors la démolition projetée de l'éléphant suscita de grandes craintes, car parmi le peuple courait le bruit sinistre qu'un nombre incalculable de rats s'étaient nichés dans le sein de l'éléphant, et qu'il y avait à redouter, en cas qu'on abattît le grand monstre de plâtre, qu'une légion de monstres bien plus petits mais bien plus dangereux ne vînt à paraître et à envahir les faubourgs Saint-Antoine et Saint-Marceau. Tous les cotillons de ces parages tremblaient à l'idée d'un tel péril, et les hommes eux-mêmes furent saisis d'une frayeur secrète en pensant à l'invasion de ces voraces barbares à longue queue. On adressa les instances les plus respectueuses à la municipalité, et celle-ci ajourna en conséquence la démolition du grand éléphant de plâtre, qui depuis lors resta pendant des années tranquillement debout sur la place de la Bastille. Singulier pays! où, malgré la manie générale de destruction, bien des choses mauvaises se conservent, parce que l'on craint des choses pires qui pourraient les remplacer! Avec combien de plaisir on abattrait Louis-Philippe, ce grand et prudent éléphant, mais on craint le monstre à mille têtes, sa majesté la populace souveraine, qui viendrait alors au gouvernement, et voilà pourquoi même les ennemis nobles et ecclésiastiques de la bourgeoisie, qui ne sont pas justement frappés de cécité, cherchent à conserver le trône de Juillet; seulement les plus bornés parmi les aristocrates et le clergé, certains joueurs qui jouent au hasard ou au plus habile, spéculent sur le pessimisme, sur la république, ou plutôt sur le chaos qui surgirait pendant ou après la république.

La bourgeoisie de France elle-même est possédée du démon de la destruction, et bien qu'elle ne redoute pas précisément la république, elle a cependant une peur instinctive du communisme, de ces sombres compagnons qui, semblables à des rats, sortiraient en foule envahissante des débris du régime actuel. Oui, d'une république dans l'ancien genre, même d'un peu de terrorisme à la Robespierre, la bourgeoisie française n'aurait pas grand'peur, elle se réconcilierait aisément avec cette forme de gouvernement, et elle monterait paisiblement la garde pour défendre les Tuileries, n'importe qu'un Louis-Philippe ou qu'un comité du salut public y eût sa résidence; car la bourgeoisie veut avant tout l'ordre et la protection des lois de propriété existantes — exigences qu'une république peut satisfaire aussi bien que la royauté. Mais ces boutiquiers pressentent d'instinct, comme je l'ai dit, que la république ne serait plus de nos jours l'expression des principes de 89, mais seulement la forme sous laquelle s'établirait un nouveau et insolite régime de prolétaires, avec tous les dogmes de la communauté des biens. Ils sont conservateurs par une nécessité matérielle, non par une conviction intime, et la peur est ici l'appui de tout ce qui existe.

Cette peur subsistera-t-elle encore longtemps? Est-ce que la légèreté nationale ne saisira pas un beau matin les esprits, et entraînera même les plus craintifs dans le tourbillon de la révolution? Je ne sais, mais c'est possible, et le résultat des élections de Paris indique même que c'est probable. Les Français ont la mémoire courte, et oublient jusqu'à leurs appréhensions les plus fondées. C'est pourquoi ils entrent si souvent en scène comme acteurs, et même comme acteurs principaux, dans l'immense tragédie que le bon Dieu fait représenter sur terre. D'autres peuples n'ont leur grande période de mouvement, leur histoire, que dans l'adolescence, à l'âge où ils se jettent inexpérimentés dans l'action; car plus tard, à l'âge mûr, la réflexion et la considération des conséquences retient les peuples comme les individus des actions précipitées, et c'est seulement sous l'impulsion d'un besoin extérieur, non pas de gaieté de cœur, que ces peuples virils se lancent dans l'arène de l'histoire universelle. Mais les Français gardent toujours l'étourderie de la jeunesse, et quoi qu'ils aient fait et souffert hier, ils n'y pensent plus aujourd'hui, le passé s'efface dans leur mémoire, et le jour nouveau les pousse à de nouvelles actions et à de nouvelles souffrances. Ils ne veulent pas vieillir, et ils croient peut-être se conserver la jeunesse elle-même, en ne se départant pas de la légèreté, de l'insouciance et de la générosité juvéniles! Oui, la générosité, une bonté non-seulement juvénile, mais même puérile dans le pardon des offenses, forme un trait fondamental dans le caractère des Français; mais je ne puis m'empêcher d'ajouter que cette vertu émane de la même source que leurs défauts, le manque de mémoire. L'idée de « pardonner » répond en effet chez ce peuple au mot « oublier », oublier les offenses. S'il n'en était pas ainsi, il y aurait journellement des meurtres et des assassinats à Paris, où à chaque pas se rencontrent des hommes qui ont entre eux quelque grief sanglant.

La bonté de cœur qui caractérise les Français, se manifeste en cet instant tout particulièrement à l'égard de Louis-Philippe; et ses ennemis les plus acharnés dans le peuple, à l'exception des Carlistes, prouvent d'une manière touchante combien ils prennent part à son malheur domestique. J'oserais soutenir que le roi est présentement redevenu populaire. Lorsque je regardais hier devant Notre-Dame les préparatifs des funérailles, et que j'écoutais la conversation des bourgerons qui y étaient rassemblés, j'entendis entre autres cette expression naïve : « Le roi peut maintenant se promener dans Paris sans crainte, personne ne tirera sur lui. » (Quelle popularité!) La mort du duc d'Orléans, qui était aimé de tout le monde, a regagné à son père les cœurs les plus revêches, et l'union conjugale entre le roi et le peuple a été de nouveau bénie par un malheur commun. Mais combien durera cette noire lune de miel?

L

Paris, 17 septembre 1842.

Depuis hier je suis de retour à Paris d'un voyage de quatre semaines, et j'avoue que mon cœur jubilait dans ma poitrine lorsque la diligence roulait sur le pavé chéri des boulevards, que je passais devant le premier magasin de modes, devant les souriants minois de grisettes, et que j'entendais le carillon des marchands de coco, et que je respirais de nouveau l'air délicieux et civilisé de Paris. J'étais presque ravi en extase, et j'aurais pu embrasser le premier garde national que je rencontrai; sa bonne grosse figure rayonnait si spirituellement sous son rude et sauvage bonnet à poil d'ours, que j'eus peine à me contenir, et sa baïonnette avait réellement quelque chose d'intelligent, de cette intelligence par laquelle les baïonnettes de la garde nationale se distinguent d'une façon si rassurante de celles d'autres corporations. Mais pourquoi ma joie en revenant à Paris était-elle cette fois si excessive, que je m'en sentais presque enivré comme si je remettais le pied sur le doux sol du pays natal, comme si j'entendais de nouveau les accents de la patrie? Pourquoi Paris exerce-t-il un tel charme sur les étrangers qui ont vécu quelques années dans son enceinte? Beaucoup de braves gens d'entre nos compatriotes résidant dans cette ville, soutiennent qu'en aucun endroit du monde l'Allemand ne peut mieux se sentir chez lui que justement à Paris, et que la France elle-même n'est, après tout, pour nos cœurs rien autre qu'une Allemagne française.

Mais cette fois ma joie est doublement grande à mon retour : je viens d'Angleterre; oui, d'Angleterre, quoique je n'aie pas traversé le détroit. C'est que j'ai séjourné pendant quatre semaines à Boulogne-sur-Mer, qui est déjà une ville anglaise. On n'y voit rien que des Anglais, et on n'y entend rien que de l'anglais du matin au soir, et hélas! même la nuit, quand on a le malheur de posséder des voisins de chambre qui jusque bien avant dans la nuit font de la politique auprès du thé et du grog! Durant quatre semaines je n'entendis rien que ces accents sifflants de l'égoïsme, où chaque syllabe, chaque

intonation est imprégnée de l'amour de soi-même.
C'est certainement une chose horriblement injuste que
de prononcer un jugement de condamnation sur tout un
peuple à la fois. Mais au sujet des Anglais, le dépit momentané pourrait me faire commettre une semblable
injustice, et en les regardant en masse, j'oublie parfois
le grand nombre d'hommes braves et généreux qui se
sont distingués parmi eux par leur esprit et leur amour
de la liberté! Mais ceux-ci, surtout les poëtes britanniques
de nos jours, n'en offrent qu'un contraste d'autant plus
tranchant avec le reste du peuple, ils furent toujours les
martyrs isolés des mœurs hypocrites et des idées rétives
de leur nation ; et puis, les grands génies n'appartiennent point au pays particulier où ils sont nés, c'est à
peine s'ils appartiennent à la terre, ce calvaire de leurs
souffrances. Les Anglais en général, les Anglais pur
sang — Dieu me pardonne ce péché ! — me sont antipathiques dans le fond de l'âme, et parfois je ne les prends
même pas pour mon prochain, pour des créatures humaines comme nous autres, mais ils me paraissent des
automates, de malheureuses machines, ayant pour ressort intérieur l'égoïsme. Il me semble alors entendre le
bourdonnement des rouages, par quoi ils pensent,
sentent, calculent, digèrent et prient — leurs prières,
leur dévotion mécanique et anglicane, leurs visites méthodiques à l'église avec le paroissien doré sous le bras,
leur absurde et ennuyeuse manière de célébrer le dimanche, leur cagotisme gauche et niais, me répugnent

surtout; je suis fermement convaincu qu'un troupier français qui jure est un spectacle plus agréable pour la Divinité qu'un marchand anglais qui prie! D'autres fois ces Anglais pur sang m'apparaissent sous une forme encore plus étrange, c'est-à-dire comme une espèce d'ombres fantastiques, comme tout un peuple de lugubres revenants, et bien plus effrayants que les pâles fantômes de l'heure de minuit, sont pour moi ces spectres aux joues rouges et à la forte carrure, qui se promènent en suant à la clarté vive du soleil! Ajoutez à cela le manque total de politesse! Avec leurs membres anguleux, avec leurs coudes pointus et raides, ils se heurtent contre tout et contre tous, sans s'excuser par une aimable parole. Combien ces barbares aux cheveux roux, qui mangent de la chair sanglante, doivent-ils surtout être odieux aux Chinois, chez qui la politesse est une qualité innée, et qui, comme on sait, passent deux tiers de leur journée à exercer cette vertu nationale par des révérences et des génuflexions!

Je ne suis pas, je le confesse, tout à fait impartial quand je parle des Anglais, et il est possible que mon jugement défavorable, mon aversion envers eux, repose dans mes inquiétudes sur notre propre bien-être, sur la tranquillité heureuse et paisible de notre patrie allemande. Car depuis que j'ai compris profondément quel égoïsme impassible domine aussi dans leur politique, ces Anglais me remplissent d'une peur presque superstitieuse. Je porte le meilleur respect à leur prépondérance dans les choses matérielles ; ils ont beaucoup de cette énergie brutale avec laquelle les Romains tenaient jadis le monde sous leur joug, mais ils réunissent en eux avec la rapacité des loups de Rome aussi l'astuce des serpents de Carthage. Contre la première nous avons de bonnes armes et même des armes éprouvées, mais contre les ruses meurtrières de ces Puniens de la mer du Nord nous sommes sans défense. Et plus que jamais l'Angleterre est dangereuse maintenant qu'elle voit succomber ses intérêts mercantiles : il n'y a dans toute la création aucune créature aussi inhumaine qu'un marchand dont le commerce ne va plus, qu'un bonnetier dont les chalands deviennent infidèles, et dont les *fabricats* de coton ne trouvent plus d'écoulement.

Comment l'Angleterre se sauvera-t-elle de cette crise commerciale ? J'ignore de quelle manière la question des travailleurs des manufactures pourra être résolue ; mais je sais que la politique de la moderne Carthage n'est pas difficile dans le choix de ses moyens. Une guerre européenne paraîtra peut-être en dernier ressort à cet égoïsme le remède le plus propre à ménager au mal intérieur quelque dérivation au dehors. L'oligarchie britannique spéculera alors avant tout sur la bourse de la classe moyenne dont la richesse est en effet colossale et pourra être suffisamment exploitée pour solder et apaiser les classes inférieures. Quelque grands que soient les frais de ses expéditions dans les Indes et en Chine, quelque graves que soient ses embarras financiers, le gouvernement anglais n'en accroîtra pas moins dans ce moment ses dépenses pécuniaires, si elles avancent ses desseins. Plus le déficit sera grand dans le pays, plus l'or anglais sera répandu avec profusion à l'étranger : le royaume britannique est un négociant menacé de déconfiture, et qui, par désespoir, devient dissipateur, ou plutôt ne recule devant aucun sacrifice d'argent pour se maintenir momentanément. Et l'on peut déjà faire quelque chose avec de l'argent sur cette terre, surtout depuis que chacun cherche déjà ici-bas sa suprême félicité. On n'a pas d'idée quelles sommes exorbitantes l'Angleterre dépense chaque année seulement pour salarier ses agents à l'étranger, dont les instructions sont toutes calculées sur l'éventualité d'une guerre européenne; on ne saurait non plus se faire une idée de l'habileté avec laquelle ces émissaires occultes du ministère anglais agissent à l'étranger pour exploiter dans leur intérêt les talents, les vertus et les vices des indigènes.

Quand nous réfléchissons à de semblables choses, quand nous reconnaissons que le repos de l'Europe pourrait être troublé de la manière la plus épouvantable, non pas aux bords de la Seine et tout ouvertement par l'enthousiasme pour une idée, mais aux bords de la Tamise, dans les silencieux bureaux du *Foreing-office*, par des intrigues de diplomates qui tremblent en entendant les cris de faim des travailleurs anglais; quand nous réfléchissons à cela, nous comprenons qu'il nous faudra quelquefois diriger nos regards de ce côté du détroit et observer, outre le caractère personnel des gouvernants, la misère menaçante des basses classes. Cette misère croissante est un vice chronique et même organique que les opérateurs ignorants espèrent guérir par des saignées ; mais le sang répandu ne fera qu'empirer le mal. Ce n'est pas par un traitement extérieur avec la lancette, avec le fer, mais seulement par une application intérieure de médicaments spirituels, que le corps d'État souffrant de la Grande-Bretagne peut être ramené à la santé. Des idées sociales peuvent seules ici conjurer une catastrophe fatale ; mais, pour parler avec Saint-Simon, sur tous les chantiers de l'Angleterre il n'y pas une seule grande idée : rien que des machines à vapeur et la faim. Pour le moment, à la vérité, la révolte est comprimée, mais par suite d'explosions réitérées nous pourrions bien voir les ouvriers des fabriques anglaises, qui ne savent travailler que le coton et la laine et même le fer, en venir à s'essayer aussi un peu dans une branche moins pacifique, c'est-à-dire à s'approprier les connaissances qui sont nécessaires non pour forger le fer mais pour s'en servir ; et avec quelque exercice ils finiront par manier ces instruments de fer aussi courageusement que leurs collègues, leurs frères dans la souffrance, les ouvriers de Lyon et de Paris ; et alors il pourrait bien arriver que le vainqueur de Napoléon, le généralissime mylord Wellington, qui est rentré actuellement dans sa charge de constable suprême, trouvât sa défaite au milieu de Londres. De la même façon il pourrait encore très-bien advenir que nous vissions ses mirmidons refuser l'obéissance à leur maître. Déjà à cette heure nous remarquons de graves symptômes d'une telle disposition chez les militaires anglais, et dans ce moment cinquante soldats se trouvent emprisonnés dans la Tour de Londres pour avoir refusé de tirer sur le peuple. C'est à peine croyable et c'est pourtant vrai que des habits rouges anglais n'ont pas obéi à l'ordre de leurs officiers, mais à la voix de l'humanité, quoique leurs reins de héros soient continuellement menacés de ce fouet qui s'appelle le chat aux neuf queues (*the cat of nine tails*), et qui est le knout de la Grande-Bretagne, ce fier pays de la liberté et de la civilisation ! C'est à fendre le cœur, quand on lit comme les femmes couraient en pleurant au-devant des soldats, et leur criaient : « Nous n'avons pas besoin de balles, nous avons besoin de pain. » Les hommes croisaient les bras avec résignation, et disaient : « C'est la faim qu'il faudrait exterminer, non pas nous et nos enfants. » Le cri le plus fréquent était : « Ne tirez pas, nous sommes tous frères ! »

Cet appel à la fraternité me fait souvenir des communistes français chez lesquels j'ai quelquefois entendu de semblables locutions. Ces locutions, comme j'eus surtout à Lyon l'occasion de m'en convaincre, n'étaient nullement des phrases pathétiques ou fortement colorées, elles n'étaient ni piquantes ni originales ; au contraire, les expressions dont se servait la cohue des communistes étaient les lieux communs les plus plats et les plus rebattus. Mais la puissance de leur propagande consiste moins en un prospectus bien formulé de plaintes précises et d'exigences déterminées, que dans le ton profondément souffreteux et involontairement attendrissant dont ils expriment les choses les plus banales, par exemple : « Nous sommes tous frères, etc. » Le ton de la voix et peut-être aussi une secrète poignée de main forment alors le commentaire de ces paroles, et leur prêtent une signification d'une puissance formidable. En général, il existe une grande analogie de vues et de moyens entre les communistes français et les travailleurs des manufactures anglaises, seulement le Français est plutôt poussé par une idée, l'Anglais au contraire l'est exclusivement par la faim.

La révolte en Angleterre est apaisée pour l'instant, mais seulement pour l'instant ; elle n'est qu'ajournée, elle éclatera de nouveau avec une force d'autant plus dangereuse qu'elle peut toujours attendre le moment le plus favorable. Beaucoup d'indices nous font reconnaître que la résistance chez les ouvriers des fabriques est maintenant organisée d'une manière aussi pratique que l'était autrefois la résistance des catholiques irlandais. Les chartistes ont su associer à leurs intérêts et discipliner en quelque sorte cette force menaçante, et leur alliance avec les travailleurs mécontents est peut-être l'événement le plus important de l'époque actuelle.

Cette alliance s'est accomplie de la façon la plus simple parce qu'elle était dans la nature des choses; les deux partis se ressemblent au fond, bien que les chartistes se présentent volontiers en public avec un programme déterminé, comme parti purement politique, tandis que les ouvriers des fabriques, comme je l'ai déjà dit, ne sont que de pauvres journaliers à qui la faim permet à peine de proférer une parole, et qui, indifférents pour toute forme de gouvernement, ne demandent que leur pain de chaque jour. Mais le manifeste d'un parti exprime rarement la pensée intime de son cœur, ce n'est qu'un *schiboleth* extérieur, pour ainsi dire sa cocarde parlante; le chartiste qui prétend se borner à la question politique nourrit dans son âme des désirs qui s'accordent parfaitement avec les sentiments les plus vagues de ces artisans affamés, et ces derniers peuvent toujours prendre le programme des chartistes pour leur cri de guerre, sans cesser de poursuivre leur véritable but; car les chartistes demandent : premièrement que le parlement ne consiste qu'en une seule Chambre et soit recomposé chaque année par des élections nouvelles; ensuite que l'indépendance des électeurs soit assurée par le suffrage secret; enfin que chaque Anglais de naissance, ayant atteint sa majorité, soit électeur et éligible. Cela ne nous donnera pas encore à manger, disent les travailleurs nécessiteux, l'homme n'est pas plus rassasié par des codes de lois que par des livres de cuisine ; nous avons faim. « Attendez seulement, répondent les chartistes, jusqu'ici il n'y avait dans le parlement que les riches, et ceux-ci ne prenaient soin que des intérêts de leurs propres possessions; mais par la nouvelle loi électorale, par la charte, les artisans ou leurs mandataires entreront aussi dans le parlement, et alors il sera indubitablement démontré que le travail peut, aussi bien que toute autre possession, réclamer un droit de propriété, et que le maître d'une fabrique ne peut pas plus avoir la permission de diminuer arbitrairement le salaire de l'ouvrier, qu'il ne lui est permis de préjudicier à la fortune mobilière ou immobilière de son voisin. Le travail est la propriété du peuple, et les droits de propriété qui résultent de ce principe seront sanctionnés et protégés par le parlement régénéré. » Un pas de plus, et ces gens diront que le travail est le droit du peuple; et comme ce droit aurait pour conséquence naturelle le droit à un salaire dont le taux ne pourrait être débattu par le patron, le chartisme conduit, sinon à la communauté des biens, au moins à l'ébranlement de l'ancienne idée de propriété, cette colonne fondamentale de la société actuelle. Ces commencements chartistes contiendraient donc dans leur développement conséquent une révolution sociale, en comparaison de laquelle la révolution française paraîtrait on ne peut plus bénigne et modeste.

Ici se révèle de nouveau l'hypocrisie et le sens pratique des Anglais, dont le caractère diffère aussi sous ce rapport de celui des Français: les chartistes cachent leur terrorisme sous des formes légales, tandis que les communistes de France l'expriment franchement et ouvertement. Ces derniers cependant hésitent encore un peu de nommer par leur vrai nom les dernières conséquences de leur principe, et quand on discute avec leurs chefs, ceux-ci se défendent contre le reproche de vouloir abolir la propriété, et soutiennent qu'ils veulent au contraire établir la propriété sur une base plus large et lui ménager une organisation plus générale et plus complète. Bonté du ciel! j'ai bien peur que la propriété ne reçoive une rude atteinte par cette complète réorganisation; il n'en restera peut-être en fin de compte que la large base. « Je t'avouerai la vérité, me dit l'autre jour un communiste de mes amis, la propriété ne sera nullement abolie, mais elle aura une nouvelle définition. »

C'est justement cette nouvelle définition qui donne ici en France de vives alarmes à la bourgeoisie régnante, et Louis-Philippe doit à ces alarmes ses partisans les plus dévoués, les soutiens les plus zélés de son trône. Plus ces soutiens tremblent, moins le trône est ébranlé, et le roi n'a rien à craindre, tant que la crainte de ses bourgeois lui procure la sécurité. Guizot aussi se maintient par les inquiétudes sinistres qu'éveille la nouvelle définition de la propriété; il combat cette nouvelle définition en maître avec sa dialectique incisive, et je ne pense pas le voir succomber de si tôt, quoiqu'il ne soit pas aimé du parti régnant de la bourgeoisie, pour laquelle cependant il a tant fait et fait tant encore.

Pourquoi ne l'aiment-ils pas ? Je crois que c'est d'abord parce qu'ils ne le comprennent point, et puis parce qu'on éprouve toujours moins d'affection pour celui qui défend nos propres biens, que pour celui qui nous promet des biens étrangers. Il en fut ainsi jadis à Athènes, il en est ainsi en France, et il en sera de même dans toute démocratie, où la parole est libre, et où les hommes sont crédules.

LI

Paris, 4 décembre 1842.

Guizot se maintiendra-t-il ? Il en est d'un ministère français tout comme de l'amour : on ne saurait jamais porter un jugement certain sur sa force et sa durée. On pense parfois que le ministère est établi d'une manière inébranlable, et voilà qu'il tombe déjà le lendemain par un léger coup de vent. Plus souvent même on pense que le ministère chancelle et menace ruine, qu'il pourra tout au plus se tenir debout encore quelques semaines, mais à notre étonnement il se montre bientôt après beaucoup plus fort qu'auparavant, et il survit à tous ceux qui prononçaient déjà son oraison funèbre. Il y a quatre semaines, le 29 octobre, le ministère Guizot célébra son jour de naissance pour la seconde fois, il est maintenant âgé de plus de deux ans, et je ne vois pas pourquoi il ne continuerait point de vivre sur cette belle terre, sur le boulevard des Capucines, où il y a des arbres verdoyants et un bon air. Il est vrai que bien des ministères y ont été moissonnés promptement, mais ceux-ci avaient toujours eux-mêmes causé leur fin prématurée, ils s'étaient donné trop de mouvement. Oui, ce qui chez nous autres est utile à la santé, le mouvement, l'exercice, rend le plus souvent un ministère mortellement malade, et surtout celui du 1er mars est mort d'un excès d'exercice. Ils ne peuvent pas se tenir tranquilles, ces messieurs. Les fréquents changements de ministère en France ne sont pas seulement une conséquence de la révolution, mais aussi un effet du caractère national des Français, pour qui l'action, l'activité, le mouvement, est un besoin aussi impérieux que l'est pour nous Allemands la fumée du tabac, la réflexion silencieuse, le calme de l'âme; précisément parce que les gouvernants français sont si remuants, et qu'ils se donnent toujours de nouvelles occupations, ils tombent dans des embarras qui leur cassent le cou. C'est non-seulement l'inconvénient des ministères, mais encore des dynasties, qui ont toujours hâté leur catastrophe par leur propre activité. En effet, la même cause fatale, l'infatigable activité, amena la chute non-seulement de Thiers, mais aussi de Napoléon, qui était cependant beaucoup plus fort que lui, et qui aurait pu rester sur le trône jusqu'à son heure suprême, s'il avait seulement possédé l'art de se tenir assis tranquillement, art qu'on enseigne avant toute chose chez nous aux petits enfants! Mais dans cet art M. Guizot est passé maître, il ne bouge pas plus qu'une statue de marbre ou que l'obélisque de Luxor, et c'est pourquoi il se maintiendra plus longtemps qu'on ne pense. Il ne fait rien : voilà le secret de sa conservation. Mais pourquoi ne fait-il rien? Je crois que c'est d'abord parce qu'il possède réellement une certaine tranquillité d'âme germanique, et qu'il est bien moins tourmenté de la manie de l'activité que ses compatriotes. Ou bien ne fait-il rien parce qu'il sait tant de choses? Plus nos connaissances et nos lumières sont profondes et étendues, plus il est difficile pour nous d'agir, et certes! celui qui saurait toujours d'avance toutes les conséquences d'une démarche, renoncerait bientôt à toute espèce de mouvement, et n'emploierait ses mains qu'à lier ses propres pieds. Le savoir le plus vaste nous condamne à la plus étroite passiveté.

Ici règne actuellement le plus grand calme. Une paix de lassitude, de somnolence et de bâillements d'ennui. Tout est silencieux comme dans une nuit d'hiver enveloppée de neige. Rien qu'un petit bruit mystérieux et monotone, comme des gouttes qui tombent. Ce sont les rentes des capitaux, tombant sans cesse, goutte à goutte, dans les coffres-forts des capitalistes, et les faisant presque déborder; on entend distinctement la crue continuelle des richesses des riches. De temps en temps il se mêle à ce sourd clapotement quelque sanglot poussé à voix basse, le sanglot de l'indigence. Parfois aussi résonne un léger cliquetis, comme d'un couteau que l'on aiguise. Les tumultes chez nos voisins nous soucient fort peu, et même la bruyante levée de boucliers à Barcelone n'a pu troubler notre repos. Le vacarme sanglant qui s'est passé dans le cabinet d'étude de mademoiselle Heinefetter à Bruxelles, a un peu plus éveillé notre intérêt, et les dames surtout se sont indignées contre cette dinde allemande, qui, malgré son séjour de plusieurs années en France, n'a pas encore appris l'art de savoir empêcher que deux coqs amoureux ne se rencontrent sur le champ de bataille de leur bonheur. Les nouvelles d'Orient excitèrent un murmure désapprobateur dans le public, et l'empereur de Chine s'est compromis aussi gravement que mademoiselle Heinefetter. Le sang a été versé chez l'un comme chez l'autre, et la fleur du milieu est flétrie. Les Anglais sont surpris d'avoir eu si bon marché du frère du soleil et du cousin de la lune, et ils calculent déjà s'ils ne doivent pas utiliser les armements désormais superflus dans la mer des Indes en les dirigeant sur le Japon, afin de rançonner aussi ce pays. Un loyal prétexte pour l'attaque ne leur fera là certainement pas non plus défaut; si ce ne sont pas des tonneaux d'opium, ce seront les écrits de la mission protestante anglaise, écrits aussi somnifères que l'opium, et qui ont été confisqués dernièrement par la commission sanitaire du gouvernement du Japon. J'examinerai peut-être dans une autre lettre la façon dont l'Angleterre dissimule ses expéditions guerrières. Sa menace que la générosité britannique ne viendrait pas à notre secours, au secours de ma pauvre patrie, si l'Allemagne devait un jour être partagée comme la Pologne, ne m'effraie pas le moins du monde. Premièrement l'Allemagne ne peut être partagée. Essayez donc de partager la principauté de Liechtenstein, ou celle de Greiz-Schleiz! Et secondement, parce que —— —— ——

LII

Paris, 31 décembre 1842.

Un petit coup de pied encore, et l'ancienne et méchante année roule pour jamais dans l'abîme du temps. Cette année était une satire sur Louis-Philippe, sur Guizot, sur tous ceux qui se sont donné tant de peine pour conserver la paix en Europe. Cette année est une satire sur la paix elle-même ; car dans le sein tranquille de cette paix, nous avons été frappés de terreurs telles que la guerre tant redoutée n'en aurait à coup sûr pu produire de plus formidables. Qu'il était néfaste, ce mois de mai, où presque au même instant furent représentés en France, en Allemagne et à Haïti les plus épouvantables drames! Quelle rencontre des sinistres les plus inouïs! Quel malicieux jeu du hasard! Quelles surprises diaboliques! Je puis me figurer l'étonnement avec lequel les habitants du royaume des ombres contemplèrent les nouveaux débarqués du 8 mai, ces figures de dimanche parées, étudiants, grisettes, jeunes mariés, des droguistes avides de plaisirs, des épiciers de toutes les couleurs, qui étaient allés voir à Versailles le spectacle des grandes eaux, et qui, au lieu de rentrer à Paris où leur dîner était déjà servi, arrivèrent tout à coup dans l'empire de Pluton! Et tout ce monde était haché, bouilli, frit et braisé! « Est-ce la guerre qui vous a arrangés de la sorte? » — « Hélas! non, devait être leur réponse, non, nous avions la paix, et nous venions justement d'une partie de plaisir, nous venions de voir jouer les eaux. » De même, les pompiers et les citadins rôtis qui survinrent de Hambourg quelques jours plus tard, durent exciter un grand étonnement au bord du Styx. « Êtes-vous les victimes du dieu de la guerre? » telle fut sans doute la question avec laquelle on les reçut. « Mon dieu non, notre république est en paix avec le monde entier, le temple de Janus était fermé chez nous, l'échoppe de Bacchus se trouvait seule ouverte, et nous savourions avec un bonheur tranquille nos soupes à l'anguille, la plus délicieuse de toutes les soupes, lorsque éclata tout à coup le grand feu où nous avons péri. » — « Et vos célèbres pompes à incendie? » — « Elles sont sauvées, seulement leur célébrité est perdue. » — « Et les vieilles perruques? » — « Elles renaîtront des cendres comme des phénix anséatiques. » Le lendemain, pendant que Hambourg flamboyait encore, eut lieu le tremblement de terre à Haïti, et les pauvres noirs furent lancés par milliers dans les ténèbres du Tartare. Lorsqu'ils y arrivèrent, dégouttants de sang, les curieux de ce pays s'imaginèrent sans doute qu'ils sortaient d'une bataille contre les blancs, et qu'ils avaient été écharpés par ceux-ci, ou même fouettés à mort comme esclaves révoltés. Non, cette fois encore ils se trompaient, les bonnes gens de là-bas, ce n'était pas l'homme, mais la nature qui avait opéré le grand carnage sur cette île d'Haïti, où l'esclavage est aboli depuis bien longtemps, où la constitution de l'état est républicaine, se basant sur les éternelles lois de la raison ; là, règnent la liberté et l'égalité la plus noire, il y règne même une noire liberté de la presse. — Le pays lilliputien de Greiz-Schleiz n'est pas une pareille république, il n'a pas un sol ardent comme Haïti, où poussent la canne à sucre, l'arbuste à café et la noire liberté de la presse, et où un tremblement de terre a donc pu survenir facilement ; mais malgré le paisible climat à pommes de terre, malgré la censure, malgré les vers patients qu'on était en train de chanter ou de déclamer dans cette contrée tempérée, les habitants de Greiz-Schleiz virent tout à coup, pendant qu'ils étaient assis gais et curieux dans la salle du théâtre, s'écrouler le toit sur leurs têtes, et une partie de l'honorable public fut, avant de s'y attendre, précipitée dans l'Orcus.

Oui, dans la vie la plus douce et la plus calme, au milieu de la paix, se sont amoncelés plus de désastres et de misères que la colère de Bellone n'en aurait jamais pu rassembler aux sons de sa trompette. Et non-seulement par terre, aussi sur l'eau, nous avons subi cette année les plus affreux malheurs. Les deux grands naufrages sur les côtes de l'Afrique méridionale et de la Manche appartiennent aux chapitres les plus lugubres du martyrologe de l'humanité. Nous n'avons pas la guerre, mais la paix nous abîme, et si nous ne périssons pas soudainement par un coup brutal du hasard, nous mourrons petit à petit d'un certain poison lent, d'une *aqua tofana* qui nous a été distillée dans le calice de la vie, Dieu sait par quelle main !

J'écris ces lignes dans les dernières heures de la mauvaise année qui nous quitte. La nouvelle frappe à la porte. Puisse-t-elle être moins cruelle que sa devancière! J'envoie mes plus charitables souhaits de nouvelle année au delà du Rhin. Je souhaite aux sots un peu de raison, et aux gens raisonnables un peu de poésie. Aux femmes je souhaite les plus belles robes, et aux hommes beaucoup de patience. Je souhaite aux riches un peu de cœur, et aux pauvres un morceau de pain. Mais avant tout, je souhaite que nous puissions, dans la nouvelle année, nous calomnier les uns les autres aussi peu que possible.

LIII

Paris, 2 février 1843.

Ce dont je m'étonne le plus chez les Français, c'est leur adresse à savoir se retourner et passer immédiatement d'une occupation à une autre, d'un état à un autre, même tout à fait hétérogène. Cette qualité n'émane pas seulement de leur naturel facile, c'est en même temps un acquis historique : ils se sont affranchis complétement, dans le cours du temps, de toutes préventions et pédanteries embarrassantes. De la sorte, il arriva que les émigrés qui se réfugièrent en Allemagne pendant la révolution, surent si bien supporter leurs humbles revirements de fortune, et que beaucoup d'entre eux, pour gagner leur subsistance, furent capables de se créer un métier à l'improviste. Ma mère m'a raconté souvent qu'à cette époque un marquis français s'était établi dans notre ville comme cordonnier, et qu'il faisait les meilleurs souliers de dames, des bottines de maroquin et des mules de satin ; il travaillait gaiement, en sifflant les chansons les plus amusantes, et oubliant toute son ancienne splendeur. Un gentilhomme allemand aurait peut-être, sous les mêmes circonstances, eu également recours au métier de cordonnier, mais il ne se serait pas à coup sûr résigné aussi gaiement à son sort de cuir, et il se serait en tout cas mis à confectionner des chaussures d'hommes, de lourdes bottes à éperons, des bottes de militaires ou de chasseurs, qui pussent lui rappeler son ancien état de chevalier. Quand les Français passèrent le Rhin, notre marquis fut forcé d'abandonner sa boutique, et il chercha un refuge dans une autre ville, je crois à Cassel, où il devint le meilleur tailleur ; oui, sans apprentissage il émigrait ainsi d'un métier à un autre, et y gagnait tout de suite la maîtrise — ce qui pourrait paraître incompréhensible à un Allemand, non-seulement à un Allemand de la noblesse, mais aussi au plus simple fils de la roture. Après la chute de l'empereur, le brave homme revint, avec des cheveux gris, mais avec un cœur invariablement jeune, dans sa patrie, où il prit une mine si altière et si nobiliaire, et porta de nouveau le nez si haut, qu'on eût dit qu'il n'avait jamais manié l'alène ou l'aiguille. C'est une erreur de prétendre à l'égard des émigrés, qu'ils n'avaient rien appris et rien oublié; au contraire, ils avaient oublié tout ce qu'ils avaient appris. Les héros de la période guerrière de Napoléon, lorsqu'ils furent congédiés ou mis à la demi-solde, se jetèrent également avec la plus grande habileté dans les occupations industrielles de la paix, et chaque fois que j'entrais aux bureaux de mon éditeur Delloye, je ne pouvais assez m'étonner de voir l'ancien colonel assis maintenant en qualité de libraire devant son pupitre, entouré de plusieurs vieux grognards à moustaches blanches, qui avaient aussi combattu sous l'empereur en braves soldats, mais qui servaient maintenant chez leur ancien camarade comme teneurs de livres ou caissiers, bref comme commis.

On peut tout faire d'un Français, et chacun d'eux se croit habile à tout. Le plus joyeux poëte dramatique se métamorphose soudain, comme par un coup de théâtre, en ministre, en général, en fondateur de religions, et même en un bon Dieu. Un remarquable exemple de ce genre nous est offert par les transformations de notre très-cher Charles Duveyrier, qui était un des dignitaires les plus illuminés de l'église de Saint-

Simon, et qui, à la dissolution de ce nouveau culte, passa de la scène spirituelle aux planches mondaines. Charles Duveyrier siégeait dans la salle Taitbout au banc des évêques, où il se distinguait par son ton de prophète inspiré de Dieu, et plus tard, aux heures d'épreuve, il devint martyr, et comme tel il prêta encore témoignage en faveur de la nouvelle religion. Nous ne parlerons pas aujourd'hui des comédies de Duveyrier, mais de ses brochures politiques ; car il a de nouveau quitté la carrière théâtrale, pour entrer dans le champ de la politique, et cette nouvelle transformation n'est peut-être pas moins digne de remarque. Un produit de sa plume sont les petits écrits qui paraissent chaque semaine sous le titre de *lettres politiques*. La première est adressée au roi, la deuxième à Guizot, la troisième au duc de Nemours, la quatrième à Thiers. Elles témoignent toutes de beaucoup d'esprit. Il y règne un noble sentiment, une louable répulsion pour de barbares désirs de guerre, un enthousiasme ardent pour la paix. C'est de l'exploitation de l'industrie que Duveyrier attend l'âge d'or. Le Messie fera son entrée bénie, non sur un âne comme autrefois, mais sur une locomotive à vapeur. Cette conviction respire surtout dans la brochure adressée à Thiers, ou plutôt contre Thiers. L'auteur parle cependant avec assez de respect de la personne de l'ancien président du conseil. Guizot lui plaît, mais Molé lui plaît mieux. Cette arrière-pensée perce partout.

Si Duveyrier donne à tort ou avec raison la préférence

à l'un des trois, c'est un point difficile à décider. Pour ma part, je ne crois pas l'un meilleur que l'autre, et je suis d'avis que chacun d'eux fera toujours comme ministre la même chose que l'autre ferait sous les mêmes conditions. Le vrai ministre, dont la pensée se fait acte partout, qui gouverne aussi bien qu'il règne, c'est le roi, Louis Philippe ; et les trois hommes d'État dont il est question se distinguent seulement par la manière dont ils s'accommodent à la prédomination de la pensée royale.

M. Thiers regimbe d'abord assez brusquement, il fait l'opposition la plus verbeuse, il trompette et tambourine, mais il finit par faire ce que le roi a voulu. Non-seulement ses sentiments révolutionnaires, mais aussi ses convictions d'homme d'État sont en contradiction permanente avec le système royal : il sent et sait que ce système doit chavirer à la longue, et je pourrais rapporter les expressions les plus surprenantes de Thiers sur l'instabilité des institutions actuelles. Il connaît trop bien ses Français et trop bien l'histoire de la révolution française, pour pouvoir s'abandonner entièrement au quiétisme du parti victorieux de la bourgeoisie, et pour croire à la muselière qu'il a attachée lui-même au monstre à mille têtes; son oreille fine entend les grognements lointains ou souterrains, il a même peur d'être déchiré un jour par le monstre déchaîné — et pourtant il fait ce que veut le roi.

Il en est autrement de M. Guizot. Pour lui la victoire

du parti de la bourgeoisie est un fait accompli, et il s'est engagé avec toutes ses facultés au service de cette nouvelle puissance dont il sait étayer la domination par tous les artifices de la sagacité historique et philosophique, en la représentant comme fondée en raison et partant en droit. C'est précisément l'essence du doctrinaire de savoir trouver une doctrine pour tout ce qu'il veut démontrer et faire. Il est peut-être, avec ses convictions les plus secrètes, placé au-dessus de cette doctrine, peut-être aussi au-dessous, que sais-je? Il est trop spirituellement doué et trop universellement instruit pour n'être pas au fond un sceptique, et un pareil scepticisme se concilie facilement avec le service qu'il voue au système auquel il s'est une fois rallié. Actuellement il est le fidèle serviteur du règne de la bourgeoisie, et avec la dureté d'un duc d'Albe il la défendra d'une façon conséquente et inexorable jusqu'au dernier moment. Chez lui, il n'y a nul balancement, nulle hésitation; il sait ce qu'il veut, et ce qu'il veut il le fait. S'il succombe dans le combat, sa chute même ne l'ébranlera pas, il haussera seulement les épaules, car au bout du compte il était indifférent à la chose pour laquelle il combattait. Si par hasard la victoire tombait un jour aux mains du parti républicain ou même des communistes, je conseillerais à ces braves gens et pauvres têtes de prendre Guizot pour ministre, d'exploiter son intelligence et son opiniâtreté, et ils s'en trouveront mieux que s'ils confient le gouvernement aux imbéciles les plus éprouvés de la vertu civique. Je serais tenté de donner un conseil analogue aux henriquinquistes, pour le cas impossible qu'ils vinssent un jour de nouveau, par un malheur national, par un châtiment de Dieu, en possession de la puissance officielle; prenez alors Guizot pour ministre, et vous pourrez vous maintenir trois fois vingt-quatre heures de plus. Je ne crois pas médire de M. Guizot, en affirmant qu'il n'aura pas besoin de violenter sa pensée intime, pour prêter à votre malheureuse cause l'appui de son éloquence et de son talent gouvernemental. Ne lui êtes-vous donc pas aussi indifférents que ces épiciers pour lesquels il déploie tant de luxe d'énergie et d'intelligence, et aussi indifférents que le système du roi qu'il sert avec un sang-froid stoïque?

M. Molé se distingue de ses deux rivaux en ce qu'il est d'abord l'homme d'État par excellence, dont la personnalité révèle déjà le patricien, et chez qui le talent de gouverner est une spécialité, peut-être même une qualité innée ou contractée par l'éducation et les traditions de famille. Chez lui il n'y a nulle trace d'allures bourgeoises, comme chez M. Thiers; il possède encore moins les aspérités d'un pédagogue, comme M. Guizot; et aux yeux de l'aristocratie des cours étrangères, il compense sans doute par son talent de représentation extérieure et par sa facilité diplomatique, le génie que nous trouvons chez MM. Thiers et Guizot. Il n'a pas un autre système que celui du roi, il est trop homme de cour pour vouloir en avoir un autre, et le roi le sait, et Molé est le ministre selon le cœur de Louis-Philippe. Vous verrez que toutes les fois qu'on lui laissera l'alternative de choisir ou M. Guizot ou M. Thiers pour premier ministre, Louis-Philippe répondra toujours avec regrets : « Laissez-moi prendre Molé. » Le roi me rappelle à cette occasion un petit garçon à qui je voulais acheter un jouet. Lorsque je lui demandai ce qu'il préférait d'un Chinois ou d'un Turc, le petit répondit : « Je préfère un petit cheval de bois, peint en rouge, avec un sifflet dans le derrière. » — Si Louis-Philippe dit : « Laissez-moi prendre Molé, » il ne faut pas oublier que Molé c'est lui-même ; et comme après tout on fait toujours ce qu'il veut, ce ne serait point un malheur que Molé redevînt ministre.

Mais ce ne serait pas non plus un bonheur, car le système royal continuerait comme auparavant à être mis en action, et à quelque degré que nous estimions les nobles intentions du roi, à quelque degré que nous lui supposions la meilleure volonté pour le bonheur de la France, nous sommes néanmoins forcés d'avouer que les moyens d'exécution qu'il choisit ne sont pas ceux qu'il faudrait, que tout le système ne vaut pas une charge de poudre, pour ne pas dire qu'un seul coup de fusil pourrait bien un jour le mettre en désarroi. Louis-Philippe veut gouverner la France par la Chambre, et il s'imagine avoir tout gagné quand, par des faveurs octroyées aux membres du parlement, il a gagné pour tous les projets de loi du gouvernement la majorité parlementaire. Mais son erreur consiste à croire la France représentée par la Chambre. Il n'en est point ainsi, et il méconnaît entièrement les intérêts du peuple, qui diffèrent beaucoup de ceux de la Chambre et qui ne sont pas particulièrement soutenus par cette dernière. Si l'impopularité du roi augmente davantage, la Chambre sera difficilement en état de le sauver, et il est même douteux si cette bourgeoisie choyée et comblée de faveurs, pour laquelle le roi a fait tant de sacrifices, accourrait avec enthousiasme à son secours dans le moment du danger.

« Notre malheur est, me dit dernièrement un habitué des Tuileries, que nos adversaires, en nous croyant plus faibles que nous ne sommes, ne nous craignent pas assez, et que nos amis, qui frondent parfois, nous supposent une force plus grande que nous n'en possédons en réalité. »

LIV

Paris, le 20 mars 1843.

L'ennui qu'exhale la tragédie classique des Français n'a été mieux compris de personne que de cette bonne bourgeoise sous Louis XIV qui disait à ses enfants : « N'enviez pas la noblesse et pardonnez-lui son orgueil, car pour ce péché elle est condamnée par le ciel à aller chaque soir s'ennuyer à mort au Théâtre-Français. » L'ancien régime a cessé, et le sceptre est tombé aux mains de la bourgeoisie ; mais il faut que ces nouveaux dominateurs aient également bien des torts à expier, puisque le courroux des dieux les frappe encore plus fâcheusement que leurs prédécesseurs dans l'empire : car ils sont forcés non-seulement de vider chaque soir la coupe classique avec la lie moisie de l'antique breuvage somnifère que leur offre mademoiselle Rachel, mais encore d'avaler la desserte de la cuisine romantique d'Allemagne, de la choucroute versifiée, les *Burgraves* de M. Victor Hugo ! Je ne veux pas perdre une parole sur la valeur de cet ouvrage indigeste qui se présente avec toutes sortes de prétentions, notamment avec des prétentions historiques, bien que tout le savoir de Victor Hugo, sur le temps et le lieu où se joue sa pièce, soit puisé uniquement dans la traduction française du *Manuel* de Schreiber à l'usage des voyageurs sur les bords du Rhin. L'homme qui a osé prononcer publiquement, il y a un an, dans une séance de l'Académie, ces mots : « La pensée allemande est rentrée dans l'ombre » — cet aigle gigantesque de la poésie a-t-il en effet cette fois surpassé si puissamment ses contemporains ? Vraiment, pas le moins du monde. Son œuvre ne témoigne ni d'abondance d'imagination, ni d'harmonie, ni d'enthousiasme, ni de liberté de pensée ; elle ne renferme aucune étincelle de génie, au contraire il n'y a rien que de l'afféterie peu naturelle et de la déclamation bigarrée. Ce sont des figures de bois anguleuses, surchargées de clinquants sans goût, et maniées à l'aide de ficelles visibles :

lugubre jeu de marionnettes, singerie convulsive et hideuse de la vie ; partout un étalage de passion d'emprunt. Rien ne me répugne autant que cette passion de M. Hugo qui gesticule et se démène d'une façon si bouillante, qui brûle si magnifiquement au dehors, et qui au dedans est si piteusement sobre et glaciale. Cette passion à froid, qui nous est servie dans des phrases si flamboyantes, me rappelle toujours les glaces frites que les Chinois savent si artistement apprêter en tenant de petits morceaux de glace enveloppés d'une couche très-mince de pâte quelques instants sur le feu : friandise antithétique qu'il faut avaler précipitamment, et qui vous brûle la lèvre et la langue en vous refoidissant l'estomac.

Mais la bourgeoisie régnante n'a pas seulement, pour le rachat de ses fautes, à endurer de vieilles tragédies greco-classiques et des trilogies de *Burgraves*, de l'ennui triplé ; non, les puissances célestes lui ont encore infligé une jouissance d'art bien plus horrible, celle du piano-forte, auquel on ne peut plus maintenant échapper nulle part, qu'on entend résonner dans toutes les maisons, en toute société, le jour et la nuit. Oui, piano-forte est le nom de l'instrument de torture par lequel le beau monde de nos jours est tout particulièrement châtié pour toutes ses usurpations. Si seulement l'innocent n'avait pas à souffrir avec le coupable ! Ce sempiternel carillon sur le clavecin n'est plus à supporter ! (Hélas ! mes voisines d'appartement, de jeunes filles d'Albion, jouent dans ce moment un brillant morceau de piano à deux mains gauches.) Ces sons criards et durs, sans gradation naturelle en s'élevant ou en mourant, ces notes stridentes et sèches, ces roulements archi-prosaïques, tantôt sourds, tantôt aigus, ce forte-piano enfin tue toutes nos pensées et tous nos sentiments, et nous devenons hébétés, abasourdis, idiots. Cette rage universelle de tapoter sur le piano, et surtout les tournées triomphantes des virtuoses du clavecin, sont caractéristiques pour notre époque, et marquent spécialement la victoire des arts mécaniques sur l'esprit. La perfection technique, la précision d'un automate, l'identification du musicien avec le bois tendu de cordes, la transformation de l'homme en instrument sonore, voilà ce qui est aujourd'hui prôné et exalté comme le comble de l'art. Semblables à des essaims de sauterelles, les tapoteurs du piano-forte s'abattent chaque hiver sur Paris, moins pour y gagner de l'argent que pour s'y faire un nom, qui leur procure dans d'autres pays une moisson pécuniaire d'autant plus abondante. Paris leur sert en quelque sorte de poteau d'affiches, où leur gloire est imprimée en lettres colossales. Je dis que leur gloire est ici imprimée, car c'est la presse de Paris qui l'annonce au monde croyant, et ces virtuoses s'entendent en véritables virtuoses à l'art d'exploiter les journaux et les journalistes. Ils savent même gagner prise sur les plus récalcitrants, car les hommes sont toujours des hommes, ils sont sensibles à la flatterie, ils aiment aussi à jouer un rôle de protecteur, et, comme dit le proverbe, une main lave l'autre ; mais la moins propre est rarement la main du journaliste, et même le louangeur vénal n'est au fond qu'un innocent abusé, qu'on paie à moitié de futiles caresses. On parle de la corruptibilité de la presse ; on se trompe fort. Au contraire, la presse est ordinairement dupée, principalement de la part des virtuoses célèbres. A proprement parler, ils sont tous célèbres, c'est-à-dire dans les réclames qu'ils faufilent dans les gazettes, soit personnellement, en leur propre et célèbre personne, soit par l'intermédiaire d'un frère ou de madame leur mère. C'est à peine croyable, avec quelles humbles instances ils sollicitent dans les bureaux des journaux le plus mince tribut d'éloges, et combien, à cet effet, ils se courbent et se tortillent ! Lorsque j'étais encore en grande faveur auprès du directeur de la *Gazette musicale* — (Hélas ! j'ai perdu cette grande faveur par une étourderie juvénile) — j'avais les meilleures occasions de voir de mes propres yeux, avec quelle soumission ces illustres artistes se prosternaient à ses pieds, et rampaient, et frétillaient devant lui pour être un tout petit peu loués dans son journal ; et sur le compte de nos virtuoses les plus célèbres, qui, à l'égal de rois victorieux, se font rendre hommage dans toutes les capitales de l'Europe, on pourrait bien dire, à la façon de Béranger, que sur leurs couronnes de laurier on voit encore la poussière des bottes de Maurice Schlésinger. A quel point ces piètres artisans de l'art spéculent sur notre crédulité, on n'en a pas d'idée, à moins qu'on n'observe ici sur les lieux leur infatigable industrie. Dans les bureaux de la *Gazette musicale*, je rencontrai un jour un vieillard déguenillé, qui s'annonça comme le père d'un célèbre virtuose, et pria les rédacteurs de vouloir bien insérer dans les colonnes du journal une réclame destinée à porter à la connaissance du public quelques traits généreux de la vie artistique de son fils. Le célèbre virtuose avait donné quelque part dans le midi de la France un concert couronné d'un succès colossal, et avec la recette il avait soutenu une vieille église gothique qui menaçait ruine; une autre fois il avait joué pour une veuve, victime d'une inondation, ou bien pour un maître d'école septuagénaire, qui venait de perdre son unique vache, etc., etc. Dans le cours de notre entretien avec le père de ce bienfaiteur de l'humanité, le pauvre vieillard avoua tout naïvement que monsieur son fils ne faisait pas à la vérité pour lui tout ce qu'il pourrait bien faire, et qu'il le laissait même parfois un petit peu dans le dénûment. Je conseillerais au célèbre virtuose de donner une fois aussi un concert au profit des vieilles culottes délabrées de son vieux père.

Quand on a été témoin de pareilles misères, on ne peut vraiment plus en vouloir aux étudiants suédois, qui se prononcèrent un peu trop rudement contre l'abus de la glorification des virtuoses, et préparèrent au célèbre Ole Bull, à son arrivée à Upsala, l'ovation étrange qui dernièrement a fait rire tout le monde. Le célèbre virtuose croyait déjà qu'on allait dételer les chevaux de sa voiture pour se mettre à leur place, il s'attendait déjà à des couronnes de fleurs et à des promenades aux flambeaux, lorsqu'il reçut une volée tout inattendue de coups de bâton d'honneur, surprise véritablement scandinave.

Les matadors de la saison étaient cette année MM. Sivori et Dreyschock. Le premier est violoniste, et déjà comme tel je le place au-dessus de ce dernier, le terrible joueur de piano. Chez les violonistes en général, la qualité de virtuose n'est pas exclusivement le résultat d'une dextérité mécanique, d'un simple talent technique, comme chez les pianistes. Le violon est un instrument qui a presque des caprices humains, et qui se trouve en quelque sorte en rapport sympathique avec la disposition de l'artiste : le moindre malaise, le plus léger trouble de l'âme, un souffle de sentiment, rencontre là un écho immédiat, dont la cause est sans doute en ce que le violon, serré si étroitement contre notre cœur, en ressent aussi les battements. Pareille chose n'a cependant lieu qu'avec des artistes qui portent réellement dans leur poitrine un cœur sensible, qui ont en un mot une âme. Plus le violoniste est prosaïque et froid, plus son exécution sera toujours uniforme; il peut compter sur la fidélité de son instrument, à toute heure, en tout endroit. Mais cette assurance tant vantée ne repose que dans l'étroitesse de l'esprit, et ce sont justement les plus grands maîtres dont le jeu dépendait souvent d'influences extérieures et intérieures. Je n'ai entendu personne jouer mieux, mais aussi par moments pis, que Paganini, et je puis dire la même chose à l'éloge d'Ernst. Ce dernier, Ernst, qui est sans doute le plus grand violoniste de nos jours, ressemble à Paganini dans ses défauts, comme dans son génie. L'absence d'Ernst causa bien des regrets ici cet hiver. *Signor* Sivori n'offrait qu'une simple compensation, mais nous l'avons néanmoins entendu avec beaucoup de plaisir. Comme il est né à Gênes, et que dans son enfance il a peut-être souvent rencontré Paganini dans les étroites rues de sa ville natale, où il est difficile de s'éviter, on l'a proclamé ici comme un disciple de ce maître. Non, Paganini n'eut jamais de disciple, il n'en pouvait point avoir, car ce qu'il savait de meilleur, ce qui forme le degré le plus élevé de l'art, on ne peut l'enseigner ni l'apprendre.

Qu'est-ce qui forme le degré le plus élevé de l'art? Ce qui forme aussi le degré le plus élevé dans toutes les autres manifestations de la vie : la liberté de l'esprit qui a conscience de lui-même. Non-seulement une pièce de musique, qui a été composée dans la plénitude de cette conscience de soi-même d'un esprit libre, mais encore la seule exécution d'une semblable pièce peut être regardée comme la révélation de ce qu'il y a de plus élevé dans l'art, si nous en sommes touchés comme de ce merveilleux souffle de l'infini, qui atteste d'une façon immédiate que l'exécutant se trouve avec le compositeur sur la même hauteur de l'esprit, qu'il est également un esprit libre. Mais, cette conscience de la liberté d'esprit dans l'art se manifeste tout particulièrement par la forme, par la manière dont le sujet est traité, nullement par le sujet lui-même, et nous pouvons au contraire soutenir que les artistes qui choisissent pour sujet la liberté elle-même, ou la conquête de la liberté, sont ordinairement d'un esprit rétréci, engourdi, enfin dépourvus eux-mêmes de toute liberté spirituelle. Cette observation se confirme de nos jours surtout dans la poésie allemande, où nous voyons avec effroi que les chantres les plus effrénés et les plus hardis de la liberté, ne sont, pour la plupart, à les regarder de près, que des natures bornées, mesquines, étriquées, des philistins du passé dont la vieille queue est mal cachée sous le bonnet rouge, des insectes éphémères dont le poëte dirait :

> Piètres mouches enragées !
> Comme elles bourdonnent avec colère !
> Comme elles dégouttent sur le nez des tyrans
> Leur petite fiente de mouches !

Les poëtes véritablement grands ont toujours traité les grands intérêts de leur temps autrement que dans des articles politiques rimés, et ils se sont peu souciés de voir la foule servile dont le manque de culture leur répugne, élever contre eux le reproche d'aristocratisme et de manque de caractère.

LV

Paris, 26 mars 1843.

Comme les phénomènes les plus marquants de la saison musicale de cette année j'ai nommé MM. Sivori et Dreyschok. Ce dernier a recueilli les applaudissements les plus chaleureux, et je réfère fidèlement que l'opinion publique l'a proclamé comme un des plus grands virtuoses du piano-forte, et l'a placé à côté des plus célèbres de ses compétiteurs. Il fait un tintamarre infernal. Comme pendant la soirée de son concert le vent était au nord-ouest, vous avez peut-être pu entendre à Augsbourg ces sons puissants; à une telle distance, leur effet est sans doute agréable. Mais ici, dans le département de la Seine, notre tympan court risque de se briser quand cet impétueux joueur de piano fait éclater ses orages. Pends-toi, ô Franz Liszt ! tu n'es qu'un subalterne souffleur, en comparaison de cet Éole, qui attache ensemble les ouragans comme des brins de bouleau, et qui en fouette le dos de la mer. Les anciens pianistes tombent maintenant de plus en plus dans l'oubli, et ces pauvres invalides décrépits de la gloire expient durement aujourd'hui d'avoir été trop appréciés dans leur jeunesse. Kalkbrenner seul se maintient encore un peu. Il s'est de nouveau produit publiquement cet hiver, dans le concert d'une de ses élèves; autour de ses lèvres se joue toujours ce sourire embaumé, que nous avons remarqué l'autre jour aussi chez un pharaon égyptien lorsqu'on déballa sa momie dans une salle du musée de Paris. Après une absence de plus de vingt-cinq ans, Kalkbrenner a dernièrement visité de nouveau le théâtre de ses premiers succès, c'est-à-dire Londres, et il y a récolté les plus éclatants témoignages d'approbation. Le meilleur de l'affaire, c'est qu'il est revenu ici sain et sauf, et que sa présence à Paris donne un démenti à tous les bruits sinistres et calomnieux qui avaient couru sur son compte. Il est revenu sain et sauf, les poches pleines de guinées et la tête plus vide que jamais. Il revient en triomphateur, et il nous raconte combien Sa Majesté la reine d'Angleterre a été enchantée de le voir si bien portant, et combien elle s'est sentie flattée de sa visite à Windsor ou dans quelque autre château dont j'ai oublié le nom. Oui, le grand Kalkbrenner est revenu sain et sauf à sa résidence de Paris, où il a retrouvé également en bonne santé tous ses admirateurs, ses magnifiques piano-forte qu'il fabrique de compagnie avec M. Pleyel, ses nombreux élèves qui se composent de tous les artistes auxquels il a parlé seulement une fois dans sa vie, et enfin sa collection de tableaux dont il prétend qu'aucun prince ne pourrait la payer. Il va sans dire qu'il a aussi retrouvé ici ce petit garçon de huit ans qu'il appelle monsieur son fils, et à qui il accorde encore plus de talent musical qu'à lui-même, le déclarant supérieur à Mozart. Ce petit bonhomme lymphatique et maladivement boursouflé, qui dans tous les cas dépasse déjà monsieur son père sous le rapport de la modestie, écoute son propre éloge avec le plus imperturbable sang-froid; et de l'air d'un vieillard ennuyé et fatigué des honneurs et des ovatiors du monde, il raconte lui-même ses succès à la cour, où les belles princesses lui auraient baisé sa petite main blanche. L'outrecuidance de ce petit, de ce fœtus blasé, est aussi rebutante que comique. Je ne sais si M. Kalkbrenner a également retrouvé à Paris la brave marchande de poissons qui lui céda un jour ce fameux turbot que le cuisinier en chef du prince de Bénévent, Talleyrand Périgord, ancien évêque d'Autun, avait déjà commandé pour son maître. — La poissarde avait longtemps refusé de céder le susdit turbot au célèbre pianiste, qui s'était rendu incognito à la halle aux poissons; mais lorsque Kalkbrenner tira en souriant sa carte de son portefeuille et la déposa sur le turbot, et que la pauvre femme y lut le nom de Kalkbrenner, elle ordonna sur-le-champ de porter le poisson à la demeure de l'illustre artiste, se refusant même pendant longtemps à accepter le moindre paiement, attendu qu'elle était suffisamment payée, comme elle disait, par l'excès d'honneur. Un tel *canard* cause du dépit à plus d'un dindon allemand, sans doute parce qu'il n'est pas lui-même en état de faire valoir sa suffisance d'une façon aussi brillante, et parce qu'en outre il envie à M. Kalkbrenner sa mine comme il faut, sa mise élégante et tirée à quatre épingles, ses manières fines et distinguées. Je dis distinguées quoiqu'elles ne soient que recherchées, et qu'un observateur attentif voie se mêler à sa conversation bien des berlinismes des plus populacières qui dénotent une extraction de bas étage. Koreff a un jour très-bien défini ces allures doucereuses de Kalkbrenner, qui étaient toujours entachées de quelque vulgarité ; il disait avec autant d'esprit que de justesse : « Cet homme a l'air d'un bonbon qui serait tombé dans la boue. »

Un contemporain de M. Kalkbrenner est M. Pixis, et bien qu'il soit d'un ordre inférieur, nous le mentionnerons cependant ici comme curiosité. Mais M. Pixis est-il réellement encore en vie? Lui-même prétend que oui, et il invoque à ce sujet le témoignage de M. Sina, le célèbre baigneur de Boulogne, qu'il ne faut pas confondre avec le mont Sinaï. Nous voulons en croire ce brave dompteur des vagues, quoique beaucoup de méchantes langues affirment même que M. Pixis n'a jamais existé. Non, ce dernier est un homme qui vit réellement ; je dis homme, bien qu'un zoologue lui donnerait assurémennt un nom à plus longue queue. M. Pixis vint à Paris déjà à l'époque de l'invasion, au moment où l'Apollon du Belvédère fut restitué aux Romains et dut quitter Paris. L'acquisition de M. Pixis devait offrir aux Français quelque dédommagement. Il touchait du piano, et composait aussi en musique d'une manière très-gentille, et ses petites productions musicales étaient surtout estimées des marchands d'oiseaux, qui dressent des serins pour le chant au moyen de la serinette. Ces petites créatures jaunes n'avaient besoin que d'entendre une seule fois seriner une composition de M. Pixis, pour qu'elles la comprissent aussitôt et se missent à la répéter avec le plus doux gazouillement, au point que chacun en était réjoui et applaudissait en criant : *Pixissimé !* Depuis que les Bourbons de la branche aînée ont quitté la scène, on ne crie plus : *Pixissimé !* les nouveaux serins demandent de nouvelles mélodies. Par son air extérieur, physique, M. Pixis se fait encore quelque peu remarquer ; c'est qu'il a le plus grand nez dans le monde musical, et pour bien faire ressortir cette spécialité, il se montre souvent en compagnie d'un compositeur de romances sentimentales qui n'a pas de nez du tout, et qui pour ce mérite a reçu, il n'y a pas longtemps, la croix de la Légion d'honneur ; car ce n'est certainement pas à cause de sa musique, que cet individu a été gratifié de cette décoration. On dit qu'il sera aussi nommé directeur du grand Opéra, pour la raison qu'il est le seul homme capable d'offrir quelque garantie que le maestro Giacomo Meyerbeer ne le mène pas par le nez.

Parmi les pianistes établis à Paris et jouissant actuellement d'une grande vogue se trouvent Hallé et Édouard Wolf, mais nous ne mentionnerons particulièrement que ce dernier parce qu'il se distingue en même temps comme compositeur. Édouard Wolf est fécond et plein de verve. Étienne Heller est plutôt compositeur que virtuose, bien qu'il soit fort estimé aussi pour la perfection avec laquelle il joue du piano. Ses productions musicales portent toutes le cachet d'un talent distingué, et il compte déjà dans ce moment parmi les grands maîtres. C'est un vrai artiste, sans affectation, sans exagération ; un esprit romantique dans une forme classique. Thalberg est déjà depuis deux mois à Paris, mais il ne veut donner aucun concert lui-même; ce n'est qu'au concert d'un de ses amis qu'il jouera publiquement cette semaine. Cet artiste se distingue très-avantageusement de ses collègues du piano, je dirais presque par ses bonnes manières musicales. Comme dans sa vie, Thalberg montre aussi dans son art le tact qui lui est naturel, son exécution est parfaitement *gentlemanlike*, parfaitement aisée et comme il faut, tout à fait exempte de grimaces, tout à fait sans ces airs forcés de supériorité, sans cette forfanterie de mauvais goût qui cache très-mal la faiblesse intérieure. Les femmes bien portantes l'aiment. Les femmes maladives n'ont pas moins d'affection pour lui, quoiqu'il ne mette pas leur pitié à contribution par des accès épileptiques sur le piano, quoiqu'il ne spécule pas sur leurs nerfs trop délicats, quoiqu'il ne les électrise ni ne les galvanise aucunement; qualités négatives mais non moins méritoires. Il n'y a qu'un seul pianiste que je lui préfère, Chopin qui, il est vrai, est plutôt compositeur que virtuose. Près de Chopin j'oublie tout à fait le jeu du pianiste passé maître, et je m'enfonce dans les doux abîmes de sa musique, dans les douloureux délices de ses créations aussi exquisses que profondes. Chopin est le grand poëte musical, l'artiste de génie qu'il ne faudrait nommer qu'en compagnie de Mozart, de Beethoven, de Rossini ou de Berlioz.

Dans les soi-disant théâtres lyriques, les nouveautés n'ont pas fait défaut cet hiver. Les *bouffes* nous ont donné *Don Pasquale*, nouvel ouvrage de *signor* Donizetti. Cet Italien ne manque pas non plus de succès, son talent est grand, mais plus grande encore est sa fécondité pour laquelle il ne le cède qu'aux lapins. A l'Opéra-Comique nous vîmes *la Part du Diable*, texte de Scribe, musique d'Aubert; le poëte et le compositeur s'accordent ici parfaitement, ils se ressemblent d'une façon étonnante dans leurs qualités comme dans leurs imperfections. Tous deux ont beaucoup d'esprit, beaucoup de grâce, beaucoup d'invention, même de la passion; il ne manque à l'un rien que la poésie et à l'autre que la musique. La pièce trouve son public et fait toujours salle comble.

Au grand Opéra, on a donné ces jours-ci *Charles VI*, texte de Delavigne, musique de Halévy. Je ne sais pas si le premier est le grand poëte de ce nom. Dans ce cas ici il y aurait aussi entre le poëte et le compositeur une ressemblance congéniale. Ils ont su tous deux augmenter leur aptitude naturelle par des efforts nobles et consciencieux, et ils se sont formés plutôt par la discipline de l'école que par une fougue expansive et primesautière. C'est pourquoi ils ne sont jamais tombés ni l'un ni l'autre dans le genre tout à fait mauvais, comme il arrive parfois au génie d'une originalité excessive ; ils ont toujours produit quelque chose d'agréable, de beau, de respectable, d'académique, de classique. Tous deux sont avec cela des natures également nobles, également dignes, et dans un temps où l'or se cache avec tant d'avarice, nous ne voulons pas trop déprécier l'argent qui a cours. *Le Hollandais volant* de Dietch a depuis fait tristement naufrage ; je n'ai pas entendu cet opéra, j'ai seulement vu le libretto, et j'y ai remarqué avec déplaisir combien cette belle fable qu'un auteur allemand de votre connaissance (Henri Heine) avait imaginée d'une façon tout à fait adaptée à la scène, a été détériorée par un plagiaire dans le texte français.

En correspondant consciencieux, je ne puis passer sous silence que parmi les compatriotes allemands séjournant à Paris se trouve aussi l'excellent maître Conradin Kreutzer. Conradin Kreutzer s'est acquis ici une considération hors ligne par le *Nachtlager de Grenade*, représenté l'hiver dernier à Paris par une troupe allemande, qui y est presque morte de faim. L'inestimable maître m'est déjà connu depuis les jours de ma première jeunesse, où ses compositions de romances me ravissaient ; encore aujourd'hui elles résonnent dans mon âme avec leur charme printanier. M. Kreutzer me dit qu'il mettra en musique un libretto pour l'Opéra-Comique. Puisse-t-il réussir à ne pas trébucher sur ce sentier glissant, et à ne pas être mystifié par les roués raffinés du monde des planches de Paris, comme il est arrivé à tant d'Allemands avant lui, qui avaient même l'avantage de posséder moins de talent que M. Kreutzer, et qui savaient en tout cas se mouvoir plus lestement sur le périlleux sol parisien ! Quelles tristes expériences n'eut pas à faire M. Richard Wagner, qui, à la fin, écoutant la voix de la raison et de l'estomac, abandonna prudemment le dangereux projet de prendre pied sur la scène française, et s'en retourna dans le pays des pommes de terre d'outre-Rhin ! Plus avantageusement équipé sous le rapport matériel et industrieux est le vieux M. de Sauer qui, comme il prétend, compose un opéra sur la demande de la direction de l'Opéra-Comique. Le texte lui est fourni par M. Scribe, contre la garantie prêtée à ce dernier par une maison de banque de Paris, qu'en cas d'une chute du vieux de Sauer, le célèbre fabricant de librettos recevra une somme considérable, à titre de dédit ou de dommages et intérêts. Il a raison, en effet, de se prémunir, vu que le vieux de Sauer n'est pas fort sur ses jambes, et qu'il souffre d'un mal dont il se plaint continuellement de la façon la plus lamentable, et qu'il appelle sa mélancolique. Mais qui est le vieux de Sauer ? Ce n'est sans doute pas l'ancien vieux Dessauer qui, en sa qualité de général prussien, a gagné tant de lauriers dans la guerre de Sept Ans, et dont une marche qui porte son nom est devenue si célèbre ; la statue qui fut élevée à sa mémoire dans le jardin du château royal de Berlin est tombée depuis. Non, cher lecteur ! le de Sauer dont nous parlons n'a jamais gagné de lauriers, il n'a pas non plus composé de célèbres marches, et encore moins lui a-t-on dressé une statue tombée depuis. Ce n'est pas le vieux Dessauer de Prusse ; aussi écrit-on tout autrement son nom, qui n'est qu'un nom de guerre, ou peut-être un sobriquet qu'on lui a donné, à cause de sa mine vieillote, piteuse et courbée en forme de dos de chat. C'est un vieux jouvenceau très-mal conservé. Il n'est pas Prussien, au contraire, il est Autrichien, né à Prague, où il possède dans le quartier hébreu deux grandes maisons assez propres ; aussi à Vienne, dit-on, il possède une propre maison, et il est encore en outre réputé assez riche. Il n'a donc pas besoin de composer, comme dirait la vieille Mosson, la belle-mère du grand Giacomo Meyerbeer. Mais par prédilection pour l'art, il négligea ses affaires commerciales, s'occupa de musique, et composa de bonne heure un opéra, qui, grâce à une noble persévérance, arriva sur la scène et y fut représenté une fois et demie. De même qu'à Prague, le vieux de Sauer s'efforça aussi à Vienne de mettre en relief ses talents, mais la clique engouée de Mozart, de Beethoven et de Schubert ne le laissa pas percer ; on ne le comprit pas, ce qui s'explique peut-être par son baragouin bohémien et par une prononciation nazillarde de l'allemand, qui rappelle des œufs pourris. Peut-être aussi on le comprenait, et c'est justement pour cela qu'on ne voulait pas en entendre parler. Pour surcroît de maux, il souffrait d'un mal mystérieux dans les intestins de son âme et qu'il nommait sa mélancolique. Pour se rassénérer, il vint à Paris, et là, il gagna la faveur du célèbre M. Maurice Schlésinger, qui édita ses compositions de romances; comme honoraire, il reçut de son éditeur une montre d'or. Lorsque le vieux de Sauer se rendit quelque temps après chez son protecteur pour lui annoncer que la montre n'allait pas, ce dernier répondit : « Aller? ai-je dit qu'elle irait? Vos compositions vont-elles? J'en suis avec vos compositions au même cran que vous avec ma montre. Elles ne vont pas. » Ainsi parla Maurice Schlésinger, le souverain maître des musiciens, en tiraillant les bouts de son faux-col et en agitant vivement ses doigts autour de son cou, comme s'il se sentait la cravate tout à coup trop serrée, gestes qu'il a l'habitude de faire quand il se passionne; car comme tous les grands hommes, il est très-passionné. Cette inquiète agitation de ses doigts autour de son cou précède ordinairement, à ce qu'on dit, les plus terribles éclats de sa colère, et le pauvre vieux de Sauer en fut tellement altéré que ce jour-là il eut plus fort que jamais la mélancolique. Son noble protecteur avait tort envers lui. Ce n'est pas de sa faute si ses compositions de romances ne vont pas; il a fait tout son possible pour les faire aller; il a, à cet effet, employé ses jambes du matin au soir, et il court après chacun qui pourrait, par quelque réclame dans un journal, faire aller ses romances. Il s'accroche au pan d'habit de tout journaliste, et il nous chante continuellement ses lamentations sur sa mélancolique, et combien une toute petite miette d'éloge pourrait rafraîchir son âme malade. Pour gagner des feuilletonistes peu fortunés, qui travaillent pour de petits journaux, il se sert d'autres appâts, en leur racontant, par exemple, qu'il avait donné dernièrement au rédacteur d'une gazette un déjeuner au Café de Paris, qui lui avait coûté quarante-cinq francs et cinquante centimes; il porte en effet la note, la carte payante de ce déjeuner, constamment dans le gousset de son pantalon, d'où il la tire avec un sourire aigre-doux pour confirmer ses paroles. Oui, le fougueux Schlésinger fait injure au vieux de Sauer en pensant qu'il n'use pas de tous les moyens pour faire aller ses compositions. Il met à contribution non-seulement la plume des hommes, mais aussi celle des femmes, et il a trouvé la plume d'une dinde allemande, qui le prône par commisération. Je dis commisération, parce qu'on ne le louerait pas à coup sûr pour ses beaux yeux, ou pour sa jolie figure. Quel visage que le sien ! Sur ce visage, les opinions sont partagées : les uns disent que c'est un vomitif, les autres disent que c'est un laxatif. Du moins il est certain qu'à son aspect je me sens toujours embarrassé par un fâcheux dilemme, ne sachant point pour laquelle des deux opinions je dois me prononcer.

Je dois faire la remarque que j'ai pourtant mal écrit le nom du musicien dont je viens de parler, et que sans doute il se nomme tout à fait comme le vieux Dessauer, le célèbre auteur de la marche dite le *Dessauer Marsch*.

Mais, cher lecteur, je vous demande pardon de vous entretenir de pareils moucherons ; toutefois leur bourdonnement importun peut à la fin pousser l'homme le plus patient à saisir le claque-mouche. Et puis j'ai voulu montrer ici quels volatiles du fumier sont prônés par nos honnêtes éditeurs de musique comme des rossignols allemands, comme des successeurs et même des rivaux de Schubert. La popularité de Schubert est très-grande à Paris, et son nom est exploité de la manière la plus déhontée. Le plus misérable rebut de romances paraît ici sous le nom simulé de Camille Schubert, et les Français, qui ignorent sans doute que le prénom du véritable Schubert est François, se laissent tromper de la sorte. Pauvre Schubert ! Et quels textes on substitue à ceux de ses compositions ! Ce sont surtout les *Lieder* de Henri Heine, mis en musique par Schubert, qui ont une grande vogue ici, mais les textes sont si horriblement traduits que le poëte fut très-satisfait en apprenant combien les éditeurs de musique sont loin de se faire un cas de conscience de taire le nom du vrai auteur, et de mettre sur le titre de ces *Lieder* le nom de quelque obscur parolier français.

Je veux terminer cet article par une bonne action. On me dit que M. Schindler à Cologne, où il est directeur de musique, se chagrine beaucoup d'avoir appris que dans un de mes rapports sur la dernière saison musicale j'ai parlé dédaigneusement de sa cravate blanche, et même affirmé que sur ses cartes de visite on avait lu sous son nom ce titre : ami de Beethoven. Il nie cette dernière particularité. Quant à la cravate, je le répète, il en était comme je l'ai dit, et je n'ai jamais vu de monstre plus blanc et plus raide que cette cravate de M. Schindler ; mais à propos de la carte, l'amour de l'humanité m'oblige d'avouer que je doute moi-même du fait que les mots en question s'y soient trouvés. Je n'avais pas inventé cette histoire, mais j'avais peut-être eu trop de propension à la croire, et en réalité l'essentiel pour toute chose en ce monde est plutôt la probabilité que la vérité même. La première prouve qu'on a cru l'homme capable de commettre une telle folie, et elle nous offre la mesure de son véritable caractère, tandis qu'un fait réel peut être en soi un simple effet du hasard sans signification caractéristique. Je n'ai pas vu la carte en question ; en revanche, j'ai vu ces jours-ci, de mes propres yeux, la carte de visite d'un chanteur italien, où étaient gravés les mots suivants : A. Gallinari, neveu du célèbre Rubini.

LVI

Paris, 5 mai 1843.

La politique vit maintenant retirée dans son hôtel au boulevard des Capucines. Pendant ce temps, des questions industrielles et artistiques sont à l'ordre du jour, et l'on se dispute maintenant pour savoir si la canne à sucre ou la betterave doit être favorisée, s'il vaut mieux de céder le chemin de fer du Nord à une compagnie, ou d'en finir complétement la construction aux frais de l'État, enfin si le système classique dans la poésie ne rentrera pas en vigueur par le succès de *Lucrèce*; le nom qu'en ce moment on prononce le plus souvent, est celui de Rothschild.

L'enquête sur les élections forme un petit intermède dans la chambre. Le rapport volumineux qu'on a lu sur cette regrettable affaire, renferme de très-curieux détails. L'auteur de ce rapport est un certain M. Lanyer, que j'ai rencontré il y a douze ans, en qualité de médecin très-inhabile, près de son unique patient, et qui a depuis, pour le bien de l'humanité, suspendu au croc le bâton d'Esculape. Dès que l'enquête sera écartée, on commencera les débats sur la question des sucres, et à cette occasion, M. de Lamartine se propose de défendre les intérêts du négoce colonial et de la marine française contre l'esprit mesquin du petit commerce local. Les adversaires de la canne à sucre sont ou des industriels intéressés dans la question, qui n'envisagent le salut de la France qu'au point de vue de leur boutique, ou ce sont de vieux bonapartistes décrépits, qui restent attachés avec une certaine piété à la betterave, l'idée favorite de l'empereur. Ces vieillards, qui depuis 1814, sont restés stationnaires sous le rapport de l'esprit, forment toujours un pendant plaisamment mélancolique de nos vieux teutomanes d'outre-Rhin, et de même que ces derniers idolâtraient jadis le gland du chêne germanique et le café de gland, de même les vieux impérialistes idolâtrent la gloire et le sucre de betterave. Mais le temps marche en avant rapidement, irrésistiblement, sur de fumantes locomotives à vapeur, et les héros usés du passé, les vieilles jambes de bois des nationalités restreintes, ces invalides et incurables, nous les perdrons bientôt de vue.

L'ouverture des deux nouveaux chemins de fer, dont l'un conduit à Orléans et l'autre à Rouen, cause ici une commotion que chacun partage, à moins de se trouver par hasard placé sur un escabeau d'isolement social. Toute la population de Paris forme en ce moment, pour ainsi dire, une chaîne où l'un communique à l'autre la décharge électrique. Mais tandis que la masse du peuple regarde, stupéfaite et ahurie, la manifestation extérieure des grandes forces de mouvement, le penseur solitaire est saisi d'un frémissement sinistre, tel que nous l'éprouvons toujours quand il arrive un événement des plus prodigieux et des plus inouïs, dont les conséquences sont immenses et incalculables. Nous sentons seulement que notre existence est entraînée ou plutôt lancée dans de nouveaux orbites, que nous allons au-devant d'une nouvelle vie, de nouvelles joies et de nouvelles souffrances, et l'inconnu exerce son charme mystérieux, à la fois attrayant et inquiétant. De pareils tressaillements doivent avoir agité nos pères alors que l'Amérique fut découverte, que l'invention de la poudre à canon s'annonça par les premiers coups de feu, que l'imprimerie répandit par le monde les premières épreuves de la parole divine. Les voies ferrées sont à leur tour un semblable événement providentiel, qui donne un nouvel élan à l'humanité, qui change la forme et la couleur de la vie sociale ; une nouvelle ère commence dans l'histoire universelle, et notre génération peut se vanter d'avoir assisté à son inauguration. Quelles transformations doivent maintenant s'effectuer dans nos manières de voir et de penser! Même les idées élémentaires du temps et de l'espace sont devenues chancelantes. Par les chemins de fer, l'espace est anéanti, et il ne nous reste plus que le temps. Si nous avions seulement assez d'argent, pour tuer aussi ce dernier d'une façon convenable! En trois heures et demie on fait maintenant le voyage d'Orléans; en autant d'heures celui de Rouen. Que sera-ce, quand les lignes vers la Belgique et l'Allemagne seront exécutées et reliées aux chemins de fer de ces contrées! Je crois voir les montagnes et les forêts de tous les pays marcher sur Paris. Je sens déjà l'odeur des tilleuls allemands; devant ma porte se brisent les vagues de la mer du Nord.

Non-seulement pour l'exécution du chemin de fer du Nord, mais aussi pour l'établissement de beaucoup d'autres lignes, de grandes compagnies se sont constituées, qui engagent le public par des circulaires imprimées à prendre part à leur association. Chacune d'elles expédie un prospectus, à la tête duquel est proclamé en grands chiffres le capital destiné à couvrir les frais de l'entreprise. Il monte toujours à quelque cinquante ou cent et même à plusieurs centaines de millions de francs; aussitôt que le temps limité pour la souscription sera révolu, on n'admettra plus de nouveaux souscripteurs; on annonce aussi que si la somme du capital limité pour la société des actionnaires est atteinte avant le terme, personne n'obtiendra plus la permission de souscrire. On fait également parader en lettres colossales, au front du prospectus, les noms des personnes qui composent le comité de surveillance de la société; ce sont non-seulement des noms de financiers, de banquiers, de receveurs généraux, de propriétaires d'usines et de fabricants, mais encore des noms de hauts fonctionnaires de l'État, des noms de princes, de ducs, de marquis et de comtes qui, pour la plupart, il est vrai, sont inconnus, mais qui sonnent magnifiquement avec leurs titres officiels et féodaux : on croit entendre les coups de trompette et de grosse caisse, avec lesquels Paillasse invite, sur le balcon d'une baraque de foire, l'honorable public à prendre sa place au spectacle. On ne paie qu'en entrant. Quel détenteur de capitaux n'aurait pas confiance en un tel comité de surveillance, qui n'entend cependant d'aucune façon promettre une garantie solidaire, comme beaucoup de bonnes gens se l'imaginent, et qui n'offre aucun solide appui, mais ne figure qu'en qualité de magnifiques cariatides. J'exprimai à un de mes amis mon étonnement de remarquer parmi les membres d'un tel comité de surveillance aussi des officiers de marine, et de trouver même sur la plupart des circulaires-prospectus des noms d'amiraux imprimés en tête comme présidents des sociétés : que je voyais, par exemple, le nom de l'amiral Rosamel sur un de ces prospectus, d'après lequel étaient même nommées toute une compagnie et jusqu'aux soi-disant promesses d'actions émises par elle. Mon ami, qui aime beaucoup à rire, fut d'avis qu'une pareille adjonction d'officiers de marine était une très-fine mesure de précaution de la part des compagnies respectives, pour le cas qu'elles vinssent à se trouver dans de fâcheuses collisions avec la justice, et qu'un jury honnête les condamnât aux galères; alors, dit-il, les membres de la compagnie auraient toujours près d'eux un amiral, circonstance qui leur serait d'une grande utilité à Toulon ou à Brest, où il y a beaucoup à ramer et à naviguer. Mon ami se trompe. Ces messieurs n'ont point à redouter d'avoir à manier la rame à Toulon ou à Brest; non, la rame ou plutôt le gouvernail qui tombera un jour entre leurs mains, et qui en partie leur est déjà dévolu, c'est le gouvernail du vaisseau qu'on nomme l'État. Cette aristocratie régnante de l'argent formera bientôt non-seulement le comité de surveillance de telle ou telle société de chemin de fer, mais le comité de surveillance de toute notre société bourgeoise et industrielle, et ce sont eux qui nous enverront à Toulon ou à Brest pour ramer sur les galères du roi.

La maison Rothschild, qui a soumissionné la concession du chemin de fer du Nord, et qui l'obtiendra selon toute probabilité, ne constitue pas une véritable société, et chaque participation à son entreprise, que cette maison accorde à un individu quelconque, est une faveur, ou plutôt, pour m'exprimer en termes tout à fait précis, c'est un cadeau d'argent dont M. de Rothschild gratifie ses amis. Les actions éventuelles ou, comme elles sont nommées, les promesses de la maison Rothschild se cotent déjà à plusieurs cents francs au-dessus du pair, en sorte que celui qui demande au baron James de Rothschild de pareilles actions au pair, mendie dans la véritable acception du mot. Mais tout le monde mendie à présent chez lui, il y pleut des lettres où l'on demande la charité; et comme les mieux huppés se mettent en avant avec leur digne exemple, ce n'est plus une honte que de mendier. M. de Rothschild est donc le héros du jour, et il joue en général dans l'histoire de notre misère d'aujourd'hui un rôle si considérable que je suis forcé de parler de lui très-souvent et aussi sérieusement que possible. M. de Rothschild est en effet un personnage remarquable. Je ne saurais apprécier exactement sa capacité d'homme de finance, mais à en juger d'après les résultats, elle doit être grandiose. Une aptitude particulière chez lui est le talent d'observation ou l'instinct avec lequel il sait, sinon juger, du moins discerner les capacités d'autres personnes dans toute sphère quelconque. On l'a, à cause de ce don naturel, comparé à Louis XIV; et en réalité, par contraste avec tant d'autres banquiers qui aiment à s'entourer d'un état-major de médiocrités, nous avons toujours vu M. James de Rothschild dans les relations les plus intimes avec les notabilités de toutes les disciplines : quand même il n'en avait pas de connaissances spéciales, il savait toujours lequel y était l'homme le plus capable. Il ne connaît peut-être pas une note de musique, mais Rossini fut constamment l'ami de la maison dans l'hôtel de Rothschild. Ary Scheffer est le peintre ordinaire de M. le baron; Carême était son cuisinier. M. de Rothschild ne sait certainement pas un mot de grec; mais l'helléniste Letronne est le savant qu'il distingue le plus, et avec qui il aime à s'entretenir. Son médecin personnel était l'ingénieux Dupuytren, et il régnait entre eux deux l'affection la plus fraternelle. Le mérite d'un Crémieux, ce grand jurisconsulte à qui est réservé un grand avenir, fut de bonne heure compris par M. de Rothschild, et il le choisit pour son avocat. Il a de même apprécié dès l'abord les talents politiques de Louis-Philippe, et il fut toujours sur un pied familier avec ce grand maître de l'art gouvernemental. Émile Pereire a été tout spécialement découvert par M. de Rothschild, qui devina la capacité pratique, la haute intelligence de ce *Pontifex maximus* des ponts et chaussées ferrés; il en fit tout de suite son premier ingénieur, et fonda par lui le chemin de fer de Versailles. La poésie, aussi bien la française que l'allemande, est également représentée d'une manière fort digne dans la faveur de M. de Rothschild; cependant, s'il faut dire la vérité, il me semble que tout en aimant la poésie, le noble plaisir des grands cœurs, M. le baron n'est pas aussi ardemment enthousiasmé pour nos poëtes vivants que pour les illustres trépassés, par exemple, pour Homère, Sophocle, Dante, Cervantès, Shakspeare, Goethe, tous poëtes morts, génies glorifiés qui, dépouillés et purifiés de toute scorie terrestre, sont enlevés depuis longtemps à toutes les misères de la terre, et ne demandent pas d'actions du chemin de fer du Nord.

Dans ce moment, l'étoile Rothschild est au zénith de son éclat. Je ne sais si je ne me rends pas coupable d'un manque de dévotion envers le grand baron, en ne l'appelant qu'une étoile. Mais il ne m'en voudra pas comme cet autre, Louis XIV, qui s'emporta un jour contre un pauvre poëte, parce qu'il avait eu l'impertinence de le comparer à une étoile, lui qui était habitué à être nommé le soleil, et qui avait aussi adopté ce corps céleste comme son emblème officiel.

Pour être complétement sûr de mon fait, je veux pourtant comparer aujourd'hui M. Rothschild au soleil, car d'abord cela ne me coûte rien, et ensuite je puis à bon titre le faire en ce moment, où chacun lui rend hommage, pour être réchauffé par ses rayons d'or. — Entre nous soit dit, cette fureur de vénération est pour le pauvre soleil de la rue Laffitte un véritable supplice, et il n'a point de repos devant ses adorateurs, au nombre desquels se trouve plus d'un qui ne mérite vraiment pas que le soleil luise sur lui; ces Pharisiens psalmodient le plus hautement leur *Gloria in excelsis*, et le pauvre baron est sans relâche adulé, harcelé et torturé d'eux avec une telle persistance, qu'on serait presque tenté de s'apitoyer sur son sort. Je crois en effet que l'argent est pour lui plutôt un malheur qu'un bonheur; s'il avait un naturel plus dur, il aurait bien moins de peines à supporter, mais en homme sensible et doux comme il l'est, il souffre beaucoup des appels urgents de tant de détresses qui attendent de lui un adoucissement, et il doit être péniblement affecté par toutes les sottes prétentions qui sans cesse s'adressent à lui, ainsi que par l'ingratitude qui suit immédiatement chacun de ses bienfaits. L'excès de richesse est peut-être plus difficile à porter que la pauvreté. Je conseille à quiconque se trouve dans une grande pénurie, d'aller chez M. de Rothschild, non pour lui demander de l'argent, car je doute fort qu'il en obtienne tout son content, mais pour se consoler par l'aspect d'une misère pire que la sienne. Tout pauvre diable qui a trop peu et qui ne sait point comment se tirer d'embarras, se convaincra là qu'il y a un homme dont les tourments sont bien autrement pénibles, parce qu'il a trop d'argent, parce que tout l'argent du monde coule dans sa poche gigantesque et cosmopolite, et parce qu'il est condamné à traîner avec lui ce brillant fardeau, tandis que tout autour de lui la grande foule des affamés et des voleurs étend les mains vers sa personne.

Et quelles mains horribles et dangereuses! — Comment vous portez-vous? demanda un jour un poëte allemand à M. le baron. « Je suis fou, » répondit celui-ci. — Avant que vous ne jetiez votre argent par la fenêtre, reprit le poëte, je ne le crois pas. — Mais le baron l'interrompit en soupirant, et lui dit : « Voilà justement ma folie, que je ne jette pas quelquefois l'argent par la fenêtre. »

Ah! que les riches sont donc malheureux en cette vie — et après la mort ils n'entrent pas même au ciel! « Il est plus aisé qu'un chameau passe par le trou d'une aiguille, qu'il ne l'est qu'un riche entre dans le royaume de Dieu. » — Cette parole du communiste divin est un terrible anathème, et elle témoigne de sa haine ardente contre la bourse et la haute finance de Jérusalem. Le monde fourmille de philanthropes, il y a des sociétés qui protégent les animaux contre les mauvais traitements, et on fait réellement bien des choses pour les pauvres. Mais pour les riches, qui sont encore bien plus à plaindre, on ne fait rien du tout. Au lieu de mettre des prix à des questions sur la culture de la soie, sur la perfection des haras et sur la philosophie de Kant, nos sociétés savantes devraient consacrer un prix considérable à la solution de la question : comment on pourrait enfiler un chameau dans le trou d'une aiguille? Avant que cette grande question du chameau ne soit résolue et que les riches ne gagnent une perspective d'entrer dans le royaume du ciel, il ne sera pas non plus fondé pour les pauvres un salut efficace. Les riches auraient le cœur moins dur s'ils n'étaient pas réduits à chercher leur bonheur ici-bas, et qu'ils n'eussent à envier les pauvres qui un jour là-haut, dans les cieux, se gaudiront des enivrantes voluptés de la vie éternelle. Les riches disent : Pourquoi ferions-nous quelque chose sur terre pour ce tas de gueux, vu qu'un jour au ciel ils seront plus heureux que nous, et qu'en tout cas nous ne nous rencontrerons pas avec eux après la mort? Si les riches savaient qu'ils auront de nouveau là-haut à vivre en commun avec nous pour toute éternité, ils se gêneraient sans doute un peu plus ici-bas, et se garderaient de trop nous maltraiter. Cherchons donc avant tout à résoudre la grande question du chameau !

Les riches ont le cœur dur, c'est vrai; ils l'ont même dur envers leurs anciens collègues qui sont par hasard un peu dégringolés. Je viens de rencontrer le pauvre M. Léo, et mon cœur saigna à l'aspect de cet homme qui était autrefois si intimement lié avec les chefs de la bourse, avec l'aristocratie des spéculateurs, et qui était lui-même un brin de banquier. Mais dites-moi donc, ô grands et puissants favoris de la fortune, qu'est-ce que le pauvre Léo vous a fait pour que vous l'ayez si ignominieusement expulsé de la communauté? — je ne veux pas dire de la communauté juive, mais de la communauté financière. Oui, le pauvre homme jouit depuis quelque temps de la haute disgrâce de ses compagnons, au point qu'il se voit exclu comme un lépreux de toutes les belles entreprises, c'est-à-dire de toutes les entre-

prises lucratives. Du dernier emprunt aussi, on ne lui a
pas concédé la moindre parcelle, et quant à une participation à de nouvelles sociétés de chemins de fer, il est
forcé d'y renoncer complétement depuis qu'il a subi,
dans sa gestion du chemin de fer de Versailles de la rive
gauche, un échec si lamentable, et qu'il a causé par
ses malencontreux talents d'arithmétique de si terribles
pertes à ses commettants. Aucun ne veut plus entendre
parler de lui, chacun le repousse, et même son unique
ami (qui, soit dit en passant, n'a jamais pu le souffrir)
même son Jonathan, le *stockjobber* Laensedorf, l'abandonne et court maintenant sans cesse après le baron
de Meklenbourg qu'il talonne avec une affection si empressée, qu'il a l'air de vouloir lui entrer entre les basques
de son habit. — Je ferai remarquer aussi en passant
que le baron de Meklenbourg, un de nos plus zélés
agioteurs et industriels, n'est nullement israélite,
comme on le pense d'ordinaire parce qu'on le confond
avec Abraham Meklenbourg, ou parce qu'on le voit la
plupart du temps parmi les forts d'Israël, parmi les
piliers plus ou moins respectables de la bourse, où ils
s'assemblent autour de lui ; car ils l'aiment beaucoup.
Ces gens ne sont pas, comme on voit, des fanatiques
religieux, et leur défaveur pour le pauvre Léo ne
peut donc être attribuée à des motifs d'intolérance ; ils
ne lui en veulent pas pour avoir déserté la religion de
Moïse, et ils ont seulement haussé l'épaule avec pitié à
propos de cette apostasie qui n'était pas non plus une

bonne affaire pour le pauvre Léo, quoiqu'il occupe maintenant dans le temple protestant de la rue des Billettes la place de marguillier. — C'est certes une importante place d'honneur; mais un homme tel que M. Léo se serait, avec le temps aussi dans la synagogue, élevé à de grandes dignités; on aurait peut-être confié à ses mains habiles les manipulations les plus importantes dans la cérémonie de la circoncision; on lui aurait aussi, aux jours de fête, dans la récitation de la *thora*, prodigué les plus honorifiques faveurs, et même, comme il est bon musicien et qu'il possède surtout beaucoup de talent pour la musique d'église, il lui serait peut-être échu en partage, à la célébration du premier jour de l'an, selon le rite judaïque, la haute fonction de souffler dans le *schofar*, la corne de bouc sacrée. Non, il n'est pas la victime d'une intolérance religieuse ou morale de Pharisiens opiniâtres; ce ne sont pas des fautes de cœur qu'on impute au pauvre Léo, mais des fautes de calcul, et des millions perdus ne sont pardonnés même par aucun chrétien. Mais ayez enfin de la miséricorde pour ce pauvre disgracié, pour cette grandeur déchue; recevez-le de nouveau au milieu de vous par une généreuse clémence, laissez-le de nouveau prendre part à quelque bonne affaire, accordez-lui encore une fois un petit profit, qui puisse verser un baume sur son cœur brisé, *date obolum Belisario* — donnez une obole à un Bélisaire de la banque qui, il est vrai, n'a pas été un grand général, mais un aveugle, dont la cécité financière doit nous inspirer du respect et de la commisération.

Il y a aussi des raisons patriotiques, qui rendent désirable la conservation du pauvre Léo. L'amour-propre froissé et les grands mécomptes essuyés forcent, me dit-on, cet homme autrefois si opulent, à quitter notre chère ville de Paris, et à se retirer à la campagne, où il pourra, comme jadis Cincinnatus, manger son chou planté de ses propres mains, ou bien comme un autre Nabuchodonosor brouter l'herbe de ses propres prairies. Ce serait une grande perte pour nos compatriotes allemands. Car tous les voyageurs d'outre-Rhin de second ou de troisième rang, qui venaient ici à Paris, trouvaient dans la maison de M. Léo un accueil hospitalier, et beaucoup d'entre eux, qui se trouvaient mal à l'aise dans le monde glacial des Français, pouvaient se réfugier là avec leur chaleureux cœur allemand, et se sentir de nouveau comme au pays, en compagnie d'âmes sympathisantes. Dans de froides soirées d'hiver, ils y trouvaient une chaude tasse de thé, préparée un peu homéopathiquement, il est vrai, mais non tout à fait dénuée de sucre. Ils y voyaient M. de Humboldt, non point en personne, mais en effigie, suspendu à la muraille pour servir d'appeau. Là, ils voyaient en chair et en os l'illustre monsieur qui a plus d'os que de chair et qui possède le nez le plus long de Francfort. On y trouvait aussi une baronne allemande, et même une comtesse allemande. Des diplomates de Kraehwinkel, avec une brochette de décorations, s'y montraient accompagnés de leurs épouses plus ou moins biscornues et de leurs filles aux blonds cheveux, aux blondes dents et aux blondes mains. On y entendait parfois de très-excellents pianistes et violonistes, des virtuoses nouveaux débarqués qui avaient été embauchés et recommandés par des vendeurs d'âmes à la maison Léo, et qui se laissaient exploiter musicalement dans les soirées de cette maison. Là les doux accents de la langue maternelle, avec les intonations nasillardes les plus naïves, saluaient le bienvenu d'outre-Rhin. Là on parlait le plus purement l'idiome du *Dreckwall*, ce *ghetto* le plus fashionable de Hambourg, et quand ces sons classiques chatouillaient les oreilles d'un Allemand, il était ravi comme s'il sentait de nouveau les parfums du canal de *Moenkedamm*. Mais lorsqu'on chantait l'*Adélaïde* de Beethoven, on voyait couler là les larmes les plus sentimentales ! Oui, cette maison était une oasis de sentimentalité allemande au milieu des sables égoïstes du monde français — une oasis florissante et odoriférante, où prédominait une délicieuse senteur d'ail, cet antique arome qui fait rêver et rappelle la vie patriarcale sous les tentes de l'Arabie. Le sentiment y régnait, non la froide raison. C'était un verdoyant berceau de la jaserie la plus intime, où l'on devisait sur les affaires du voisin, où l'on déblatérait contre la vie privée et le manque de principes du prochain, où l'on arrosait aussi parfois la patriotique médisance avec un rafraîchissant verre de bière — O cœur allemand, que demandes-tu de plus ? Ce serait extrêmement dommage, que cette boutique à cancans fût close à l'avenir.

LVII

Paris, 7 mai 1843.

L'exposition de peinture excite cette année un intérêt extraordinaire, mais il m'est impossible de porter sur l'excellence tant vantée de ce salon le moindre jugement quelque peu raisonnable. Jusqu'ici je n'ai senti qu'un déplaisir sans pareil, en me promenant à travers les salles du Louvre. Ces folles couleurs qui toutes à la fois jurent et m'assaillent de chaque côté, cette démence bariolée qui me regarde partout en grinçant ses dents peintes, cette anarchie bigarrée en cadres d'or, fait sur moi une impression pénible et fatale. Je me tourmente en vain de coordonner ce chaos dans mon esprit, et d'y découvrir la pensée de l'époque, ou seulement le trait de caractère commun, par quoi ces tableaux se fassent reconnaître comme les produits de notre temps actuel. Car toutes les œuvres d'une seule et même période ont un tel trait de caractère commun, la marque de ce peintre qui s'appelle l'esprit du temps: par exemple sur les toiles de Watteau ou de Boucher ou de Vanloo se reflète le jeu gracieux et poudré des fêtes pastorales, le vide fardé et folâtre des fadaises galantes, le doucereux bonheur en robe à panier de la mode régnante de Pompadour : partout des houlettes de berger ornées de rubans à vives couleurs, nulle part un glaive. Par contre, les tableaux de David et de ses disciples ne sont que l'écho coloré de la période de vertu républicaine, tournant en gloire guerrière et impérialiste, et là nous voyons un enthousiasme forcé pour le modèle de marbre, une ivresse de raison abstraite et glaciale; le dessin est correct, sévère et abrupt, la couleur trouble, dure et indigeste : ce sont des brouets spartiates. Mais qu'est-ce qui se révélera à nos descendants comme la signature de l'époque, quand ils contempleront un jour les tableaux de nos peintres d'aujourd'hui ? Par quelles particularités communes ces peintures se légitimeront-elles au premier coup d'œil comme les productions de notre période présente ? L'esprit de la bourgeoisie, l'industrialisme, qui pénètre maintenant toute la vie sociale de la France, s'est-il peut-être déjà fait valoir tellement dans les arts du dessin, que tous les tableaux de nos jours portent le sceau de cette nouvelle domination? Surtout les images de saints, qui abondent tant dans l'exposition de cette année, font naître en moi une pareille supposition. Il y a là dans la salle longue une fustigation dont la figure principale, avec sa mine souffrante, ressemble au directeur d'une entreprise sur actions échouée, qui se trouve devant ses actionnaires afin de leur rendre ses comptes; oui, ces derniers sont aussi reproduits sur la toile, et cela sous la forme de bourreaux et de pharisiens, qui sont terriblement courroucés contre l'*Ecce homo*, et qui semblent avoir perdu énormément d'argent sur leurs actions. Dans la figure principale, le peintre a donné, dit-on, le portrait de son oncle Léo. Les visages sur les tableaux historiques proprement dits, qui représentent des histoires du temps païen ou du moyen âge, rappellent également la boutique marchande, la spéculation de bourse, le mercantilisme, la mesquinerie épicière. On voit là un Guillaume le Conquérant, qu'on n'aurait qu'à affubler d'un bonnet à poil, pour qu'il se métamorphosât en honnête garde national, qui fait sa faction avec un zèle exemplaire, qui solde exactement ses billets au jour de l'échéance, qui honore son épouse légitime, et mérite certainement la croix de la Légion d'honneur. Et surtout les portraits ! La plupart ont une expression si pécuniaire, si intéressée et si morose, que je puis me l'expliquer seulement en pensant que l'original vivant a toujours, pendant les heures où il posait, songé à l'argent que lui coûterait le portrait, tandis que le peintre regrettait continuellement le temps qu'il était forcé de prodiguer à cette déplorable corvée mercenaire.

Parmi les images de saints, qui témoignent de la grand'peine que prennent les Français pour se donner un air bien religieux, j'ai remarqué une Samaritaine à la fontaine. Quoique le Sauveur appartienne aux Juifs, à la tribu la plus ennemie de celle des Samaritains, la pieuse femme exerce pourtant à son égard la miséricorde. Elle présente sa cruche d'eau à l'homme altéré, et pendant qu'il boit, elle le regarde d'un singulier coup d'œil oblique, qui est extrêmement rusé, et qui m'a rappelé la spirituelle réponse qu'un jour une matoise fille de Souabe donna à M. le pasteur supérieur, lorsque celui-ci dans sa tournée consistoriale examinait la jeunesse de l'école sur son instruction religieuse. Il demanda à quoi la femme de Samarie avait reconnu que Jésus était un Juif? A la circoncision — répondit hardiment la petite Souabe.

Le tableau d'histoire sainte le plus remarquable du Salon est d'Horace Vernet, le seul maître éminent qui ait fourni cette année une toile à l'exposition. Le sujet en est très-épineux, et nous sommes forcés d'en blâmer expressément, sinon le choix, du moins le point de vue auquel il est traité. Ce sujet, emprunté à la Bible, est l'histoire de Juda et de sa belle-fille Thamar. D'après nos idées et nos sentiments modernes, ces deux personnages nous apparaissent sous un jour très-immoral. Cependant d'après la manière de voir de l'antiquité, où la plus haute tâche de la femme consistait à mettre au monde des enfants, à propager la race de son époux — (et surtout d'après la façon de penser des anciens Hébreux, chez lesquels le plus proche parent du mari décédé sans enfants devait épouser sa veuve, afin de garantir par une pareille descendance posthume non-seulement les biens de la famille, mais aussi le souvenir des morts, la continuation de leur vie dans leur postérité, pour ainsi dire leur immortalité terrestre) — à ce point de vue antique, l'action de Thamar était on ne peut plus méritoire, pieuse et naïvement belle, c'était un acte selon le cœur de Dieu, aussi moral et presque aussi héroïque que l'acte de Judith, qui se rapproche déjà un peu plus de nos sentiments de patriotisme moderne. Quant à son beau-père, nous ne revendiquons pas précisément pour lui le prix Montyon, mais nous soutenons qu'en tous cas il n'a pas commis de péché. Car d'abord la connaissance d'une femme rencontrée sur la grande route n'était pour l'Hébreu du temps primitif aucune action illicite, non plus que s'il mangeait une figue cueillie d'un palmier du chemin, pour étancher sa soif; et c'était sans doute une journée chaude dans la chaude Mésopotamie, et le pauvre patriarche Juda languissait après quelque fruit rafraîchissant. Et puis son action porte tout à fait le sceau de la volonté divine, c'était une action providentielle : sans cette grande soif, Thamar n'aurait pas eu d'enfant; mais cet enfant devint l'aïeul de David qui régna comme roi sur Juda et Israël, et il fut donc en même temps l'ancêtre de cet autre et plus grand roi à la couronne d'épines, que vénère maintenant l'univers entier, Jésus de Nazareth.

Quant à la manière dont Horace Vernet a envisagé le sujet, je vais la décrire en quelques mots, sans entrer dans des répréhensions qui sentent trop l'homélie. Thamar, la magnifique personne, est assise au bord de la grande route, et montre à cette occasion ses charmes les plus luxuriants. Le pied, la jambe, le genou, etc., sont d'une perfection voisine de la poésie. D'un vêtement serré jaillit le sein, fleuri, parfumé, séduisant, comme le fruit défendu du jardin d'Eden. Avec la main gauche, qui est également peinte d'une façon parfaite et ravissante, la belle tient devant son visage un bout de son vêtement blanc, de sorte qu'on voit seulement le front et les yeux. Ces grands yeux noirs sont séducteurs comme la voix de l'insinuant tentateur dans le paradis. La femme est à la fois pomme et serpent, et nous ne devons point condamner le pauvre Juda parce qu'il lui présente en si grande hâte les gages demandés, le bâton, l'anneau et la ceinture. Pour les recevoir elle a étendu la main gauche, tandis qu'avec la droite, comme je l'ai dit, elle se voile le visage. Ce double mouvement des mains est d'une vérité telle que l'art ne la produit que dans ses moments les plus heureux. Il y a là une fidélité naturelle dont la magie subjugue. Le peintre a donné à Juda une physionomie de convoitise qui rappellerait plutôt un faune qu'un patriarche, et tout son affublement consiste en cette couverture de laine blanche, qui joue depuis la conquête d'Alger un si grand rôle sur tant de tableaux. Depuis que les Français sont entrés en connaissance immédiate avec l'Orient, leurs peintres donnent aussi aux héros de la Bible un costume vraiment oriental. L'ancien costume idéal et traditionnel est en effet un peu usé par un emploi de trois cents ans, et ce serait surtout chose peu convenable de travestir encore à présent, à l'exemple des Vénitiens, les anciens

Hébreux selon la mode du jour. Aussi le paysage et les animaux du Levant sont depuis traités par les Français avec plus de fidélité dans leurs tableaux historiques, et le chameau qui se trouve sur la toile d'Horace Vernet montre bien que le peintre l'a copié immédiatement d'après la nature, au lieu de le puiser, comme ferait un peintre allemand, dans la profondeur de son âme. Un peintre allemand se serait peut-être étudié à retracer ici, dans la configuration de la tête du chameau, l'esprit du temps primitif et de l'Ancien Testament. Mais le Français a peint simplement un chameau tel que Dieu l'a créé, un chameau superficiel sans un seul poil symbolique, et qui, avançant sa tête par-dessus l'épaule de Juda, regarde avec la plus grande indifférence le marché scabreux qui se conclut devant lui. Cette insouciance, cet indifférentisme, est un trait fondamental dans le tableau dont nous parlons, et sous ce rapport aussi il porte le cachet de notre époque. Le peintre n'a trempé son pinceau ni dans la caustique méchanceté de la satire voltairienne, ni dans les lubriques et dégoûtants pots de Parny et consorts; il n'est guidé ni par la polémique ni par l'immoralité; la Bible vaut à ses yeux autant que tout autre livre, il la regarde avec une véritable tolérance, il n'a plus le moindre préjugé contre ce livre, il le trouve même joli et amusant, et il ne dédaigne pas de lui emprunter ses sujets. De cette façon il a peint Judith, Rebecca à la fontaine, Abraham et Agar, et c'est encore ainsi qu'il a peint Juda et Thamar, tableau excellent qui, par sa couleur locale, serait un tableau d'autel parfaitement adapté à la nouvelle église parisienne de Notre-Dame-de-Lorette, dans le quartier de ces dames auxquelles cette église a donné son nom.

Horace Vernet est regardé par la multitude comme le plus grand peintre de France, et je voudrais ne pas contredire cette opinion. En tout cas, il est le plus national des peintres français, et il les surpasse tous par sa verve productive, par la surabondance de son génie, par la jeunesse éternellement florissante de sa force créatrice. Peindre est pour lui une chose aussi naturelle, que c'est naturel pour le ver à soie de filer, pour l'oiseau de chanter, et ses œuvres paraissent le résultat de la nécessité. Il n'y a pas de style, mais la nature. Avec cela, une fécondité qui frise le ridicule. Une caricature a représenté Horace Vernet chevauchant sur un haut coursier, un pinceau à la main, le long d'une immense toile tendue, et peignant au galop; aussitôt qu'il atteint le bout de la toile, le tableau est fini. Quelle quantité de colossales pièces de bataille a-t-il fournies pour Versailles dans le dernier temps! En vérité, à l'exception de l'Autriche et de la Prusse, nul prince allemand ne possède autant de soldats qu'Horace Vernet en a déjà peints! Si la pieuse légende est vraie, d'après laquelle le jour de la résurrection tout homme est suivi de ses œuvres au tribunal de Josaphat, Horace Vernet arrivera certainement dans la vallée périlleuse, le jour du dernier jugement, en compagnie de quelques centaines de mille hommes d'infanterie et de cavalerie. Quelque terribles que puissent être les juges qui rendront là la justice sur les morts et les vivants, je ne crois pourtant pas qu'ils condamneront au feu éternel Horace Vernet pour l'inconvenance avec laquelle il a traité Juda et Thamar. Je ne le crois pas, car d'abord, le tableau est peint si parfaitement qu'il faudrait déjà pour cela acquitter l'accusé. Ensuite, Horace Vernet est un homme de génie, et le génie a la permission de faire bien des choses qui sont défendues aux pécheurs ordinaires. Et enfin, celui qui arrive marchant à la tête de quelques cent mille soldats, se voit également pardonner bien des choses, quand même par hasard il ne serait pas un génie.

LVIII

Paris, 1er juin 1843.

Le combat contre l'université, qui se continue sans cesse du côté clérical, ainsi que la vigoureuse résistance de la première, dans laquelle se sont surtout fait remarquer Michelet et Quinet, occupe toujours l'attention de la masse du public. Peut-être cet intérêt sera-t-il bientôt absorbé par quelque nouvelle question du jour; mais la dispute elle-même ne sera pas apaisée de si tôt, car elle a sa racine dans une dissidence qui date depuis des siècles, et qu'il faudrait peut-être regarder comme la dernière raison de tous les bouleversements dans la vie politique des Français. Il ne s'agit ici ni de jésuites, ni de liberté d'enseignement ; ces deux termes ne sont que des mots d'ordre, et nullement l'expression de ce que les parties belligérantes pensent et veulent. Des deux côtés on énonce tout autre chose que ce qu'on ose avouer, sinon tout à fait le contraire de la conviction intérieure. On frappe parfois sur le sac, mais c'est à l'intention de l'âne, dit le vieux proverbe allemand. Nous avons une trop bonne opinion du bon sens des professeurs de l'université pour pouvoir admettre qu'ils soutiennent sérieusement une polémique contre le chevalier mort Ignace de Loyola, et contre ses compagnons d'outre-tombe. En revanche, nous ajoutons trop peu foi au libéralisme de leurs adversaires pour pouvoir prendre pour de l'argent comptant leurs principes radicaux au sujet de l'instruction libre, leurs zélés panégyriques à l'adresse de la liberté de l'enseignement. Le cri de guerre public est ici en contradiction avec la pensée secrète. Ruse savante et pieux mensonge. La vraie signification de ces disputes n'est rien autre que l'antique opposition entre la philosophie et la religion, entre le libre examen de la raison et la croyance à la révélation divine, opposition qui, conduite par les hommes de la science, fermentait constamment, aussi bien dans la noblesse que dans la bourgeoisie, et qui remporta la victoire dans les années de quatre-vingt-dix. Oui, assez souvent des acteurs survivants de la tragédie d'État française, des politiques aux souvenirs les plus vifs, ont laissé dans ma présence échapper l'aveu qu'au bout du compte la révolution en France n'était provenue que de la haine contre l'Église, et qu'on avait détruit le trône parce qu'il protégeait l'autel. A leur avis, la monarchie constitutionnelle aurait pu s'établir déjà sous Louis XVI; mais on craignait que le roi orthodoxe ne pût pas rester fidèle à la nouvelle constitution par de pieux scrupules de conscience, on craignait que ses convictions religieuses ne lui tinssent plus à cœur que ses intérêts mondains — et Louis XVI devint la victime de cette crainte, de cette préoccupation, de ce soupçon! Il était suspect; voilà le crime qu'en ce temps de terreur on punissait de la mort.

Quoique Napoléon ait rétabli et favorisé l'Église en France, sa volonté orgueilleuse et sourcilleuse était cependant regardée comme une suffisante garantie que le clergé ne pourrait, sous son règne, élever trop de prétentions, et encore moins parvenir à la domination : il les refrénait tout aussi fortement que nous autres, et ses grenadiers qui marchaient le fusil en main à côté de la procession, semblaient moins être la garde d'honneur que l'escorte de captivité de la religion. Le puissant César au sceptre de fer voulait régner seul, il ne voulait pas même avec le ciel partager son pouvoir, chacun le savait. Au commencement de la Restauration, les figures devinrent déjà plus soucieuses, et les hommes de la science éprouvèrent de nouveau des frissons secrets. Mais Louis XVIII était un homme sans conviction religieuse, un faiseur d'esprit, qui composait de mauvais vers latins et mangeait de bons pâtés de foie gras; c'est ce qui rassura le public. On savait qu'il ne risquerait pas la couronne et la tête pour gagner le ciel, et moins on l'estimait comme homme, plus il inspirait de confiance comme roi : sa frivolité était une garantie qui le défendait même du soupçon de favoriser le noir ennemi héréditaire de la France libérale, et s'il était resté en vie, les Français n'eussent pas fait de nouvelle révolution. Ils ne l'ont faite que sous le règne de Charles X, d'un roi qui méritait personnellement la plus haute estime, et dont on était d'avance convaincu que, sacrifiant tous les biens terrestres au salut de son âme, il combattrait avec un courage chevaleresque et jusqu'à son dernier souffle pour la défense de l'Église, contre Satan et les Gentils révolutionnaires. On le précipita du trône, justement parce qu'on le considérait comme un homme noble, consciencieux et honnête. Oui, il était tel, aussi bien que Louis XVI; mais en 1830, le soupçon seul aurait également suffi pour vouer Charles X à sa ruine. Ce soupçon est aussi la vraie raison pourquoi son petit-fils n'a pas d'avenir en France : on sait qu'il a été élevé par le clergé, et le peuple l'a toujours appelé le petit jésuite.

C'est un véritable bonheur pour la dynastie de Juillet, que par l'effet du hasard et des circonstances du temps elle ait échappé à ce soupçon mortel. Le père de Louis-Philippe n'était pas un bigot; c'est ce dont conviennent même ses pires détracteurs. Il accorda à son fils la libre culture de son intelligence, et celui-ci a sucé avec le lait de sa nourrice la philosophie du dix-huitième siècle. Aussi le refrain de toutes les complaintes légitimistes est-il que le roi actuel n'est pas assez dévot, qu'il a toujours été un esprit-fort libéral, et qu'il a même laissé grandir ses enfants dans l'impiété. En effet, ses fils sont tout à fait les fils de la nouvelle France, dont les colléges publics leur ont donné leur instruction. Le feu duc d'Orléans était l'orgueil de la jeune génération, qui était allée à l'école avec lui, et qui avait vraiment appris bien des choses. La circonstance que la mère du prince royal de France est une protestante, a une portée incalculable. Le soupçon du cagotisme, qui est devenu si fatal à la dynastie aînée, n'atteindra pas les Orléans.

Le combat contre l'Église conservera néanmoins sa grande signification politique. Quelque épanouissement de floraison qu'ait pris dans le dernier temps la puissance du clergé, quelque importance qu'ait gagnée sa position dans l'État, quelque prospérité qu'il déploie, ses adversaires sont cependant toujours armés et prêts à lui faire tête, et quand le libéralisme dans une alerte nocturne élève son fameux cri d'alarme, aussitôt, comme dans nos universités allemandes, les lumières paraissent à toutes les fenêtres, et les jeunes et les vieux ferrailleurs accourent avec toute espèce de gourdins et de rapières, sinon avec les piques du jacobinisme. Le clergé veut, comme il l'a toujours voulu, arriver à l'hégémonie en

France, et nous sommes assez impartiaux pour ne pas attribuer ses efforts publics et secrets aux mesquines instigations de l'ambition, mais aux soins les plus désintéressés pour le salut spirituel du peuple. L'éducation de la jeunesse est le moyen le plus prudent pour avancer avec efficacité le sacré but; aussi a-t-on déjà fait dans ce chemin des progrès incroyables, et le clergé a dû nécessairement entrer en collision avec les prérogatives de l'université. Pour paralyser entre les mains de cette dernière la surveillance générale de l'instruction libérale organisée par l'État, l'on chercha à rallier aux intérêts cléricaux les antipathies des révolutionnaires contre toute espèce de priviléges, et les hommes qui, s'ils parvenaient à la domination, ne permettraient pas même la liberté de penser, exaltent maintenant dans des phrases enthousiastes la liberté de l'enseignement, et élèvent des plaintes contre le monopole de l'esprit. Le combat avec l'université n'était donc pas une escarmouche fortuite, et il devait éclater tôt ou tard; la résistance était également un acte de la nécessité, et bien que malgré elle, l'université était forcée de ramasser le gant. Mais bientôt les plus modérés sentirent le sang bouillant de la passion leur monter à la tête, et ce fut Michelet, le doux et paisible Michelet, cet homme au caractère placide comme le clair de lune, qui devint tout à coup furieux, et lança dans l'auditoire public du Collége de France ces paroles contre le clergé : « Pour vous chasser, nous avons renversé une dynastie, et s'il le faut, nous renverserons encore six dynasties pour vous chasser ! » — Que justement des hommes tels que Michelet et son ami et parent par l'esprit Edgar Quinet soient entrés en lice comme les lutteurs les plus véhéments contre le clergé, c'est un phénomène remarquable, dont j'étais loin de me douter, lorsque je lus pour la première fois les écrits de ces hommes, écrits où chaque page témoignait de la plus profonde sympathie pour le christianisme. Je me souviens d'un passage touchant dans l'histoire française de Michelet, où l'auteur parle de l'angoisse d'amour qui le saisit chaque fois qu'il a à parler de la décadence de l'Église; il éprouve alors, dit-il, le même sentiment de douloureuse tendresse, qu'à l'époque où il soignait sa vieille mère bien-aimée, qui, sur son lit de souffrance, s'était entamé les chairs, de sorte qu'il n'osait toucher son corps blessé qu'avec tous les ménagements imaginables. Ce n'était certes pas une preuve de cette prudence qu'on a désignée autrefois sous le nom de jésuitisme, que d'avoir excité des hommes comme Michelet et Quinet à la résistance la plus colère. Nous serions presque tentés de rire, en faisant remarquer cette méprise, surtout vis-à-vis de Michelet. Ce Michelet est né spiritualiste, personne ne nourrit dans son âme une aversion plus profonde que lui pour les lumières rationalistes du xviii° siècle, pour le matérialisme, pour la frivolité, pour ces voltairiens enfin, dont le nombre est toujours légion, et avec lesquels il s'est cependant associé maintenant. Il a même été contraint de chercher un refuge dans la logique! Sort pénible pour un homme qui ne se sent à l'aise que dans les forêts fabuleuses du romantisme, qui aime le mieux à se balancer sur les flots bleus et mystiques du sentiment, et qui hait de s'occuper de pensées qui ne sont pas revêtues de formes symboliques! Sur sa manie des symboles, sur ses élucubrations continuelles dans le domaine du symbolisme, j'ai quelquefois entendu plaisanter d'une manière très-amusante dans le quartier latin, et Michelet est appelé là M. Symbole. Mais la prédomination de la fantaisie et de la sentimentalité exerce un charme puissant sur la jeunesse studieuse, et j'ai plusieurs fois cherché en vain à assister à un des cours de M. Symbole au Collége de France; je trouvai toujours l'auditoire comblé d'étudiants qui se pressaient avec enthousiasme autour du professeur. Son amour de la vérité et sa droiture sévère sont peut-être aussi des raisons pourquoi on l'aime et le vénère tant. Comme écrivain, Michelet occupe le premier rang. Son langage est le plus ravissant qu'on puisse s'imaginer, et tous les joyaux de la poésie brillent dans sa diction. S'il faut que j'émette un blâme, je regretterai avant tout le manque de dialectique et d'ordre : nous rencontrons ici une bizarrerie poussée jusqu'à la grimace, une surabondance enivrée, où le sublime tourne au scurrile, et le profond à l'absurde. Michelet est-il un grand historien? Mérite-t-il d'être nommé à côté de Thiers, de Mignet, de Guizot et de Thierry, ces étoiles éternelles? Oui, il le mérite, quoiqu'il écrive l'histoire d'une tout autre manière. Si c'est la tâche de l'historien, après avoir fait ses recherches et réfléchi sur leurs résultats, d'exposer à nos yeux le tableau de la vie de nos ancêtres, leurs actes et leurs gestes, les hommes et l'époque ; d'évoquer de la tombe, par la puissance magique de la parole, le passé mort, de sorte qu'il se dresse vivant devant notre esprit — si telle est sa tâche, nous pouvons affirmer que Michelet la remplit complétement. Mon grand maître, le défunt Hégel, me dit un jour ces mots : « Si l'on avait noté les songes que les hommes ont faits pendant une période déterminée, nous verrions surgir devant nous, à la lecture de ces songes recueillis, une image tout à fait juste de l'esprit de cette période. » L'histoire française de Michelet est une pareille collection de songes, un pareil livre de rêves : tout le moyen âge rêveur nous y regarde avec ses yeux hagards et souffrants, avec son sourire fantastique, et nous nous effrayons presque de la vérité frappante de la couleur et de la forme. En effet, pour la description de cette époque nocturne et peuplée de songe-creux, il fallait justement un historien somnambule comme Michelet.

De la même manière que contre Michelet, le parti clérical, aussi bien que le gouvernement, a encore employé contre Quinet des procédés très-malavisés. Que les premiers, les hommes de l'amour et de la paix, ne se soient montrés dans leur zèle pieux ni prudents ni doux, je n'en suis point étonné. Mais un gouvernement à la tête duquel se trouve un homme de la science, aurait pu se comporter avec plus d'aménité et de raison. L'esprit de Guizot est-il fatigué par les combats du jour? ou bien nous serions-nous trompés en lui, en le regardant comme le champion qui défendrait avec le plus de constance les conquêtes de l'esprit humain contre le mensonge et la prêtrise? Lorsque après la chute de M. Thiers, il parvint au gouvernement, tous les maîtres d'école de l'Allemagne raffolaient de lui, et nous fîmes chorus avec le corps éclairé des savants. Ces jours d'hosannah sont passés, et nous nous sentons saisis d'une hésitation, d'un doute, d'un déplaisir qui ne sait exprimer ce qu'il n'éprouve et ne pressent qu'obscurément, et qui se renferme à la fin en un silence morose. Comme nous ne savons réellement pas bien ce que nous devrions dire, comme nous avons vu s'ébranler notre confiance dans les hommes et les choses, il vaudra sans doute mieux que nous parlions d'autres sujets que de la politique du jour dans cette France ennuyée qui bâille et s'assoupit. Seulement, sur les procédés envers Quinet, nous exprimerons encore nos regrets les plus douloureux. Non plus que Michelet, on n'aurait pas dû exaspérer Edgar Quinet d'une façon si outrageante, au point de le pousser lui aussi, malgré son naturel archi-chrétien, à s'enrôler dans ces cohortes qui forment l'extrême gauche de l'Armada révolutionnaire. Les spiritualistes sont capables de tout quand on les met en rage, et leur tête peut alors tourner même au rationalisme le plus froid et le plus raisonnable. Qui sait si Michelet et Quinet ne deviendront pas enfin les Jacobins les plus fanatiques, les adorateurs les plus idolâtres de la déesse de la raison, de Robespierre et de Marat.

Michelet et Quinet ne sont pas seulement de bons camarades, de fidèles frères d'armes, mais aussi des esprits d'une trempe parfaitement identique. Mêmes sympathies, mêmes antipathies. Seulement l'âme de l'un est plus molle, je dirais presque plus indienne; l'autre au contraire a dans son être quelque chose de rude, de gothique. Michelet me rappelle les grandes fleurs et les puissants parfums des poésies gigantesques du Mahabharata; Quinet rappelle plutôt les chants non moins prodigieux, mais plus abrupts et plus rocailleux de l'Edda scandinave. Quinet est une nature septentrionale, on pourrait dire allemande; il a tout à fait le caractère allemand, dans la bonne comme dans la mauvaise acception du mot; le souffle de l'Allemagne respire dans tous ses écrits. Quand je lis l'Ahasvérus ou d'autres poésies de Quinet, je me sens entièrement comme chez nous, je crois entendre les rossignols de ma patrie, je sens le parfum des violettes souabes; des sons de cloche que je connais bien bourdonnent autour de ma tête, j'entends aussi résonner des grelots bien connus: profondeur allemande, douleur de penseur allemande, sensibilité allemande, bourdonnement de hannetons allemands, parfois même un tant soit peu d'ennui allemand, voilà ce que je trouve dans les écrits de notre Edgar Quinet. Oui, il est le nôtre, il est Allemand, une bonne pâte d'Allemand, quoiqu'il ait dans le dernier temps pris les airs d'un furieux Germanophage. La façon rude et un peu malitorne dont il nous a entrepris dans la *Revue des Deux Mondes*, n'était rien moins que française, et justement au solide coup de poing, à la grossièreté de bon aloi, nous reconnûmes le compatriote. Edgar est tout à fait un Allemand, non-seulement par l'esprit, mais aussi dans son extérieur, et quiconque le rencontre dans les rues de Paris, le prend à coup sûr pour quelque théologien de Halle qui vient d'échouer dans son examen, et qui a traîné ses pas lourds en France afin de dissiper son humeur chagrine. Une forme rigoureuse, massive et mal peignée. Une bonne grosse face honnête et mélancolique. Redingote grise et ample qui paraît avoir été cousue par notre pieux écrivain-tailleur Jung Stilling. Des bottes qu'a ressemelées peut-être jadis le cordonnier philosophe Jacques Boehm.

Quinet a pendant longtemps vécu de l'autre côté du Rhin, notamment à Heidelberg, où il fit des études et où il s'enivrait chaque jour dans les élucubrations sur les symboles par Creuzer. Il parcourut pédestrement toute l'Allemagne, visita toutes nos ruines gothiques et y fraternisa avec les spectres les plus distingués. Dans la forêt de Teutobourg où Arminius, le prince des Chérusques battit Varus et ses légions, il mangea du jambon de Westphalie avec du *Pumpernickel*; sur la hauteur du *Sonnenstein*, l'hospice des lunatiques, il déposa sa carte. S'il visita aussi à Moeln le tombeau d'Eulenspiegel de populaire et grotesque mémoire, je ne saurais l'assurer. Mais ce que je sais positivement, c'est qu'il n'y a pas maintenant dans le monde entier trois poëtes qui soient doués d'autant d'imagination, de richesse d'idées et d'originalité qu'Edgar Quinet.

LIX

Paris, 21 juin 1843.

Tous les ans j'assiste régulièrement à la séance solennelle dans la rotonde du palais Mazarin, où il faut se rendre des heures entières à l'avance pour y trouver une place parmi l'élite de l'aristocratie de l'esprit, à laquelle appartiennent heureusement les plus belles dames. Après une longue attente, on voit enfin entrer processionnellement par une porte latérale messieurs les académiciens, consistant pour la plupart en personnages très-âgés ou du moins d'une santé chancelante; pour la beauté, il ne faut pas la chercher en eux. Ils vont s'asseoir sur leurs bancs de bois longs et durs; on parle, il est vrai, des fauteuils de l'académie, mais ils n'existent pas en réalité, ce n'est qu'une fiction. La séance s'ouvre par un long et fastidieux discours sur les travaux de l'année et sur les mémoires présentés à l'Académie pour remporter les prix, discours que tient ordinairement le président temporaire. Ensuite se lève le secrétaire perpétuel dont la charge est inamovible comme la royauté. Mais c'est la seule ressemblance qui existe entre M. Mignet et le roi Louis-Philippe qui, comme tout le monde sait, est déjà très-âgé, tandis que le secrétaire perpétuel de la section de l'Institut est encore jeune. Il est même la jeunesse en personne, il reste épargné de la main du temps qui nous blanchit les cheveux à nous autres, s'il ne nous les arrache pas tout à fait, et qui nous couvre le front de rides bien vilaines. Louis-Philippe a dû avoir recours à une chevelure factice, mais le beau Mignet porte toujours sa chevelure dorée et frisée, comme il y a douze ans, et son visage est toujours fleuri comme celui des Olympiens. Aussitôt que le secrétaire perpétuel a mis le pied sur la tribune, il prend sa lorgnette et lorgne le public.

> Il compte les têtes des siens bien-aimés,
> Et voyez! il n'y manque aucune tête chérie.
> (*La cloche* de Schiller.)

Ensuite il regarde aussi ses collègues qui siégent autour de lui, et si j'étais malicieux, je commenterais son regard d'une singulière façon. Il m'apparaît toujours dans ces moments comme un pâtre qui passe en revue son troupeau. Car tous lui appartiennent, à lui, le secrétaire perpétuel, qui survivra à eux tous, et qui tôt ou tard les disséquera et les embaumera dans ses précis historiques. Il semble examiner l'état de santé de chacun pour pouvoir se préparer à sa prochaine oraison funèbre. Le vieux Ballanche a l'air très-malade, et Mignet secoue la tête. Comme ce pauvre homme n'a pas vécu du tout, et qu'il n'a rien fait sur cette terre que d'être assis aux pieds de madame Récamier et d'écrire des livres que personne ne lit et que tout le monde loue, Mignet aura réellement du mal à lui trouver, dans son précis historique, un côté humain, et à l'apprêter selon le goût du public.

Dans la séance actuelle, feu Daunou était le sujet que Mignet a traité. A ma honte j'avoue que ce conventionnel m'était incompréhensiblement peu connu, et que je ne retrouvai qu'avec peine dans ma mémoire quelques-uns des moments marquants de sa vie. Aussi chez d'autres, surtout chez la jeune génération, j'ai rencontré une grande ignorance à l'égard de Daunou. Et pourtant cet homme avait, durant un demi-siècle, contribué à faire tourner la grande roue du temps, il avait, sous la république et l'empire, rempli les fonctions les plus importantes, il avait été jusqu'à la fin de ses jours un défenseur irréprochable des droits de l'homme, un combattant inflexible contre la servitude de l'esprit, un de ces éminents organisateurs de la liberté, qui parlaient bien, mais qui agissaient encore mieux, et qui transformaient la belle parole en acte salutaire. Mais pourquoi n'est-il pas devenu célèbre malgré tous ses mérites, malgré son infatigable activité politique et littéraire? Pourquoi son nom ne fleurit-il pas dans notre souvenir d'une manière aussi brillante que les noms de tant d'autres parmi ses collègues, qui ont joué un rôle moins considérable? Qu'est-ce qui lui a manqué pour acquérir la célébrité? Je vais le dire en un mot : la passion. Ce n'est que par une manifestation quelconque de la passion que les hommes deviennent célèbres sur cette terre. Une seule action, une seule parole y suffit, mais il faut qu'elle porte le cachet de la passion. Oui, même une rencontre accidentelle avec de grands événements passionnés procure un renom immortel. Mais feu Daunou était un tranquille cénobite, qui portait dans son âme la paix du cloître, pendant que toutes les tempêtes de la révolution étaient déchaînées autour de lui, qui accomplissait sa tâche journalière avec calme et sans crainte, sous Robespierre comme sous Napoléon, et qui enfin mourut aussi modestement qu'il avait modestement vécu. Je ne veux pas dire que son âme n'ait pas été ardente, mais c'était une ardeur sans flamme, sans pétillement, sans tapage.

En dépit du manque d'éclat dans la vie de cet homme, Mignet sut éveiller de l'intérêt pour ce héros pacifique, et comme celui-ci méritait les plus grands éloges, l'orateur a pu les lui décerner avec abondance. Mais Daunou n'eût-il aucunement été un homme aussi digne de louanges; eût-il au contraire été du grand nombre de ces crapauds sans caractère qui se tenaient coi dans le marais de la Convention, et qui gardaient la vie avec le silence, tandis que les meilleurs d'entre les conventionnels risquaient vaillamment leur tête en parlant, en combattant avec la parole ; oui, eût-il même été un coquin :

l'encensoir de la louange officielle ne l'en aurait pas moins parfumé à satiété. Quoique Mignet appelle ses discours Précis historiques, ce sont toujours les anciens éloges, ce sont toujours les mêmes compliments que du temps de Louis XIV, seulement au lieu d'être coiffés de longues perruques poudrées, ils sont aujourd'hui frisés d'une façon toute moderne. Et le présent secrétaire perpétuel de l'Institut possède à fond l'art de coiffeur académique. Quand même il n'y a aucun bon cheveu sur la tête d'un homme, il sait pourtant le coiffer de quelques petites boucles d'éloge, et cacher son crâne chauve sous le toupet de la phrase. Qu'ils sont heureux, ces académiciens français! Les voilà assis dans la plus douce paix de l'âme sur leurs sûres banquettes, et ils peuvent mourir tranquilles, car ils savent que, si hasardées qu'aient été leurs actions pendant la vie, le bon Mignet les frisera, les louera et les exaltera néanmoins après leur mort. Sous les palmes de sa parole, qui sont éternellement vertes comme celles de son uniforme, assoupis par le clapotement des antithèses oratoires, ils sont étendus là dans l'académie comme dans une fraîche oasis. La caravane de l'humanité passe quelquefois près d'eux, mais sans qu'ils s'en aperçoivent, ou sans qu'ils entendent autre chose que le tintement des clochettes des chameaux.

LX.

Paris, 25 juin 1843.

Si j'avais vécu à Rome, du temps de l'empereur Néron, et que j'eusse par hasard écrit des correspondances pour la Gazette universelle de la Béotie ou pour le Moniteur non officiel d'Abdéra, mes collègues auraient assez fréquemment plaisanté sur la circonstance curieuse que je ne savais donner aucune nouvelle, par exemple, des intrigues d'État de l'impératrice mère, que je ne faisais pas même mention des splendides dîners dont le roi de la Judée Agrippa régalait chaque samedi le corps diplomatique de Rome, et qu'en revanche je parlais continuellement de ces Galiléens, de ce petit tas de visionnaires obscurs qui, consistant pour la plupart en esclaves et en vieilles femmes, passait sa vie idiote et rêveuse dans des prières et des convulsions, et était même désavoué des Juifs. Mes collègues bien informés se seraient sans doute moqués de ma naïveté, quand à propos de la fête donnée par César-Néron à sa cour, et dans laquelle Sa Majesté avait de sa propre et auguste personne joué de la guitare, je n'aurais peut-être su rapporter rien de plus important, si ce n'est que plusieurs de ces Galiléens avaient été enduits de goudron et allumés, comme des flambeaux, pour contribuer ainsi à l'éclairage des jardins du palais doré. Ce fut en vérité une illumination très-significative, et c'était une plaisanterie cruelle et véritablement romaine, que de faire servir les prétendus obscurants en guise de lumières dans les solennités les plus joyeuses du monde antique ivre de vie et de plaisir. Mais cette plaisanterie a été confondue, ces torches d'hommes répandirent des étincelles, par lesquelles le vieux monde romain, avec toute sa magnificence vermoulue, s'en est allé en flammes : le nombre de ce petit tas de gens obscurs est devenu légion, dans le combat contre celle-ci les légions de César durent rendre les armes, et tout l'empire, la domination sur la terre et sur l'onde, appartient maintenant aux Galiléens.

Ce n'est aucunement mon intention d'entrer ici dans des considérations *homilétiques*, j'ai seulement voulu montrer, par un exemple frappant, combien une génération future pourrait justifier la prédilection avec laquelle je parle si souvent dans mes correspondances de telle petite communauté qui, semblable à l'*ecclesia pressa* du premier siècle de notre ère, est méprisée et persécutée à l'époque présente, et qui a pourtant à sa disposition une propagande dont le zèle croyant et le sombre esprit de destruction rappelle également les débuts galiléens. Je parle derechef des communistes, le seul parti en France qui mérite une attention décidée. Je réclamerais la même attention pour les débris du saint-simonisme, dont les adhérents sont toujours en vie, sous de plus ou moins bizarres enseignes, ainsi que pour les fouriéristes, qui s'agitent encore très-activement; mais ces hommes honorables sont seulement entraînés par la parole, par la question sociale comme question, par l'idée transmise, et ils ne sont pas poussés violemment par une nécessité providentielle, ils ne sont pas les instruments prédestinés que la volonté suprême de l'univers emploie pour exécuter ses arrêts. Tôt ou tard les débris de la famille dispersée de Saint-Simon et tout l'état-major des fouriéristes passeront à l'armée toujours croissante du communisme, et prêtant au besoin brutal la parole qui donne la forme, ils se chargeront en quelque sorte du rôle de pères de l'église.

Un pareil rôle est déjà rempli par Pierre Leroux, dont nous avons fait la connaissance, il y a onze ans, dans la salle Taitbout, comme d'un des évêques du saint-simonisme. C'est un homme excellent, qui avait seulement le défaut d'être d'une humeur trop chagrine pour ses fonctions d'alors. Aussi Enfantin avait-il fait de lui cet éloge sarcastique : « C'est l'homme le plus vertueux d'après les idées du passé. » Sa vertu a en effet quelque chose du vieux levain de la période de renoncement chrétien, quelque chose d'un stoïcisme qui n'est plus de notre temps ; et cet anachronisme surprenant, surtout vis-à-vis des aspirations sereines d'une religion de jouissance panthéiste, a dû parfois paraître un honorable ridicule. Aussi notre triste oiseau s'est-il enfin senti très-mal à l'aise dans la cage brillante, où voltigeaient tant de faisans dorés et d'aigles orgueilleux, mais encore plus de piètres moineaux, et Pierre Leroux fut le premier qui protesta contre la doctrine de la morale nouvelle, et qui se retira, avec un anathème fanatique, de la joyeuse compagnie. Ensuite il entreprit, en commun avec un de ses amis, la publication de la nouvelle *Revue encyclopédique*, et les articles qu'il y inséra, de même que son livre *de l'Humanité*, forment la transition aux doctrines qu'il dépose maintenant, depuis un an, dans la *Revue indépendante.* Où en est aujourd'hui la grande encyclopédie, à laquelle travaillent avec le plus de zèle Leroux et l'excellent Reynaud? je n'en puis rien dire de positif. Mais je suis en droit d'affirmer que cet ouvrage est une digne continuation de son prédécesseur, ce pamphlet colossal en trente volumes in-quarto, dans lequel Diderot résuma le savoir de son siècle. Dans une édition à part ont paru les articles que Leroux a écrits, dans son encyclopédie, contre l'éclecticisme de Victor Cousin, ou l'éclectisme, comme les Français appellent ce produit hybride. Cousin est en général la bête noire, le bouc émissaire, contre lequel Pierre Leroux dirige de temps immémorial ses attaques, et cette polémique a passé chez lui à l'état de monomanie. Dans les feuilles de décembre de la *Revue indépendante*, elle atteint son paroxysme le plus furieusement dangereux et le plus scandaleux. Cousin n'y est pas seulement attaqué à cause de sa manière de penser, mais il y est aussi accusé de méchantes actions. Cette fois la vertu se laisse emporter trop loin par le vent de la passion et entraîner sur la haute mer de la calomnie. Non, nous savons de très-bonne source que Cousin a été par hasard tout à fait innocent des modifications impardonnables qu'a souffertes l'écrit posthume de son disciple Jouffroi ; car nous le savons, non de la bouche de ses partisans, mais de ses adversaires, qui se plaignent de ce que Cousin, par un ménagement craintif pour les intérêts de l'université, a déconseillé la publication de l'écrit de Jouffroi, et refusé par dépit sa coopération. Singulière reproduction des mêmes phénomènes, que nous avons vus à Berlin il y a déjà vingt ans ! Cette fois nous les avons mieux compris, et, quoique nos sympathies personnelles ne soient pas pour Cousin, nous avouerons cependant avec impartialité que le parti radical l'a diffamé avec la même injustice et avec la même étroitesse d'esprit dont nous nous sommes jadis rendus coupables nous-mêmes à l'égard du grand Hégel. Ce dernier aussi désirait voir sa philosophie se développer tranquillement à l'ombre de la puissance d'État, et n'entrer en aucune lutte avec la croyance de l'Église, avant d'avoir suffisamment grandi et gagné des forces, — et l'homme dont l'esprit était le plus clair et la doctrine la plus libérale, formula cependant cette dernière dans des termes si obscurs, si scolastiques et si entortillés de clauses, que non-seulement le parti religieux, mais aussi le parti politique du passé, croyaient posséder en lui un fidèle allié. Les initiés seuls souriaient de cette erreur, et aujourd'hui seulement nous comprenons ce sourire; à cette époque, nous étions jeunes, irréfléchis et impatients, et nous criions contre Hégel, comme dernièrement l'extrême gauche en France a crié contre Cousin. Seulement chez ce dernier l'extrême droite ne se laisse pas tromper par les précautions du langage; le sacerdoce romain, catholique et apostolique se montre ici bien plus sagace que ne l'était le sacerdoce prussien, royal et protestant; il sait parfaitement bien que la philosophie est son ennemie la plus dangereuse, il sait que cette ennemie l'a expulsé de la Sorbonne, et c'est pour reconquérir cette forteresse qu'il a entrepris contre Cousin une guerre d'extermination, qu'il conduit avec la tactique sacrée où le but sanctifie les moyens. De la sorte, Cousin est attaqué de deux côtés opposés, et pendant que toute l'armée de la foi marche contre lui avec les bannières flottantes de la croix et sous la conduite de l'évêque de Chartres, il se voit assaillir aussi par les sans-culottes de la pensée, braves gens au cœur vaillant, mais à cervelle débile, avec Pierre Leroux à leur tête. Dans ce combat, tous nos vœux de victoire sont pour Cousin; car bien que le privilége de l'université ait ses inconvénients, il empêche du moins que tout l'enseignement ne tombe entre les mains de ces personnes qui persécutèrent toujours avec une cruauté inexorable les hommes de la science et du progrès. Tant que Cousin habitera la Sorbonne, nous n'y verrons du moins pas, comme autrefois, employer le bûcher en guise de dernier argument, d'*ultima ratio*, dans la polémique de l'endroit. Oui, il habite là en qualité de gonfalonnier de la liberté de penser, et la bannière de cette liberté flotte sur le nid d'obscurants, autrefois si mal famé, de la Sorbonne. Ce qui nous dispose encore en faveur de Cousin, c'est l'affectueuse perfidie avec laquelle on a su exploiter contre lui les accusations de Pierre Leroux. L'astuce s'était cachée cette fois derrière la vertu, et Cousin s'est vu imputer à mal une action pour laquelle, s'il l'avait réellement commise, il aurait dû recueillir les louanges orthodoxes les plus complètes de la part du parti clérical : car les jansénistes, aussi bien que les jésuites, ont toujours prêché la maxime qu'il faut chercher à tout prix à éviter le scandale public. Le scandale public est seul le péché, et celui-ci seul doit être évité, dit plein d'onction l'homme pieux que Molière a canonisé. Mais non, Cousin ne peut pas se vanter d'un acte aussi édifiant que celui qui lui est attribué; de pareilles choses sont plutôt dans le caractère de ses antagonistes, qui de tout temps, pour empêcher le scandale ou pour préserver du doute les âmes faibles, n'ont pas dédaigné de mutiler des livres, ou de les changer tout à fait, ou bien de les anéantir, ou de forger de tout nouveaux écrits sous des noms empruntés, de sorte que les plus précieux monuments et documents des anciens âges sont en partie tout à fait détruits, en partie falsifiés. Non, le saint zèle de la castration des livres, ou même la pieuse tromperie des interpolations, n'est point dans les habitudes des philosophes.

Et Victor Cousin est philosophe dans toute l'acception allemande du mot. Pierre Leroux l'est seulement dans le sens qu'y ajoutent les Français, qui comprennent plutôt par philosophie des recherches générales sur des questions sociales. En effet, Victor Cousin est un philosophe allemand, qui s'occupe bien plus de l'esprit humain que des besoins de l'humanité, et qui par ses réflexions sur le grand *ego*, est tombé dans un certain égoïsme. La prédilection pour la pensée en elle-même absorba chez lui toutes les forces de l'âme, mais la pensée même l'intéressait avant tout à cause de la belle forme, et dans la métaphysique il n'était attiré et ravi que par la dialectique : au sujet du traducteur de Platon, on pourrait en quelque sorte, en retournant une parole banale, prétendre qu'il aime Platon plus que la vérité. Sous ce rapport, Cousin se distingue des philosophes allemands : de même que pour ces derniers, la pensée est pour lui le dernier but de la pensée ; mais à cette philosophique dénégation de toutes vues étrangères, il se joint chez lui un certain indifférentisme artistique. Combien cet homme doit-il donc être antipathique à Pierre Leroux, qui aime les hommes bien plus que les pensées, et dont les pensées ont toutes une arrière-pensée, c'est-à-dire l'intérêt de l'humanité. En outre, une nature iconoclaste comme celle de Leroux ne possède point le sentiment de l'enthousiasme artistique pour la forme. Dans une semblable différence intellectuelle, il y a assez de raisons d'hostilité, et on n'aurait pas eu besoin d'expliquer l'inimitié de Leroux pour Cousin par des motifs personnels, par d'insignifiants incidents de la vie journalière. Un peu d'innocente malice privée peut bien s'y être mêlée; car la vertu, tout en portant la tête élevée jusqu'aux nuages, et tout en ne semblant absorbée que dans des considérations célestes, garde cependant très-fidèlement dans sa mémoire chaque petite piqûre d'épingles qu'on lui a jamais faite.

Non, la fureur passionnée, la rage d'énergumène de Pierre Leroux contre Victor Cousin est un résultat de la différence d'esprit entre ces deux hommes. Ce sont des natures qui se repoussent nécessairement. Seulement dans l'impuissance commune ils se rapprochent de nouveau, et la faiblesse égale des fondements prête à leurs doctrines opposées une certaine ressemblance. L'éclectisme de Cousin est un pont suspendu, construit en fins fils d'archal, entre le grossier empirisme écossais et l'abstraite idéalité allemande, pont qui tout au plus peut suffire aux besoins de quelques promeneurs aux pas légers, mais qui croulerait pitoyablement si l'humanité entière voulait passer dessus avec son lourd bagage de besoins vitaux et ses coursiers de bataille aux piétinements impétueux. Pierre Leroux est un *Pontifex* dans un style plus élevé, mais encore beaucoup moins pratique, il veut bâtir un pont colossal, consistant en une seule arche, et reposant sur deux piliers, dont l'un est confectionné du granit matérialiste du siècle passé, et l'autre du clair de lune rêvé de l'avenir, et il donne pour base à ce second pilier quelque étoile non encore découverte de la voie lactée. Aussitôt que cet ouvrage gigantesque sera achevé, nous en ferons notre rapport. Jusqu'ici on ne peut rien dire de positif du véritable système de Leroux, il n'a donné jusqu'à présent que des matériaux, des moëllons isolés. Aussi manque-t-il tout à fait de méthode, manque qui est particulier aux Français, avec peu d'exceptions, parmi lesquelles il faut surtout nommer Charles de Rémusat, qui dans ses *Essais de Philosophie,* chef-d'œuvre précieux, a compris l'importance de la méthode et a montré un rare talent à l'appliquer. Leroux est assurément un plus grand producteur de pensées, mais, comme je l'ai dit, il est dépourvu de méthode. Il a seulement les idées, et à cet égard on ne peut lui refuser une certaine ressemblance avec Joseph Schelling; mais il y a cette différence que toutes ses idées concernent le salut et l'affranchissement de l'humanité, et que, loin de rapiécer la vieille religion avec la philosophie, il dote plutôt la philosophie du manteau d'une religion nouvelle. Parmi les philosophes allemands, c'est Krause avec qui Leroux offre le plus d'analogie. Son dieu n'est pas non plus un être extramondain, il est inhérent au monde, mais il conserve cependant une certaine personnalité qui lui va à merveille. Quant à l'immortalité de l'âme, Leroux y mâche continuellement, sans pouvoir s'en rassasier; ce n'est qu'une rumination perfectionnée de l'ancienne doctrine de perfectibilité. Parce qu'il s'est bien comporté en cette vie, Leroux espère qu'il parviendra dans une existence future à une perfection encore plus grande ; que Dieu soit alors en aide à Cousin, si dans l'intervalle il n'a pas fait également des progrès !

Pierre Leroux peut avoir maintenant cinquante ans, du moins il en a l'air; peut-être il est plus jeune. Corporellement il n'a pas été favorisé de la nature avec trop de profusion. Une forme trapue, robuste et à forte carrure, qui n'a nullement acquis quelque grâce par les traditions du monde élégant. Leroux est enfant du peuple, il était dans sa jeunesse ouvrier, je ne sais de quel métier, et il porte encore aujourd'hui dans son extérieur les traces du prolétariat. Il a probablement à dessein dédaigné le vernis du monde, et s'il est capable d'une coquetterie, d'une affectation quelconque, c'est peut-être celle de persévérer obstinément dans la rudesse primitive. Il y a des hommes qui ne portent jamais de gants, parce qu'ils ont des mains blanches et petites, auxquelles on reconnaît la race aristocratique. Pierre Leroux ne porte pas de gants non plus, mais c'est certainement pour de tout autres raisons. C'est un amateur du renoncement ascétique, un ennemi du luxe et de tout plaisir des sens, et la nature lui a facilité la vertu. Mais nous n'en reconnaissons pas moins hautement la noblesse de ses sentiments, le zèle avec lequel il a sacrifié à la pensée tous les intérêts personnels, en général son suprême désintéressement, et nous sommes surtout éloignés de vouloir déprécier le diamant brut pour la raison qu'il n'a pas un joli brillant, et qu'il se trouve même enchâssé dans du plomb.

Pierre Leroux est homme, et avec la virilité du caractère il possède, ce qui est rare, un esprit capable de s'élever aux plus hautes spéculations, et un cœur qui sait s'enfoncer dans les abîmes de la douleur populaire. Ce n'est pas seulement un penseur, mais un penseur sensible, et toute sa vie et tous ses efforts sont voués à l'amélioration du sort moral et matériel des classes inférieures. Lui, le lutteur vigoureux, qui endurerait sans sourciller les plus rudes atteintes du sort, et qui parfois, comme Saint-Simon et Fourier, a souffert sans beaucoup se plaindre les plus amères privations de la misère, il n'est pas en état de supporter tranquillement les peines de son prochain, sa paupière dure s'humecte à l'aspect d'une souffrance étrangère, et les éclats de sa compassion sont alors violents, furieux et souvent injustes.

Je viens de commettre une indiscrétion en mentionnant la pauvreté de Pierre Leroux. Mais il m'était impossible d'éviter une semblable indication : cette pauvreté est caractéristique, et elle nous montre que l'excellent homme n'a pas seulement compris par la raison la misère du peuple, mais qu'il y a pris part en personne, et que ses pensées reposent dans la plus terrible réalité. C'est ce qui donne à ses paroles une vie palpitante et un charme bien plus fort que la puissance du talent. — Oui, Pierre Leroux est pauvre, comme l'ont été Saint-Simon et Fourier, et la pauvreté providentielle de ces grands socialistes a enrichi le monde, enrichi d'un trésor de pensées qui nous ouvrent de nouveaux mondes de jouissances et de bonheur. Dans quel affreux dénûment Saint-Simon a passé ses dernières années, personne ne l'ignore; tandis qu'il s'occupait de l'humanité souffrante, de ce grand patient, et qu'il imaginait des remèdes contre son infirmité de dix-huit siècles, il tombait parfois lui-même malade de misère, et il ne prolongea sa pénible existence qu'en tendant la main. Fourier aussi était forcé de recourir à la charité de ses amis, et que de fois je l'ai vu, dans sa redingote grise et râpée, marcher rapidement le long des piliers du Palais-Royal, les deux poches de son habit pesamment chargées, de façon que de l'une s'avançait le goulot d'une bouteille et de l'autre un long pain. Un de mes amis qui me le montra la première fois, me fit remarquer l'indigence de cet homme, réduit à chercher lui-même sa boisson chez le marchand de vin et son pain chez le boulanger. «Comment se fait-il, demandai-je, que de tels hommes, de tels bienfaiteurs de l'humanité, sont ici en France en proie à la misère?» — « Il est vrai, répondit mon ami avec un sourire sarcastique, que cela ne fait pas un grand honneur au pays tant vanté de l'intelligence; il est vrai aussi, ajouta-t-il, que de pareilles choses n'arriveraient certainement pas en Allemagne : chez nous, le gouvernement prendrait tout de suite sous sa protection particulière des gens de semblables principes, et leur accorderait gratis pour toute la vie la nourriture et le logement dans la forteresse de Spandaw ou dans celle du Spielberg. »

Oui, en France la pauvreté est le triste lot des grands penseurs et sauveurs de l'humanité, mais à cette pauvreté ne s'associe pas le mépris, comme en Angleterre et chez nous en Allemagne. Quelque développement que gagne en France le contagieux désir du gain de l'industrialisme, la pauvreté de certains hommes publics y est cependant parfois un vrai titre d'honneur, et je serais presque tenté de soutenir que la richesse, donnant lieu à un soupçon d'improbité, marque en quelque sorte d'un stigmate secret, d'une *levis nota*, les gens d'ailleurs les plus exempts de blâme. La cause en est peut-être, qu'on connaît chez tant d'individus les sources impures, d'où sont découlées les grandes richesses. Un poëte a dit : « Le premier roi fut un soldat heureux ! » — A l'égard des fondateurs de toutes nos modernes dynasties financières en Europe, nous pourrions peut-être avancer le mot prosaïque que le premier banquier a été un heureux fripon. Le culte de la richesse est à la vérité aussi répandu en France qu'en d'autres pays, mais c'est un culte sans respect sacré : les Français dansent également autour du veau d'or, mais leur danse est en même temps une moquerie, un persiflage, une satire sur eux-mêmes, une espèce de cancan. C'est un phénomène remarquable, qui s'explique en partie par la nature généreuse des Français, en partie par leur histoire. Sous l'ancien régime, la naissance seule avait du prix, le seul nombre des aïeux donnait la considération, et l'honneur était un fruit de l'arbre généalogique. Sous la république, la vertu arriva à la domination, la pauvreté devint une dignité, et moitié de peur, moitié de honte, l'argent se cacha. C'est de cette période que datent les nombreux gros sous, les sérieuses pièces de cuivre aux symboles de la liberté, ainsi que les traditions de désintéressement pécuniaire, que nous rencontrons encore aujourd'hui chez les plus hauts administrateurs de l'État en France. Du temps de l'empire ne florissait que la gloire militaire, on fonda un honneur tout nouveau, celui de la Légion d'honneur, dont le grand maître, le victorieux empereur, regardait avec mépris la communauté calculatrice des marchands, les fournisseurs, les contrebandiers, les *stockjobbers*, les heureux voleurs. Pendant la restauration, la richesse intriguait contre les spectres de l'ancien régime, qui étaient revenus au pouvoir, et dont l'insolence augmentait de jour en jour : l'argent blessé et ambitieux se fit démagogue, se mit à lancer des œillades condescendantes aux gens en blouse, et lorsque le soleil de Juillet échauffa les cœurs, on précipita du trône le roi de la noblesse Charles X. Le roi de la bourgeoisie Louis-Philippe y monta, lui, le représentant de l'argent qui règne aujourd'hui, mais qui est frondé dans l'opinion publique à la fois par le parti vaincu du passé et par le parti dupé de l'avenir. Oui, le noble faubourg Saint-Germain et les faubourgs prolétaires Saint-Antoine et Saint-Marceau bafouent à l'envi les orgueilleux parvenus du jour, et il va sans dire que les vieux républicains avec leur pathos de vertu, et les bonapartistes avec leurs emphatiques tirades d'héroïsme militaire, se mettent à l'unisson avec ces mécontents. Quand on réfléchit à ce concert de rabaissement, à ce charivari continuel contre le parti régnant, on comprend pourquoi le riche jouit à présent dans l'opinion publique d'une mésestime presque exagérée, tandis qu'en secret chacun soupire après la richesse.

Revenant au thème par lequel j'ai commencé cette lettre, je voudrais ici indiquer quel avantage incalculable ressort pour le communisme de la circonstance que l'ennemi qu'il combat ne possède, malgré toute sa puissance, aucun appui moral en lui-même. La société actuelle ne se défend que par une plate nécessité, sans confiance en son droit, même sans estime pour elle-même, absolument comme cette ancienne société, dont l'échafaudage vermoulu s'écroula lorsque vint le fils du charpentier.

LXI

Paris, 6 juillet 1843.

En Chine les cochers même sont polis. Lorsque dans une rue étroite ils s'entre-heurtent un peu rudement avec leurs véhicules, et que les timons et les roues s'enchevêtrent, ils ne poussent nullement des invectives et des jurements, comme les cochers chez nous, mais ils descendent avec calme de leur siége, font une quantité de génuflexions et de révérences, se disent diverses flatteries, s'efforcent ensuite en commun de remettre leurs voitures dans la bonne voie, et quand tout est rentré dans l'ordre, ils font encore une fois un certain nombre de révérences et de génuflexions, se disent réciproquement adieu, et continuent leur route. Mais non-seulement nos cochers, aussi nos savants, devraient prendre exemple là-dessus. Quand ces messieurs entrent en collision ensemble, ils se font très-peu de compliments, et ne cherchent pas le moins du monde à s'entendre et à s'entre-aider comme les Chinois, mais ils jurent et tempêtent en vrais cochers d'Europe qu'ils sont. Et ce déplorable spectacle nous est surtout offert par les théologiens et les philosophes, bien que les premiers soient particulièrement appelés à se conformer au dogme de l'humilité et de la mansuétude, et que les derniers eussent dû apprendre avant tout, à l'école de la raison, la patience et le sang-froid. La guerre entre l'université et les ultramontains a déjà enrichi ce printemps d'une flore de grossièretés et d'injures, telle qu'elle n'aurait pu s'épanouir plus magnifiquement sur nos couches à fumier allemandes. Cela germe, pousse et fleurit avec une luxuriance nauséabonde. Nous n'avons ni l'envie ni la vocation d'herboriser là. Le parfum étourdissant de bien des fleurs vénéneuses pourrait nous monter à la tête et nous empêcher d'apprécier avec une froide impartialité le mérite des deux partis, ainsi que la signification et l'importance politique du combat. Aussitôt que les passions se seront un peu calmées, nous tenterons une telle appréciation. Mais nous pouvons déjà avancer aujourd'hui que le droit est des deux côtés, et que les personnes sont poussées par la nécessité la plus fatale. La plupart des catholiques, qui sont sages et modérés, condamnent, il est vrai, la levée de boucliers inopportune des hommes de leur parti; mais ces derniers obéissent au commandement de leur conscience, à la plus haute loi de leur croyance, au *compelle intrare;* ils font leur devoir, et pour cette raison ils méritent notre estime. Nous ne les connaissons pas, nous ne saurions juger leur personne, et nous n'avons pas le droit de douter de leur honnêteté...

Ces gens ne sont pas précisément mes favoris, mais pour l'avouer sincèrement, malgré leur zélotisme sombre et sanguinaire, je les aime mieux que les amphibies tolérants de la foi et de la science, ces croyants artistes qui se servent de la musique ecclésiastique et des images de saintes, comme moyens de chatouiller leurs âmes épuisées. Je les aime surtout mieux que les *dilettanti* de la religion, qui sont enthousiastes de l'Église, sans vouer à ses dogmes une obéissance rigide, qui jettent des œillades amoureuses aux symboles sacrés, mais qui ne veulent pas contracter une union sérieuse avec eux, et qu'on appelle ici des « catholiques marrons. » Ces derniers remplissent maintenant nos églises *fashionables*, par exemple la Madeleine ou Notre-Dame-de-Lorette, ces saints boudoirs, où règne le plus doucereux goût rococo, un bénitier qui sent l'essence de lavande, des prie-Dieu mollement rembourrés, une illumination couleur de rose et des chants langoureux, partout des fleurs et des anges folâtres, une dévotion coquette, qui s'évente voluptueusement avec des éventails de Boucher et de Watteau — du christianisme à la Pompadour.

Aussi dépourvue de justice que de justesse est la dénomination de jésuites, par laquelle on a ici l'habitude de désigner les adversaires de l'université. D'abord, il n'est plus de jésuites dans le sens qu'on attache à ce nom. Mais de même qu'il y a en haut, dans la diplomatie, des personnes qui, toutes les fois qu'arrive le temps du flux de la révolution, déclarent le mugissement et le débordement simultanés de tant de vagues populaires comme l'ouvrage d'un comité directeur : de même il y a ici en bas des tribuns qui, lorsque le reflux commence et que les flots jaillissants de la révolution s'écoulent de nouveau, attribuent ce mouvement rétrograde aux intrigues des jésuites, et s'imaginent sérieusement qu'il réside à Rome un général de jésuites, qui par ses sbires déguisés dirige la réaction dans le monde entier. Non, il se peut bien qu'à Rome existe le chef d'une communauté qui s'appelle compagnie de Jésus, mais un général de véritables jésuites n'y existe pas, comme il n'existe pas non plus à Paris un comité directeur ; ce sont des contes pour de grands marmots, de vains épouvantails, une superstition moderne. Ou bien est-ce seulement une ruse de guerre, quand on désigne les adversaires de l'université du nom de jésuites? Il n'y a en effet point de nom qui soit moins populaire en ce pays. On a soutenu dans le siècle dernier une polémique si radicale contre cet ordre, qu'il pourrait bien se passer encore un bon laps de temps avant qu'on soit en état de porter sur lui un jugement impartial. Il me semble qu'on a traité assez souvent les jésuites un peu jésuitiquement, et que les calomnies dont ils se sont rendus coupables leur ont été parfois rendues avec usure. On pourrait appliquer aux pères de la compagnie de Jésus la parole que Napoléon prononça sur Robespierre : « Ils ont été exécutés, non pas jugés. » Mais le jour viendra où on leur rendra justice aussi, et où on reconnaîtra leurs mérites. Déjà aujourd'hui, nous sommes forcés de convenir que par l'action de leurs missionnaires répandus sur tout le globe, ils ont avancé d'une façon incalculable la moralisation du monde, la civilisation générale, que de plus ils ont été un salutaire contre-poison contre les miasmes délétères de Port-Royal, et que même leur théorie tant blâmée des accommodements a été l'unique moyen qui restât à l'église romaine pour conserver sa domination sur l'humanité moderne, si désireuse de liberté et si avide de jouissances. « Mangez un bœuf et soyez chrétien, » disaient les jésuites au pénitent qui dans la semaine sainte avait envie d'un petit morceau de viande; mais leur indulgence ne reposait que dans le besoin du moment, et plus tard, après l'affermissement de leur pouvoir, ils eussent peut-être ramené les peuples carnivores aux plus maigres aliments de jeûne spiritualiste. Des doctrines relâchées pour le monde présent en révolte, des chaînes de fer pour le monde subjugué de l'avenir. Ils étaient si fins !

Mais la finesse est impuissante contre la mort. Ils gisent depuis longtemps dans la tombe: Il y a encore, il est vrai, des gens en manteaux noirs et avec d'énormes tricornes aux bords relevés ; mais ce ne sont point de vrais jésuites. De même qu'un doux agneau s'affuble quelquefois de la peau de loup du radicalisme, par vanité, par intérêt, ou pour faire une niche, de même il n'y a parfois sous la peau de loup du jésuitisme qu'un sot petit baudet. — Oui, ils sont morts. Les pères de la Compagnie de Jésus n'ont laissé dans les sacristies que leur défroque, non leur esprit. Ce dernier hante d'autres endroits, et bien des champions de l'université, qui l'exorcisent avec tant de zèle, en sont peut-être possédés sans qu'ils s'en doutent. Je ne dis pas cela par rapport à MM. Michelet et Quinet, les âmes les plus sincères et les plus véridiques, mais j'ai ici surtout en vue le ministre officiel de l'instruction publique, le recteur de l'université, M. Villemain. La conduite ambiguë de cet homme m'inspire toujours de la répulsion. Je ne puis accorder mon estime qu'à son esprit et à son style. Nous voyons dans cet exemple, soit dit en passant, que la célèbre parole de Buffon : « le style, c'est l'homme, » est tout à fait fausse. Le style de M. Villemain est beau, noble, bien tourné et propret. — A Victor Cousin je ne puis pas non plus épargner complétement le reproche de jésuitisme. Dieu sait que je suis enclin à rendre justice aux qualités de M. Cousin, que je reconnais volontiers l'éclat de son esprit : mais les mots par lesquels il annonça dernièrement dans l'Académie la traduction de Spinosa, ne témoignent ni de courage ni d'amour de la vérité. Cousin a sans doute avancé infiniment les intérêts de la philosophie, en rendant Spinosa accessible à la France pensante, mais il aurait dû avouer en même temps avec sincérité qu'il n'a pas rendu par là un grand service à l'Église. Tout au contraire, il a dit que Spinosa avait été traduit par un de ses disciples, élève de l'École normale, afin de l'accompagner d'une réfutation; et il ajouta que, tandis que le parti des prêtres attaquait si violemment l'université, c'était justement cette pauvre université innocente et décriée comme hérétique, qui réfutait Spinosa, cet ennemi héréditaire de la foi, qui avait écrit ses livres déicides avec une plume des noires ailes de Satan. « Qui trompe-t-on ici ? » s'écrie Figaro.

C'était dans l'académie des sciences morales et politiques que Cousin annonça de cette manière hypocrite et que je ne saurais assez blâmer la traduction française de Spinosa; elle est parfaitement bien faite, tandis que la réfutation préconisée est si faible et si pauvre, qu'elle passerait en Allemagne pour une œuvre d'ironie. —

La traduction française de Spinosa est d'ailleurs un travail de grand mérite. Le nom du traducteur est M. Saisset.

SUPPLÉMENT

SAISON MUSICALE

I

Paris, 25 avril 1844.

A tout seigneur tout honneur. Nous commencerons aujourd'hui par Berlioz, dont le premier concert a été le début de la saison musicale, et lui a pour ainsi dire servi d'ouverture. Les productions plus ou moins nouvelles qu'on y a exécutées, ont trouvé un juste tribut d'applaudissements, et même les âmes les plus indolentes furent entraînées par la puissance du génie qui se révèle dans toutes les créations du grand maestro. Il y a là un battement d'ailes qui ne montre pas un ordinaire oiseau chanteur, c'est un rossignol colossal, une alouette de grandeur d'aigle, comme il en a existé, dit-on, dans le monde primitif. Oui, la musique de Berlioz en général a pour moi quelque chose de primitif, sinon d'antédiluvien, et elle me fait songer à de gigantesques espèces de bêtes éteintes, à des mammouths, à de fabuleux empires aux péchés fabuleux, à bien des impossibilités entassées; ces accents magiques nous rappellent Babylone, les jardins suspendus de Sémiramis, les merveilles de Ninive, les audacieux édifices de Mizraïm, tels que nous en voyons sur les tableaux de l'anglais Martin. En effet, si nous recherchons des productions analogues dans l'art de la peinture, nous trouvons une parfaite ressemblance ou affinité élective entre Berlioz et l'excentrique Anglais : le même sentiment téméraire du prodigieux, de l'excessif, de l'immensité matérielle. Chez l'un les effets éclatants d'ombre et de lumière, chez l'autre l'instrumentation fougueuse; chez l'un peu de mélodie, chez l'autre peu de couleur, chez tous les deux parfois l'absence de la beauté et point de naïveté du tout. Leurs œuvres ne sont ni antiques ni romantiques, elles ne rappellent ni la Grèce païenne, ni le catholique moyen âge, mais elles nous reportent plus haut dans la période de l'architecture assyrico-babylonio-égyptienne, de ces poëmes de pierre qui nous retracent le drame pyramidal de la passion de l'humanité, le mystère éternel du monde.

Quel homme réglé et sensé est, à côté de ces deux fous de génie, notre compatriote vénéré, Félix Mendelsohn-Bartholdy, que nous mentionnons aujourd'hui surtout à cause de la symphonie de sa composition, qui été exécutée cet hiver dans la salle de concert du Conservatoire! Quoique cette symphonie de Mendelsohn y ait été très-froidement accueillie, elle mérite cependant l'approbation de tous les vrais connaisseurs. Elle est d'une véritable beauté, et c'est un des meilleurs travaux du jeune *maestro* que toute l'Allemagne admire. Mais comment se fait-il que cet artiste si méritant et si favorablement doué n'ait pu, depuis l'exécution de son oratorio *Paulus*, qu'on imposa l'année dernière au public de Paris, cueillir aucun laurier sur le sol français? Comment se fait-il qu'ici tous les efforts échouent, et que le dernier moyen désespéré du théâtre de l'Odéon, l'exécution des chœurs d'*Antigone*, n'a produit également qu'un résultat déplorable? Mendelsohn nous offre toujours l'occasion de réfléchir aux plus hauts problèmes de l'esthétique. Il nous fait surtout souvenir constamment de cette grande question : quelle est la différence entre l'art et le mensonge? Nous admirons le plus chez ce maître son grand talent pour la forme, pour le style, son aptitude à s'approprier les choses les plus extraordinaires, sa belle et ravissante facture, sa fine oreille de lézard, ses sensibles et délicates antennes d'escargot, ainsi que son indifférence sérieuse, je dirais presque passionnée. Si nous nous enquérons d'un phénomène semblable dans un art analogue, nous le trouvons cette fois dans la poésie, et il s'appelle Louis Tieck. Ce maître aussi a toujours su reproduire les choses les plus excellentes, soit en écrivant, soit en récitant de vive voix, il s'entendait même à fabriquer des traits naïfs, et cependant il n'a jamais rien créé qui ait subjugué les masses et soit resté vivant dans leur cœur. Mendelsohn, dont le talent surpasse celui de Tieck, réussirait plutôt à créer quelque chose d'éternellement durable, mais ce ne sera pas dans le chant, qui exige avant tout la vérité et la passion, c'est-à-dire sur la scène ; Louis Tieck n'a jamais pu non plus, malgré son désir le plus ardent, arriver à faire quelque chose de bon pour le théâtre.

Outre la symphonie de Mendelsohn, nous avons entendu, au Conservatoire, avec un vif intérêt, une symphonie de feu Mozart et une composition non moins remarquable d'un certain Haendel. Elles ont été accueillies avec de chaleureux applaudissements.

Notre compatriote Ferdinand Hiller jouit parmi les vrais connaisseurs de l'art d'une trop haute considération pour que nous ne puissions point, si grands que soient les noms que nous venons de citer, mentionner le sien en parlant des travaux distingués qui ont rencontré au Conservatoire l'approbation la mieux méritée. Hiller est plutôt musicien d'esprit que de sentiment, et on lui reproche en outre un excès d'érudition. La pensée et le savoir pourraient bien parfois, il est vrai, exercer une influence attiédissante dans les compositions de ce doctrinaire musical, mais en tout cas ses productions sont toujours gracieuses, attrayantes et belles. Il n'y a là aucun vestige d'excentricité grimaçante. Hiller possède une affinité artistique avec son compatriote Wolfgang Goethe. Il est également né à Francfort où, en traversant cette ville pour aller à Paris, j'ai vu sa maison paternelle; celle-ci porte l'enseigne : « A la grenouille verte, » et l'image d'une grenouille est placée au-dessus de la porte de la maison. Cependant les compositions d'Hiller ne rappellent jamais une pareille bête peu musicale, mais seulement des rossignols, des alouettes et d'autres volatiles printaniers.

Il n'y a pas eu cette année non plus manque de concerts de pianistes. Notamment les Ides de mars ont été sous ce rapport des jours néfastes. Tout cela tapote et carillonne et veut être entendu, ne fût-ce qu'en apparence, pour pouvoir se donner au delà de la barrière de Paris les airs d'une grande célébrité. Ces disciples de l'art savent exploiter suffisamment, surtout en Allemagne, le chiffon d'éloges de feuilleton qu'ils obtiennent ici en mendiant ou en intriguant avec bassesse, et dans les réclames en province ou à l'étranger on annonce alors fièrement l'arrivée du célèbre génie, du grand Rodolphe W., le rival de Lislz et de Thalberg, le héros du piano-forte, qui a fait à Paris une si grande sensation, et qui a même été loué de tel ou tel roi de la critique, Hosannah! Celui qui a vu par hasard à Paris un pareil insecte, et qui sait en général combien peu on fait ici attention même à des personnages beaucoup plus considérables, celui-là doit bien rire de la crédulité de notre public allemand, qui ajoute foi aux réclames des feuilletons français, sérieusement reproduites dans les journaux d'outre-Rhin. Cependant l'outrecuidance des virtuoses est trop dégoûtante pour s'en amuser longtemps, et puis la cause de ce mal est trop attristante en elle-même, car elle réside dans l'état déplorable de notre presse quotidienne en Allemagne, qui est à son tour le résultat de circonstances politiques plus déplorables encore. Je suis forcé de répéter toujours qu'il n'y a que trois pianistes qui méritent une attention sérieuse; ce sont : d'abord Chopin, le ravissant poëte musicien, qui malheureusement a été aussi cet hiver très-malade et très-peu visible pour le public; ensuite Thalberg, le *gentleman* musical, qui, au bout du compte, n'aurait pas du tout besoin de jouer du piano pour être partout accueilli avec plaisir, et qui semble en effet regarder son talent comme un simple apanage; et puis notre Liszt, qui en dépit de tous ses travers et de ses aspérités blessantes, n'en reste pas moins notre très-cher Liszt, et qui dans ce moment met de nouveau en agitation le beau monde de Paris. Oui, il est ici, le grand agitateur, notre Franz Liszt, le chevalier errant de tous les ordres du monde (à l'exception de la croix de la Légion d'honneur, que Louis-Philippe ne veut donner à aucun virtuose); il est ici, le conseiller intime de la cour de Hohenzollern-Héchingue, le docteur en philosophie et en doubles-croches, le successeur du fameux preneur de rats et séducteur d'enfants de Hameln, le nouveau sorcier Faust qui est toujours suivi d'un caniche transformé en Italien aux cheveux noirs. Il est ici, l'Amphion moderne qui par ses accords stridants a remué les pierres pour la construction du dôme de Cologne, au point qu'elles se sont jointes ensemble, comme jadis les murailles de Thèbes! Il est ici, le moderne Homère que l'Allemagne, la Hongrie et la France, les trois plus grands pays, réclament comme l'enfant de leur sol, tandis que le chantre de l'Iliade n'était revendiqué que par sept petites villes de province ! Il est ici, le nouvel Attila, le fléau de Dieu pour tous les pianos d'Érard, qui frémirent déjà à la nouvelle de sa venue, et qui maintenant tressaillent, saignent et gémissent de nouveau sous sa main, tellement que la société protectrice des bêtes maltraitées devrait intervenir en leur faveur ! Il est ici, le beau, laid, extravagant, mirobolant et parfois très-impertinent enfant de son temps, l'enfant terrible de la musique, le nain gigantesque, le Goliath de la petitesse, le Roland furieux brandissant son sabre d'honneur, sa Durandal hongroise, l'ingénieux fou dont la démence plus ou moins factice nous trouble à nous-même le cerveau, et à qui nous rendons en tout cas le loyal service de porter à la connaissance de tout le monde l'incroyable *furore* qu'il fait ici à Paris. Nous constatons sans restriction le fait de son immense succès ; de quelque façon que nous interprétions ce fait d'après notre opinion privée, et soit que nous accordions ou que nous refusions notre approbation personnelle au virtuose adulé, c'est ce qui lui sera sans doute indifférent, attendu que notre voix n'est que celle d'un homme isolé, et que notre compétence dans l'art musical n'est d'ailleurs pas d'une autorité dangereuse.

Quand autrefois j'entendais parler du vertige qui s'était emparé des esprits en Allemagne, et surtout à Berlin, lorsque Liszt s'y est montré, je haussais les épaules de pitié, en me disant : la placide Allemagne, plongée dans son repos dominical, ne veut pas manquer l'occasion de se donner un peu de mouvement licite ; elle veut tant soit peu secouer ses membres somnolents, et mes Abdéritains des bords de la Sprée aiment à se chatouiller les uns les autres de façon à communiquer à leurs sentiments engourdis un certain enthousiasme commun, et alors l'un se met à déclamer à l'instar de l'autre : « Cupidon, maître des hommes et des dieux ! » Ils ne font du bruit, pensais-je, que pour le bruit, n'importe quelle en soit l'occasion, et qu'elle se nomme George Herwegh, Franz Liszt ou Fanny Elsler ; si on leur défend Herwegh, ils s'en tiennent à Liszt, qui n'est ni dangereux ni compromettant. C'est ainsi que je pensais, et que je m'expliquais la Lisztomanie, que je prenais pour un symptôme du défaut de liberté politique au delà du Rhin. Pourtant je me suis trompé, et je m'en aperçus la semaine dernière à l'Opéra Italien, où Liszt donna son premier concert, devant une assemblée qu'on peut à bon titre appeler la fleur de la société parisienne. En tout cas, c'étaient des Parisiens éveillés, des hommes familiarisés avec les plus grands événements de notre époque, et qui ont plus ou moins longtemps assisté ou participé au grand drame du temps ; et parmi eux se trouvaient de nombreux invalides de toutes les jouissances artistiques, les hommes d'action les plus fatigués, des femmes également très-fatiguées, parce qu'elles ont dansé la polka pendant tout l'hiver, enfin un nombre considérable de cœurs affairés ou blasés.—Ce n'était donc pas devant un public germanique et sentimental, devant des Berlinois affectés et artificiellement impressionnables, que Liszt a joué ici, et joué tout seul, ou plutôt seulement accompagné de son génie. Et pourtant quel puissant effet, quelle émotion profonde a déjà été produite par sa simple apparition. On le reçut avec un tonnerre d'applaudissements. Des bouquets furent lancés à ses pieds. C'était un coup d'œil sublime que de voir le triomphateur, qui, avec une parfaite tranquillité d'âme, laissait pleuvoir sur lui les bouquets de fleurs, et qui à la fin, avec un gracieux sourire, tira d'un de ces bouquets un camélia rouge, et l'attacha sur sa poitrine. Et il fit cela en présence de quelques jeunes soldats à peine revenus de l'Afrique, où ils avaient vu pleuvoir sur eux, non des fleurs, mais des balles de plomb, et où leur poitrine s'était décorée des camélias rouges de leur sang héroïque, sans qu'ici ou là-bas on y eût fait grande attention. Chose bizarre ! pensai-je, ces Parisiens qui ont vu Napoléon, le grand Napoléon, à qui il fallait livrer bataille sur bataille, et quelles batailles ! afin de les occuper de lui et de remporter leurs suffrages, ces mêmes Parisiens couvrent maintenant d'acclamations notre Franz Liszt ! Et de quelles acclamations ! Une véritable frénésie, comme il n'y en a pas d'exemple dans les annales de la folie ! Mais quelle est la cause de ce fait prodigieux ? La solution d'une pareille question appartient peut-être à la pathologie plutôt qu'à l'esthétique. Un médecin dont la spécialité sont les maladies des femmes, et que j'interrogeai l'autre jour sur le charme incroyable que notre Franz Liszt exerce sur son public, se prit à sourire d'un air très-singulier et me débita bien des choses sur le galvanisme, sur l'électricité, sur la contagion dans l'atmosphère chargée et brûlante d'une salle remplie de bougies flamboyantes et d'une foule de personnes parfumées et couvertes de sueur, sur l'épilepsie histrionique, sur les cantharides musicales, sur les phénomènes du chatouillement et sur d'autres matières chatouilleuses qui, je crois, ont rapport aux mystères de la *bona dea*. Cependant il ne faut peut-être pas chercher la solution de la question dans des profondeurs aussi ténébreuses, mais bien au contraire dans un fait très-vulgaire. Il me semble parfois que toute la sorcellerie pourrait s'expliquer par la raison que personne au monde ne sait aussi parfaitement que notre Franz Liszt organiser ses succès ou plutôt leur mise en scène. Dans cet art il est un véritable génie, un Philadelphia, un Bosco, un Houdin, voire un Meyerbeer. Les plus grands personnages lui servent gratis de compères, et ses enthousiastes inférieurs et loués sont dressés à merveille pour le louer à leur tour. La mousse petillante du vin de Champagne et la réputation d'une libéralité prodigue, trompetée par les journaux les plus dignes de foi, sont un appât avec lequel on gagne des recrues dans chaque ville. Toutefois il se pourrait bien que notre Franz Liszt fût réellement très-généreux par nature. Je me plais à le croire noble quoique anobli, et je suis persuadé qu'il est exempt de l'amour de l'argent, ce vice crasseux, qui infecte tant de virtuoses, surtout les Italiens, et que nous trouvons même chez le doucereux et suave Rubini, sur l'avarice duquel on raconte une anecdote très-plaisante, que je ne puis me refuser de rapporter. Le célèbre chanteur avait, de compagnie avec Franz Liszt, entrepris une tournée d'artiste en compte à demi, et ils devaient partager le profit des concerts qu'ils donneraient dans différentes capitales. Le grand pianiste, qui se fait accompagner en tous lieux par l'intendant général de sa célébrité, le *signor* Belloni, homme très-dévoué et, comme on dit, d'une probité très-rare chez les *cornacs* des virtuoses, le grand pianiste chargea donc à cette occasion le *signor* Belloni de toutes les fonctions qui concernent la partie banale des affaires. Mais lorsqu'à la fin de sa gérance, le *signor* Belloni rendit ses comptes, Rubini remarqua à sa grande stupéfaction que parmi les dépenses communes le comptable avait marqué aussi une très-forte somme pour des couronnes de laurier, des bouquets de fleurs, des poëmes de louange et d'autres frais d'ovation. L'ingénu chanteur s'était imaginé qu'on l'avait comblé de pareilles marques d'approbation à cause de sa belle voix; se voyant détrompé, le rossignol italien entra dans une colère bouillante et ne voulut point payer les bouquets, dans lesquels se trouvaient peut-être aussi les plus précieux camélias rouges. Si j'étais musicien, cette dispute me fournirait le meilleur sujet d'un opéra bouffe.

Mais, hélas! n'examinons pas de trop près les hommages que récoltent les célèbres virtuoses. Car après tout, le jour de leur vaine célébrité est extrêmement court, et l'heure arrive bien vite, où le titan musical s'amoindrit au point de n'être plus qu'un ménétrier de très-mince stature dans quelque ville de province. Là, dans sa tabagie, où il prend son café ou sa chopine, ou son pot de bière, il raconte alors aux habitués de longues histoires sur sa grandeur d'autrefois, et il proteste sur son honneur qu'on avait lancé à ses pieds des bouquets de fleurs avec les plus beaux camélias, et que même un jour deux comtesses hongroises, pour attraper son mouchoir qui était tombé, se sont jetées elles-mêmes à terre et se sont houspillées au point de s'ensanglanter l'une l'autre! — Hélas! la renommée éphémère des virtuoses s'évapore misérablement, sans laisser de trace ni d'écho, comme le hennissement d'un chameau qui traverse les sables du désert.

La transition du au chameau lapin est un peu brusque. Pourtant je ne puis passer sous silence les pianistes moins superbes qui se sont distingués dans la dernière saison. Nous ne pouvons pas tous être de grands prophètes, et il en faut aussi de petits, dont douze font une douzaine. Comme le plus grand d'entre les petits, nous nommerons ici Théodore Doehler. Son jeu est net, joli, gentil, sensible, et il a une manière à part d'étendre sa main tout horizontalement et de ne toucher le clavier qu'avec le bout des doigts recourbés. Après Doehler, c'est Halle qui parmi les petits prophètes mérite une mention particulière; c'est encore un Habacuc d'un mérite aussi modeste que véritable. Je ne puis m'empêcher de mentionner ici également M. Schad, qui occupe parmi les pianistes peut-être le même rang que nous accordons à Jonas parmi les petits prophètes; puisse-t-il n'être jamais avalé par une baleine!

En rapporteur consciencieux, qui ne doit pas seulement rendre compte des nouveautés en fait d'opéras et de concerts, mais aussi de tous les autres sinistres et catastrophes dans le monde musical, je suis forcé de parler des nombreux mariages qui y ont éclaté ou menacent d'éclater. Je parle d'hyménées légitimes, contractés à perpétuité et tout à fait dans les formes convenables, non pas de ce dilettantisme de mariage, qui se prive du maire à l'écharpe tricolore et du goupillon de l'église. Chacun cherche maintenant sa chacune. Messieurs les artistes se dandinent, lancent des œillades aux demoiselles et aux veuves en quête d'époux et s'exercent à entonner des épithalames. Le violon devient le beau-frère de la flûte, la trompette et la timbale s'allient au piano : ils forment une marche triomphale, et nous les verrons bientôt défiler les cors en tête. Un des trois pianistes les plus distingués a épousé, il y a peu de temps, la fille d'un célèbre chanteur de l'Opéra-Italien, qui est sous tous les rapports la plus grande basse-taille de notre époque; la jeune dame est belle, spirituelle et gracieuse. Il y a quelques jours, nous avons encore appris qu'un autre célèbre pianiste de Varsovie entre dans la lice matrimoniale, que lui aussi se hasarde sur cette haute mer, pour laquelle on n'a pas encore inventé de boussole. A la bonne heure! hardi pilote, pousse gaiement au large, et qu'aucune tempête ne brise ton gouvernail! Aujourd'hui on dit même que le plus grand violoniste que Breslaw ait envoyé à Paris se marie en cette ville, que ce maître de l'archet s'est, lui aussi, lassé de son calme bonheur de garçon, et qu'il veut tenter le terrible inconnu d'au delà des noces. Nous vivons dans une période héroïque. L'autre jour un virtuose également célèbre a célébré ses fiançailles. Il a, comme Thésée, trouvé une belle Ariane qui doit le guider à travers le labyrinthe de cette vie ; elle ne sera pas en peine d'un peloton de fil, car elle est couturière.

Les violonistes sont en Amérique, et nous avons reçu les nouvelles les plus réjouissantes sur les voyages de triomphe d'Ole Bull, le Lafayette du *puff*, qui en matière de réclames est le héros des deux mondes. L'entrepreneur de ses succès le fit arrêter à Philadelphie, pour le contraindre à acquitter la facture des frais d'ovation. Le célèbre virtuose a fini par bourse délier, et on ne peut plus dire maintenant que le blond fils du Nord, l'ingénieux héros du violon, soit redevable de sa gloire à personne au monde. Ici à Paris, nous avons dans l'intervalle entendu *signor* Sivori; Porzia, la judicieuse princesse, dirait : « Puisque le bon Dieu le donne pour un homme, je veux le prendre pour tel; » mais j'ai à surmonter beaucoup de répugnance pour lui faire ce compliment. Alexandre Batta a également donné cette année un très-beau concert; il pleure toujours sur son grand violoncelle toutes les petites larmes enfantines de son corps. A cette occasion, je pourrais aussi louer M. Sélighausen; il en a besoin.

Ernst a été ici. Mais par caprice il n'a pas voulu donner de concert; il se plait à ne jouer que chez des amis. Cet artiste est aimé et estimé ici. Il le mérite. Il est le vrai successeur de Paganini, il a hérité du violon enchanteur avec lequel le Génois savait émouvoir les pierres, et même les bûches. Paganini qui, avec le plus léger coup d'archet, nous conduisait tantôt sur les hauteurs les plus inondées du soleil, et tantôt faisait plonger nos regards dans les plus noires abîmes, possédait, il est vrai, une force plus magique; mais ses ombres et ses lumières étaient parfois trop saccadées, trop crues, ses contrastes trop tranchés, et les accents merveilleux, où il semblait évoquer les voix les plus mystérieuses de la nature, étaient souvent l'effet d'un hasard et même d'une méprise artistique. Ernst est plus harmonieux, et les teintes molles prédominent chez lui. Il a cependant une prédilection pour le fantastique et même le baroque, pour ne pas dire le scurrile, et beaucoup de ses compositions me font souvenir des bizarres contes dramatisés de Gozzi, des plus excentriques mascarades du *Carnaval de Venise*. La pièce de musique connue sous ce titre, et que Sivori avait impudemment capturée, est un *capriccio* d'Ernst. Cet amateur du fantasque sait aussi, quand il veut, être parfaitement poétique, et j'ai entendu l'autre jour un nocturne de sa composition, qui était une merveille de beauté. On se croyait transporté dans une belle nuit italienne, au clair de lune argenté, aux silencieuses allées de cyprès, aux blanches et scintillantes statues de marbre et aux fontaines jaillissantes, dont le doux clapotement fait rêver. Ernst a donné, comme on sait, sa démission à Hanovre, et il n'est plus maître de chapelle de sa royale majesté hanovrienne. Ce n'était, en effet, pas une place convenable pour lui. Il serait plutôt fait pour diriger la musique de chambre à la cour de quelque reine des fées, par exemple chez dame Morgane ; il y trouverait l'auditoire le plus capable de le comprendre, et au nombre duquel figureraient de très-éminents personnages, aussi fabuleux qu'amateurs de l'art, par exemple le roi Arthus, Dietrich de Berne, Ogier le Danois, etc., etc. Et quelles charmantes dames applaudiraient là aux sons incomparables de son archet enchanté! Les blondes Hanovriennes sont sans doute bien gentilles, mais elles ne sembleraient cependant que des laiderons auprès d'une fée Mélior, de la dame Abonde, de la reine Geneviève, de la belle Mélusine et d'autres femmes illustres, qui séjournent à la cour de la reine Morgane, dans l'île d'Avalon. A cette cour (à aucune autre), nous espérons un jour rencontrer l'excellent artiste, car on nous y a promis aussi à nous un emploi avantageux.

II

Paris, 1er mai 1844.

L'Académie royale de musique, le soi-disant grand Opéra, se trouve, comme on sait, dans la rue Lepelletier, à peu près au milieu, et juste vis-à-vis le restaurant de Paolo Broggi. Broggi est le nom d'un Italien, qui était autrefois le cuisinier de Rossini. Quand celui-ci vint à Paris l'année dernière, il visita aussi la *trattoria* de son ancien serviteur, et après y avoir dîné, il s'arrêta longtemps devant la porte, et, plongé dans de profondes réflexions, il contempla le grand bâtiment de l'Opéra. Une larme vint mouiller son œil, et comme quelqu'un lui demanda pourquoi il paraissait si tristement ému, le grand maestro répondit que Paolo lui avait préparé comme jadis son mets favori, des *ravioli* au fromage parmesan, mais qu'il n'avait pu manger la moitié de la portion, et que même celle-ci le chargeait maintenant; il ajouta que lui, qui avait autrefois possédé l'estomac d'une autruche, ne pouvait plus à peine supporter aujourd'hui la pitance d'une tourterelle amoureuse.

Sans examiner jusqu'à quel point le vieux plaisant a

mystifié son indiscret interlocuteur, nous nous bornerons aujourd'hui à donner à tout amateur de musique le conseil d'aller manger chez Broggi une portion de *ravioli*, et de rester ensuite également quelques instants devant la porte de la *trattoria* pour regarder l'édifice du grand Opéra. Cet édifice ne se distingue pas par un luxe brillant, il a plutôt l'extérieur d'une écurie fort convenable, et le toit en est plat. Sur ce toit sont établies huit grandes statues représentant des muses. La neuvième manque, et, hélas! c'est justement la muse de la musique. Sur l'absence de cette honorable muse, les plus singulières interprétations ont cours dans le public. Des gens prosaïques disent qu'une tempête l'a renversée du toit. Des cœurs plus poétiques prétendent, au contraire, que la Polymnie s'est précipitée en bas elle-même, dans un accès de désespoir causé par le chant misérable de M. Duprez. C'est toujours possible; la voix de verre fêlé de Duprez est devenue si discordante qu'aucun être humain, et d'autant moins une muse, ne peut plus y tenir d'entendre de pareils sons. Si cela dure encore plus longtemps, les autres filles de Mnémosine se précipiteront également du haut du toit, et il y aura bientôt du danger à passer le soir par la rue Lepelletier. Pour la mauvaise musique qui règne ici depuis quelque temps à l'état épidémique au grand Opéra, je n'en veux pas parler du tout. D'entre les compositeurs du moment, Donizetti est encore le meilleur, l'Achille. On peut donc se faire aisément une idée des héros inférieurs. A ce qu'on me dit, cet Achille s'est aussi retiré dans sa tente; il boude, Dieu sait pourquoi ! et il a fait annoncer à la direction qu'il ne fournirait pas les vingt-cinq opéras promis, parce qu'il avait l'intention de se reposer. Quelle gasconnade ! Si un moulin à vent disait de pareilles choses, nous ne ririons pas plus. Ou bien il a du vent et tourne, ou il n'a pas de vent et s'arrête. Mais M. Donizetti a ici un cousin remuant, *signor* Accursi, qui fait toujours du vent pour lui, et plus qu'il n'en faut; car Donizetti est, comme je l'ai dit, le meilleur des compositeurs du jour.

La plus récente jouissance d'art que l'académie de musique nous a procurée, était le *Lazzarone* de Halévy. C'est l'œuvre d'un grand artiste, et je ne sais pas pourquoi elle est tombée. M. Halévy est peut-être trop insouciant et ne cajole pas assez M. Alexandre, l'entrepreneur des succès et le grand ami de Meyerbeer.

Chaque fois qu'à l'Académie royale de musique ou aux Bouffes arrive la chute d'un opéra ou quelque autre lamentable fiasco, on y remarque une figure efflanquée et ténébreuse, au visage pâle et aux cheveux noirs comme le plumage du corbeau, oiseau de mauvais augure, et cette l'apparition présage toujours un sinistre musical. Les Italiens, dès qu'ils s'en aperçoivent, avancent rapidement l'index et le doigt du milieu, et disent que c'est le *Jettatore*. Mais les frivoles Français, qui n'ont pas même en musique une superstition, haussent seulement l'épaule et nomment cette forme M. Spontini.

C'est en effet notre ancien directeur général du grand

Opéra de Berlin, le compositeur de la *Vestale* et de *Ferdinand Cortez*, deux magnifiques chefs-d'œuvre, qui fleuriront encore longtemps dans le souvenir des hommes, et qu'on admirera encore longtemps, tandis que l'auteur lui-même se voit déjà à cette heure privé de toute admiration et n'est plus qu'un spectre impuissant, qui, rongé d'envie, hante les lieux de ses triomphes d'autrefois, et se plaît à dénigrer la vie des vivants. Il ne peut se consoler d'être mort depuis de longues années, et d'avoir vu son bâton de commandement passer dans les mains de Meyerbeer. Celui-ci, à ce que prétend le défunt, l'a repoussé de son Berlin qu'il a toujours tant aimé; et quiconque, par pitié pour la grandeur déchue, se sent la patience de l'écouter, peut apprendre en détail de Spontini combien de pièces de conviction il a déjà rassemblées pour dévoiler les intrigues de la conjuration meyerbéérienne.

L'idée fixe du pauvre homme est et demeure Meyerbeer, et l'on raconte les histoires les plus amusantes sur cette animosité, cette rancune, toujours rendue inefficace par la trop grande dose de vanité qui s'y mêle. Quelque écrivain feuilletoniste se plaint-il de Meyerbeer, disant par exemple que celui-ci a tardé depuis de longues années à mettre en musique les vers que lui, le poëte, avait écrits sur la demande la plus empressée du compositeur, alors Spontini saisit vivement la main du parolier blessé, et s'écrie : « J'ai votre affaire ! Je sais le moyen par lequel vous pourrez vous venger de Meyerbeer, c'est un moyen infaillible, et le voici : vous écrirez sur moi un grand article, et plus vous ferez ressortir mes mérites, plus vous vexerez Meyerbeer. » Une autre fois, qu'un ministre de France reproche avec humeur à l'auteur des *Huguenots* d'avoir, en dépit de l'urbanité avec laquelle on l'a traité ici, accepté une charge servile à la cour de Berlin ; aussitôt notre Spontini s'élance joyeusement vers le ministre, et s'écrie : « J'ai votre affaire ! vous pouvez infliger à l'ingrat le plus dur châtiment, vous pouvez lui porter un coup de poignard, si vous me nommez grand officier de la Légion d'honneur. » Dernièrement Spontini trouva le pauvre Léon Pillet, le malheureux directeur du grand Opéra, dans la plus grande exaspération contre Meyerbeer, qui venait de lui faire annoncer par M. Gouin qu'à cause de son mauvais personnel de chant il ne voulait pas encore produire le *Prophète*. Comme alors les yeux de l'Italien s'illuminèrent ! « J'ai votre affaire ! s'écria-t-il dans un transport de joie. Je vais vous donner un divin conseil, comment vous pourrez humilier à mort l'ambitieux intrigant : faites faire ma statue en grandeur naturelle, placez-la au foyer de l'Opéra, et ce bloc de marbre pèsera comme un cauchemar sur le cœur de Meyerbeer. » L'état mental de Spontini commence à la longue à causer de graves soucis aux siens, notamment à la famille d'Érard, le riche fabricant de pianos, dont il est le beau-frère du côté de sa femme. Il y a quelques jours, je le rencontrai dans les salles de l'étage supérieur du

Louvre, où sont exposées les antiquités égyptiennes. Le chevalier Spontini s'y tenait depuis près d'une heure, immobile comme une statue et les bras croisés, devant une grande momie, dont la pompeuse dépouille dorée annonce un roi. C'était même, dit-on, ce fameux roi Aménophès, sous le règne duquel les enfants d'Israël quittèrent le pays d'Égypte. Mais Spontini rompit enfin son silence, et s'adressa en ces termes à l'auguste momie : « Malheureux Pharaon ! tu es cause de mon malheureux sort. Si tu n'avais pas laissé partir du pays d'Égypte les enfants d'Israël, ou si tu les avais tous fait noyer dans le Nil, noyade dont tu avais déjà fait un bon commencement, je n'eusse pas été expulsé de Berlin par Meyerbeer et Mendelsohn, et j'y dirigerais toujours le grand Opéra et les concerts de la cour de ton confrère sa majesté royale de Prusse. Malheureux Pharaon, faible roi des crocodiles, c'est grâce à tes demi-mesures que je suis maintenant un homme ruiné — et Moïse et Halévy et Mendelsohn et Meyerbeer ont vaincu ! » Voilà les discours que tient l'infortuné, et nous ne saurions lui refuser notre commisération.

Quant à Meyerbeer, son *Prophète*, comme je l'ai indiqué tout à l'heure, ne viendra pas de si tôt. Lui-même cependant, à ce que mandent les journaux, ne fixera pas pour toujours sa résidence à Berlin. Il séjournera alternativement, comme par le passé, la moitié de l'année ici à Paris, et l'autre moitié à Berlin, chose à laquelle il s'est formellement engagé. Sa position rappelle assez celle de Proserpine, seulement le pauvre *maestro* trouve ici comme là-bas à Berlin son enfer et ses tourments infernaux. Nous espérons le voir encore cet été ici à Paris, dans ce beau Tartare, où l'attendent déjà quelques centaines de diables et de diablesses musicaux, pour lui écorcher les oreilles de leurs mélodieux hurlements. Du matin au soir il est forcé d'écouter des chanteurs et des chanteuses qui veulent débuter ici, et dans ses heures de loisir il est occupé des albums d'Anglaises voyageuses.

Il y a eu cet hiver foison de débutants au grand Opéra. Un de nos compatriotes germaniques se produisit comme *Marcel* dans les *Huguenots*. Il n'était peut-être en Allemagne qu'un rustre avec une grosse voix de buveur de bière, et il croyait pour cela pouvoir briller à Paris comme basse-taille. Cet individu braillait comme dix ânes. Une dame Allemande aussi, que je soupçonne d'être Berlinoise, se montra sur les planches de la rue Lepelletier. Elle passe pour un modèle de vertu et elle chante très-faux. On prétend que non-seulement son chant, mais tout en elle, les cheveux, deux tiers de ses dents, les hanches, le postère, tout est faux, et que son haleine seule lui appartient en propre ; les galants habitués des coulisses seront ainsi contraints de se tenir respectueusement à distance de cette grande vertu. Notre primadonna, madame Stoltz, ne pourra guère se maintenir plus longtemps; le sol est miné sous ses pieds, et bien qu'elle soit jolie, très-gracieuse, très-spirituelle et pleine de talents, et qu'en femme elle ait à sa disposition toutes les ruses du sexe, elle finira par succomber devant le grand Giacomo Machiavelli, qui désirerait voir madame Viardot-Garcia engagée à sa place, pour que celui-ci chante le rôle principal de son *Prophète*. Madame Stoltz prévoit son sort, elle pressent que même la folle tendresse que lui voue le directeur de l'Opéra, pas plus que l'admiration du public, ne pourra la sauver, quand le grand maestro de l'art de l'intrigue fera jouer ses artifices; et elle a résolu de quitter Paris de son gré, de n'y retourner jamais, et de terminer sa vie sur la terre étrangère. *Ingrata patria*, dit-elle l'autre jour, *nec ossa quidem mea habebis*. La pauvre femme n'a plus en effet depuis quelque temps que la peau et les os.

Chez les Italiens, à l'*Opéra buffa*, il y a eu l'hiver passé d'aussi brillants échecs qu'au grand Opéra. Les chanteurs étaient là également le sujet de bien des plaintes, avec la différence que les Italiens ne voulaient pas chanter parfois, tandis que les pauvres serins français ne savaient pas chanter. Seulement *signor* Mario et *signora* Grisi, ce ravissant couple de rossignols, étaient toujours exacts à leur poste dans la salle Ventadour, et par leur charmant ramage ils y évoquaient autour de nous le printemps le plus florissant, tandis qu'au dehors mugissaient le vent et les tourbillons de neige, et les concerts de pianistes, et les débats de la Chambre des députés, et la fureur de la polka. Oui, c'est un couple de rossignols enchanteurs, et l'Opéra Italien est la forêt éternellement verdoyante, éternellement chantante, où je me réfugie souvent lorsqu'une tristesse hivernale m'entoure de ses brouillards, ou que le froid de la vie me devient insupportable. Là, dans la douce retraite d'une loge grillée, on se sent délicieusement réchauffé, et l'on n'expire du moins pas sous l'étreinte de la gelée. La magie harmonieuse y transforme en poésie ce qui, l'instant d'auparavant, n'était qu'une grossière réalité; la douleur se perd dans des arabesques de fleurs, et bientôt notre cœur se pâme d'aise et se prend de nouveau à rire. Quel délice, quand Mario chante et que dans les yeux de Grisi les accents du rossignol bien aimé se reflètent pour ainsi dire comme un écho visible! Quel plaisir, quand Grisi chante, et que dans sa voix résonne mélodieusement le tendre regard et le sourire bienheureux de Mario! C'est un ravissant couple, et le poëte persan, qui a nommé le rossignol la rose parmi les oiseaux et la rose le rossignol parmi les fleurs, se verrait ici tomber dans un imbroglio inextricable, car tous les deux, Mario et Grisi, ne sont pas seulement distingués par le chant, mais aussi par la beauté.

Malgré le contentement que nous procure la présence de Mario et de Grisi, nous regrettons vivement, au Théâtre Italien, Mme Pauline Viardot, ou, comme nous préférons l'appeler, Mme Garcia. Elle n'est pas remplacée, et personne ne saurait la remplacer. Celle-ci n'est pas une Philomèle exclusivement douée du talent de l'espèce, et sachant parfaitement sangloter et gazouiller le genre printanier; — elle n'est pas non plus une rose, car elle est laide, mais d'une sorte de laideur qui est noble, je pourrais presque dire belle, et qui a parfois ravi en extase le grand peintre de lions, Delacroix. En effet, Mme Garcia ne rappelle guère la beauté civilisée et la grâce apprivoisée de notre patrie européenne, mais bien plutôt la splendeur sinistre d'un exotique paysage dans le désert. A plus d'un moment de son jeu passionné, surtout quand elle ouvre plus que largement sa grande bouche aux dents blanches et éclatantes, et qu'elle sourit avec une douceur si horrible et un si gracieux grincement : alors on s'imagine qu'au même instant on verra apparaître à côté d'elle toutes les prodigieuses espèces végétales et animales de l'Hindostan ou de l'Afrique; — on pense voir surgir des palmiers gigantesques enlacés de lianes aux milles fleurs; — et l'on ne serait pas étonné si tout à coup un léopard, ou une girafe, ou même une troupe de jeunes éléphants, arrivaient sur la scène, pour s'y livrer à des ébats amoureux. Quels piétinements ! quels coups de trompe! quel talent grandiose !

Pendant que l'Académie de musique restait frappée d'une déplorable langueur, et que les Italiens ne faisaient aussi que se traîner tristement, la troisième scène lyrique, l'Opéra-Comique, s'éleva à son sommet le plus joyeux. Là, un succès surpassait l'autre, et la caisse n'avait pas moins lieu de s'applaudir. On y récoltait encore plus d'argent que de lauriers, ce qui n'a certes pas été un malheur pour la direction. Les textes des nouveaux opéras qu'on y a donnés étaient toujours de Scribe, l'homme qui un jour prononça cette grande parole : « L'or n'est qu'une chimère! » et qui cependant court toujours après cette chimère. C'est l'homme de l'argent, du réalisme en espèces sonnantes; il ne se fourvoie jamais sur les hauteurs romantiques et stériles d'un monde idéal, mais il se cramponne fermement à la terrestre réalité du mariage de raison, du civisme industriel et des droits d'auteur. Des bravos éclatants ont accueilli le nouvel opéra de Scribe, *la Sirène,* pour lequel Auber a écrit la musique. L'auteur et le compositeur se conviennent ici parfaitement : ils ont peut-être le sentiment le plus raffiné des choses intéressantes; ils savent nous amuser agréablement et parfois même nous enchanter ou nous éblouir par les lumineuses facettes de leur esprit; ils possèdent l'un et l'autre un certain talent pour le filigrane, au moyen duquel ils relient ensemble les plus mignonnes bagatelles; et l'on oublie chez eux qu'il y a une poésie. Ils sont une espèce de *lorettes* dans l'art; par leur sourire ils effacent de notre mémoire les cauchemars du passé, toutes les histoires de revenants qui nous oppressaient le cœur, et par leurs caresses coquettes ils écartent de notre front, comme avec un gentil chasse-mouches de plumes de paon, les bourdonnantes pensées de l'avenir. A cette espèce candidement galante appartient aussi Adam, qui avec son *Cagliostro* a recueilli également de très-frivoles lauriers à l'Opéra-Comique. Adam est l'homme le plus avenant et le plus aimable, et son talent est encore susceptible d'un grand développement. Une mention honorable est encore due à M. Thomas, dont l'*operetto* intitulé *Mina* a beaucoup réussi.

Mais tous ces triomphes ont été surpassés par la vogue du *Déserteur*, vieil opéra de Monsigny, que l'Opéra-Comique a exhumé des cartons de l'oubli. Voilà de la vraie musique française ! la grâce la plus sereine, une douceur ingénue, une fraîcheur semblable au parfum des fleurs des bois, un naturel vrai, vérité et nature, et même de la poésie. Oui, cette dernière n'est pas absente, mais c'est une poésie sans le frisson de l'infini, sans charme mystérieux, sans amertume, sans ironie, sans *morbidezza*, je dirais presque une poésie jouissant d'une bonne santé. Et cette santé est à la fois élégante et rustique. L'opéra de Monsigny me rappela immédiatement les œuvres de son contemporain, le peintre Greuze : je reconnus dans la musique de celui-là toutes les scènes champêtres que celui-ci a peintes, et je crus retrouver dans certains morceaux de Monsigny le pinceau de Greuze. En écoutant cet opéra, je compris clairement que les arts du dessin et les arts récitants de la même époque respirent toujours un seul et même esprit, et que les chefs-d'œuvre contemporains portent tous le signe caractéristique de la plus intime parenté.

Je ne puis clore cette lettre sans ajouter que la saison musicale n'est pas encore finie, et qu'elle résonne cette année, contre toute habitude, jusqu'au cœur du mois de mai. Dans ce moment on donne les plus notables bals et concerts, et la polka rivalise toujours avec le piano. Les oreilles et les pieds sont fatigués, mais ils ne peuvent pas encore se résoudre au repos. Le printemps, qui s'est présenté cette fois de si bonne heure, fait *fiasco ;* on remarque à peine le feuillage verdoyant et les rayons du soleil. Les médecins, peut-être tout particulièrement les médecins des aliénés, trouveront bientôt beaucoup d'occupation. Dans ce tourbillon bariolé, dans cette rage des plaisirs, dans ce tumulte chantant et sautant, la mort et la démence guettent leurs victimes. Les vibrantes touches de bois du piano-forte affectent terriblement nos nerfs, et la grande maladie tournoyante, la polka, nous donne le coup de grâce.

NOTICE POSTÉRIEURE.

Cédant à un triste caprice, je joins aux précédentes communications les feuilles suivantes, que j'ai écrites dans l'été de 1847, et qui forment ma dernière correspondance musicale. Pour moi toute musique a cessé depuis, et je ne me doutais pas au moment que je décrivis l'état sanitaire de Donizetti, qu'une affliction semblable et bien plus douloureuse m'atteindrait bientôt. Voici la courte notice dont je viens de parler :

Depuis Gustave-Adolphe, de glorieuse mémoire, aucune réputation suédoise n'a fait dans le monde autant de bruit que Jenny Lind. Les nouvelles qui nous parviennent d'Angleterre à ce sujet, frisent l'incroyable. Dans les journaux ne retentissent que coups de trompette et fanfares de triomphe: nous n'entendons chanter que des dithyrambes pindariques. Un de mes amis m'a raconté que dans telle ville d'outre-Manche toutes les cloches furent sonnées, lorsque le rossignol suédois y fit son entrée; l'évêque de l'endroit célébra cet événement par un sermon qu'il prononça dans l'église métropolitaine. Revêtu de son costume épiscopal anglican, qui ressemble assez à la livrée de croque-mort d'un employé des pompes funèbres, il monta en chaire et salua solennellement la nouvelle arrivée de Jenny Lind comme un rédempteur en jupons, comme la vertu incarnée, qui serait descendue du ciel pour sauver ce pauvre monde par son chant, et pour racheter notre âme de tout péché par sa voix céleste, tandis que les autres cantatrices, disait-il, n'étaient qu'autant de diablesses qui, par leurs fredons, leurs trilles et leurs roulades impies, nous entraînent dans l'abomination et la damnation, dans la gueule de Satan. Les Italiennes Grisi et Persiani vont sans doute maintenant, à force d'envie et d'aigreur, devenir jaunes comme des serins des Canaries, tandis que notre Jenny, le rossignol suédois, voltige d'un triomphe à l'autre. Je dis notre Jenny, car au fond le rossignol suédois, notre Jenny, ne représente pas exclusivement la petite Suède, mais elle représente toutes les populations de race germanique, les descendants des Cimbres aussi bien que ceux des

Teutons, elle est en même temps Allemande, non moins que ses sœurs aux bords de l'Elbe et du Necker; oui, elle appartient à l'Allemagne, de même que Shakspeare nous appartient d'après l'affirmation de Franz Horn, et de même que Spinosa d'après sa nature intime, à ce que disent nos philosophes patriotes, ne peut être qu'un Allemand — ainsi avec orgueil nous appelons Jenny Lind la nôtre! Jubilez, Westphalie et Poméranie, vous aussi participez à cette gloire! Saute de joie, Massman, grand sauteur de l'art gymnastique, fais tes bonds les plus tudesques, car notre Jenny ne parle pas un baragouin roman, une espèce de latin bouilli, mais le purgothique, le scandinave, l'allemand le plus allemand, et tu peux la saluer comme ta compatriote dans la langue d'Ulfila et des *minnesinger;* seulement il faudra laver ta main teutonique avant de la lui présenter pour serrer la sienne. Oui, Jenny Lind est Allemande; son seul nom fait songer à une *Linde,* le beau nom que portent nos tilleuls, ces vertes cousines des chênes allemands; elle n'a pas la chevelure noire des primadonnas du midi, dans ses yeux bleus nagent une âme septentrionale et le clair de la lune, et dans son gosier résonne la plus intacte virginité! Voilà ce que c'est. « *Maidenhood is in her voice* » — tel fut le refrain de tous les *old spinsters* de Londres, et toutes les prudes *ladies,* tous les pieux *gentlemen,* la mauvaise queue de Richardson qui est toujours en vie, répéta ce mot sur le même diapason, en dirigeant des regards humides vers le ciel ; et toute la Grande-Bretagne fêta en Jenny Lind la gazouillante virginité, le pucelage chantant. Voilà la clef, nous l'avouons franchement, de l'enthousiasme incompréhensible et fabuleusement colossal, que Jenny Lind a trouvé en Angleterre, et qu'elle sait aussi, soit dit entre nous, très-bien exploiter. Elle ne chante, disait-on, que pour pouvoir bientôt se départir à jamais du métier mondain de cantatrice, où elle veut seulement gagner la dot nécessaire pour épouser un jeune ecclésiastique protestant, le pasteur Swenske qui, dans l'intervalle, l'attend avec une fidélité toute pastorale dans son presbytère idyllique derrière Upsala, je crois, à gauche de la grande route, en tournant du côté des tilleuls qui conduisent à un moulin à vent. Depuis, il est vrai, quelques voix prétendent que le jeune pasteur Swenske n'existe pas, qu'il n'est qu'un mythe scandinave, et que le véritable fiancé de la virginité chantante est un vieux cabotin du théâtre de Stockholm — mais c'est sans doute une calomnie. L'esprit de chasteté de cette *prima donna immaculata* se révèle de la façon la plus ravissante dans sa répugnance pour Paris, la Sodome moderne, répugnance qu'elle manifeste à chaque occasion pour la plus grande édification de toutes les dames patronesses de la moralité au delà de la Manche. Jenny a fait vœu de la manière la plus positive, de n'exposer jamais sur les planches perverses de la rue Lepelletier sa virginité chantante; elle a refusé définitivement toutes les offres que M. Léon Pillet lui fit faire par les plus habiles *ruffiani* de l'art. « Cette trop rude vertu me stupéfait » — dit le vieux Paulet dans le drame de *Marie Stuart*. Y a-t-il du vrai dans le bruit qui court parmi le public, et d'après lequel le rossignol suédois aurait passé autrefois quelques années à Paris, et aurait reçu des leçons de musique au Conservatoire immoral de cette ville, aussi bien que d'autres oiseaux chantants et très-volages qui depuis ont pris un grand vol? Ou bien Jenny craindrait-elle cette frivole critique parisienne, qui dans une chanteuse ne censure pas les mœurs, mais seulement la voix, et regarde une fausse intonation comme le plus grand vice d'une cantatrice? Quoi qu'il en soit, notre Jenny ne viendra pas à Paris, et n'arrachera pas les Français, par son chant, du gouffre des péchés. Ils resteront échus à la damnation éternelle.

Ici à Paris, rien n'a changé dans le monde musical; dans l'Académie royale de musique règne toujours un temps d'hiver gris et humide, tandis qu'au dehors revivent le soleil de mai et le parfum des violettes. Dans le vestibule de l'Opéra se tient toujours, le front voilé de tristesse, la statue du divin Rossini; il se tait. M. Léon Pillet a fait une action qui l'honore lui-même, en dressant à ce génie véritable un monument pendant sa vie. Rien n'est plus drôle que de voir la grimace avec laquelle la jalousie et l'envie regardent cette pierre. Quand *signor* Spontini passe près d'elle, il s'y heurte chaque fois. Notre grand *maëstro* Meyerbeer est beaucoup plus fin; en allant le soir à l'Opéra, il a toujours su éviter avec prudence ce marbre malencontreux, et il cherchait même à en détourner les yeux. De la même manière, les Juifs à Rome ont l'habitude de faire toujours un grand détour, même dans leurs courses d'affaires les plus pressées, pour ne point passer près du fatal arc de triomphe de Titus, qui a été élevé en souvenir de la ruine de Jérusalem. Les nouvelles de l'état souffrant de Donizetti deviennent de jour en jour plus attristantes. Tandis que ses mélodies ravissent le monde par leurs joyeux accents, et que partout on le chante et le fredonne, il est assis lui-même, effrayante image de la démence, dans une maison de santé non loin de Paris. Pour sa toilette seule, il avait gardé, jusqu'il y a quelque temps, un puéril éclair de raison, et il se faisait habiller soigneusement chaque matin, en parfaite mise de gala de cour, l'habit orné de toutes ses décorations ; ainsi il restait assis immobile, le chapeau à la main, depuis le matin de bonne heure jusque tard dans la soirée. Mais cela a cessé également, il ne reconnaît plus personne. Tel est le sort de la pauvre humanité!

FIN

www.ingramcontent.com/pod-product-compliance
Lightning Source LLC
Chambersburg PA
CBHW050902230426
43666CB00010B/1983